新安文化丛书一

XIN'AN WENHUA CONGSHU

新安古语掇拾

徐光耿 著

文物出版社

中共淳安县委宣传部
中共淳安县委党史研究室
淳安县人民政府地方志办公室
淳安县政协文史和教文卫体委员会 编

图书在版编目（CIP）数据

新安古语掇拾 / 徐光耿著. -- 北京 ：文物出版社，2024.7

(新安文化丛书. 一)

ISBN 978-7-5010-8399-2

Ⅰ. ①新… Ⅱ. ①徐… Ⅲ. ①汉语方言－古方言－方言研究－淳安县 Ⅳ. ①H171

中国国家版本馆CIP数据核字(2024)第067612号

新安古语掇拾

新安文化丛书一

编　者：中共淳安县委宣传部
　　　　中共淳安县委党史研究室
　　　　淳安县人民政府地方志办公室
　　　　淳安县政协文史和教文卫体委员会

著　者：徐光耿

责任编辑：孙　霞

封面设计：方　卓

责任印制：张道奇

出版发行：文物出版社

地　址：北京市东城区东直门内北小街2号楼

邮　编：100007

网　址：http: //www.wenwu.com

邮　箱：wenwu1957@126.com

经　销：新华书店

印　刷：杭州富春印务有限公司

开　本：787mm × 1092mm　1/16

印　张：417.25

版　次：2024年7月第一版

印　次：2024年7月第一次印刷

书　号：ISBN 978-7-5010-8399-2

定　价：2880.00元(全18册)

总　序

新安文化是指新安江流域文化。

新安江是钱塘江的正源，源头分为两大支流。南支称率水，为新安江主源，发源于安徽省休宁县五龙山脉的六股尖；北支叫横江，源于黟县五溪山主峰白顶山。两支源流在屯溪汇合，流至歙县浦口一段称渐江，歙县浦口以下至浙江省建德县与兰溪相汇处称新安江。新安江与兰溪汇合后称富春江，到萧山闻家堰称钱塘江，流至杭州湾入海。

新安江流域地处闽浙山地的北缘，黄山、天目山、白际山、五龙山、千里岗、龙门山六大山脉盘桓其间，山地及丘陵占十分之八九。新安江水呈树叶网络状，由西向东辐射，地势也是由高及低逐步下降。流域平均海拔 800 ~ 1000 米，处在山岭川谷之中。俯视江南，附近的江西、浙江、江苏、安徽，均在其下。地处新安江源头的徽州，有“吴头楚尾”之说。杜牧诗云：“溪山侵越角，风壤尽吴根。”非常准确地描写出新安江流域的地理位置。

新安江流域以黄山山脉为界，南坡有流向东南钱塘江的新安江水系，直达杭州，是前往江南的捷径；流向西南鄱阳湖的阊江水系、乐安江水系，直达饶州、九江；北坡有直接流入长江的青弋江、秋浦河水系，直达池州、安庆、芜湖长江沿线。新安江下游严州府与兰江相接，向南直达金华、衢州，是前往江西、福建的捷径。陆路虽地势高耸，山路崎岖，但由于地处皖、浙、赣三省交界，成为全国的交通网络中重要的一环。

魏晋时期，由杭州经新安江前往江西、福建的通道，是全国交通枢纽上的重点线路。宋永初三年（422）秋，谢灵运离开建康（今南京）赴任永嘉郡太守。他沿钱塘江、富春江溯流而上，经桐庐、建德、兰溪，转由婺江到永嘉，途经桐庐写下《初往新安至桐庐口》诗。唐代以前，北方通往南方的三大干线，其中两条干线经过新安江流域。一条由洛阳东行至汴州，循运河东南而下，经杭州，沿钱塘江溯流而上，经睦州、婺州、衢州、信州至江西、福建和岭南道。另一条由洛阳走陆路，经汝州、许州至陈州，过寿州、庐州，渡江至采石，经宣州、歙州到睦州，经婺州、衢州，再选择西行或南行通往福建、江西和岭南各地。宋以后，新安江流域交通线路更是呈放射状，四面通达。虽然山道崎岖，水路湍急，路途稍显艰难，但无论水路、陆路，前往江西、湖北、福建、南京、杭州都是必经的捷径。

人类逐水而居，河流是人类文明的摇篮。先秦时期，新安江流域先属吴，吴亡属越，越灭属楚。秦末，在新安江中游和上游设黟、歙二县，下游则归富春县管辖。东汉建安十三年（208），分歙地置始新、新定、黎阳、休阳四个县，加上原来的黟、歙二县，就有了六个县，以这六个县新设新都郡，郡治设在始新县治新定里（今淳安县威坪镇）。黄武四年（225），析吴郡富春县地置建德、新昌、桐庐、新城四县，建德县、新昌县（后改寿昌）地处新安江下游。其后新安江流域郡、州、府级机构，先后更名或改设为新宁郡、新安郡、东阳郡、遂安郡、婺州、睦州、歙州，最后定名为徽州和严州；县级机构先后更名或改设为新安江上游的歙县、黟县、休宁县、祁门县、绩溪县、婺源县，新安江中游的淳安县、遂安县，下游的建德县、寿昌县。

新安文化的地域范围，以新安江上游古徽州一府六县，即歙县、黟县、休宁县、祁门县、绩溪县、婺源县，以及新安江中下游古严州的淳安县、遂安县、寿昌县、建德县为核心区域。新安文化的时空概念起自史前文明，迄于1949年，根据研究需要适当后延。其内容涉及哲学、经济、社会、教育、学术、文学、艺术、工艺、建筑、医学等诸多学科，凡与新安江流域社会历史发展有关的内容，均是新安文化的范畴。

新安江流域是我国原始文化的一个独立发展单元，一步步走来，没有停留，没有断代。历经早期文明、晋唐兴起、五代至元崛起、明清鼎盛和近代转型五个发展阶段，形成新安文化的完整体系。

1974年11月，在建德县上新桥村乌龟洞发现一枚人的犬齿化石，被命名为“建德人”，属于晚期智人类型，距今约五万年。同时，新安江流域分布着大量的旧、新石器时代遗址，承继“建德人”的文化发展。1959～1975年，新安江上游的屯溪西郊奕棋村先后发现8座西周至战国早期的墓葬。出土的青铜器、原始青瓷和几何印纹硬陶，在形制、纹饰和构图风格上，具有浓厚的越文化特色。史称当地人为越族，人民性格强悍，尚武好斗，文化礼仪相对薄弱。通过地方行政治理过程中的教化，当地越人在了解和接受中原人的生产、生活方式后，道德观、价值观、文化崇尚等方面均发生变化。

晋唐时期，新安文化兴起。晋代的“永嘉之乱”和唐代的黄巢起义是中国历史上的两件大事。它不仅造成西晋和唐朝的灭亡，导致中国社会的分裂，而且对我国南方的发展产生深远的影响。“永嘉之乱”和黄巢起义期间，中原士族比较集中地迁入新安江流域，现存的徽、严二州不少姓氏族谱中，对始迁祖的追溯都上溯到这一阶段。中原士族大量迁入以后，以其自身的文化素养和生活习惯渗透民间，改变了新安江流域越族的风俗习惯，越族尚武习俗与中原儒雅之风融合，儒家思想的仁义忠孝和修身齐家理念，开始在新安江流域流行。休宁吴少微的“吴富体”在文坛崭露头角，新安江下游的“睦州诗派”更是享誉诗坛。

五代至元，新安文化崛起。这一阶段新安江流域的教育与科举得到长足发展，仅南宋时期徽州、严州二府进士就有806名。南宋理学大儒朱熹祖籍徽州，曾两次回徽州省墓、探亲、授课，并在严州丽泽书院、遂安瀛山书院讲学论道。新安人读朱子之书，秉朱子之教，以邹鲁之风自恃，形成新安理学学派，使得朱熹理学在新安江流域广为流传，对整个流域的文化形成和演变起到关键作用。文风郁起，留下很多脍炙人口的作品，如胡仔的《苕溪渔隐丛话》和方岳、方逢辰的诗歌，在全国诗坛都占有一席之地。徽州刻书和严州刻书，在中国刻书史上贡献卓著。制瓷技术、医学、植物学、光学、生物学等科学技术都取得一定成就，其中歙县张杲淳熙十六年（1189）写成的《医说》一书，是中国医学史上第一部医史传记。

明清时期，新安文化进入鼎盛。私学、官学和书院教育同步发展，推动新安江流域科举繁荣兴盛。淳安人商辂“三元及第”，于明宣德十年（1435）乡试、正统十年(1445)会试及殿试均为第一名。理学、心学与朴学相互融合发展，理学家们提倡“和会朱陆”，阳明心学受到欢迎。清康熙、乾隆时期，新安学者提倡实事求是的治学精神，开创朴实的学风，成为清代学术的主流，朴学领袖戴震更是中国哲学史上的唯物主义启蒙思想家。文学艺术百花齐放，新安画派是明清文人画的正统继承者，徽派版画代表了中国传统版画的最高成就，徽派篆刻成为中国文人篆刻的主流，徽剧乃京剧之母。科学技术成就斐然，新安医学所主张的“固本培元”理论，是中国传统医学中的精华；程大位是中国历史上珠算集大成者；郑复光《镜镜詅痴》集当时中西光学知识大成。

近代，新安文化开始转型。光绪二十六年（1900），歙县基督教堂在城内创办崇一学堂，迈开新安江流域兴办新式学堂的第一步。在西方近代科技和工业革命的影响下，实业救国成为潮流，培养近代农林、商业、工业人才，是教育转型过程中的重要一环。光绪三十四年（1908），戴英在休宁县隆阜珠里创办新安江流域近代第一所职业学校——休宁初等农业学堂。随后，徽州乙种商业学校、淳安县初级实业小学、建德县浙江省立甲种森林学校等相继开办。新安学术也开始向近代学术思潮转型，胡适成为近代文化转型中承上启下的关键人物。文学艺术在转型中得到提振，其中由汪渊集句成词、其夫人程淑笺注的《麝尘莲寸集》，以词集词，前无古人。黄宾虹成为近代中国绘画领域中的一座高峰；黄士陵的篆刻形成自己的艺术风格，被称为“黟山派”。“徽路徽戏”和睦剧得到全面发展。

新安江流域自古为越族领地，随着中原士族的迁入，中华儒家文化的价值观“修身齐家治国平天下”，在这里不断积淀，形成尚武自强、重教崇文、俗尚文雅、治生重商的区域特征。

新安江流域早期越人以尚武著称。明清时期，新安江流域百姓依然习武自强为常。至今民间仍留存不少延请拳师的“拳关”文书。明万历休宁程冲斗所著《耕余剩技》，是中国武术史上的名著。绩溪县张横秋更是以武术名世，在武术史上形成“豫徽武术”流派，其拳术至今仍在新安江流域流传。很多文人在习文的同时练武，明末休宁县抗清义士金声不仅文章出彩，而且武艺高强。休宁画家汪肇，喜好持矛舞剑。新安朴学后期的重要学者汪宗沂，通拳术、剑术、马术，喜谈兵。他的学生许承尧、黄宾虹，一个是著名诗人，一个是著名画家，跟着汪宗沂学习时，练剑、骑马也是必备的功课。

中原士族迁居新安江流域以后，注重文化传承。这种传承使得新安江流域重视教育，崇尚文雅。朱熹提倡读书，研究学问，从事著述，强调“穷理之要，必在于读书”。新安理学的兴起，增强了新安江流域的读书氛围。儒家思想被塾师细化在自己教学实践中，塾师编写的大量蒙学教材中，将儒家的道德观念灌输给学童。在新安理学的影响下，新安江流域读书著述之风盛行，形成“十家之村，无废诵读”的景象。宋元以来，被称为“东南邹鲁”。

随着儒家思想向民间基层渗透，礼教在老百姓中扎根。民间礼仪以朱熹《家礼》作为依据，渗透于各个家庭。休宁《茗洲吴氏家典》根据《家礼》，结合本宗族的情况，规定冠婚丧祭的礼仪，作为子孙后代遵行的法典。民国遂安《高峰朱氏宗谱》卷三《家训》对子弟的礼仪教育写得非常具体，结合家族特点，将礼教具体化，教育族人如何做人、做事，各项规范要求明确，可操作、能监督，俗向文雅，成为“礼下庶人”的典范。

新安江流域有一个异于全国其他地区的现象，就是人们以经商致富为荣，从商成为风气。新安学者提倡职业不分卑贱，引导民众经商，鼓励商人创业，提倡“廉贾”价值观。地方士绅还通过各种方式为商人代言，创造良好的经商环境。学者的倡导、士绅的鼓励，对不轻视商业、不以经商为耻社会风气的形成，起到极大的促进作用，使新安人在观念上获得解放，理直气壮去经商，造就了雄飞于中国商界三百年的新安商人集团。

新安文化不断兼收并蓄，坚持实事求是，遵循儒雅中庸的发展过程，构成以“包容、探索、和谐”为核心的人文精神。

在沉淀中原汉文化和践行儒家思想的过程中，新安江流域不断地塑造自身的人文精神，推进新安文化的发展。新安文化的形成，是中原汉文化与当地土著越文化进行融合的过程。在两种文化的融合过程中，汉文化虽然是强势文化，但具有很强的包容性，促进了越文化的自然融合，从而产生出新质的新安文化。这种包容性，在新安文化发展过程中，贯穿始终，成为新安文化特色。兼收并蓄的包容精神，体现了新安文化的博大气象，是新安文化得以发展的源泉。

在新安文化发展过程中，新安人一直遵循实事求是的原则，博学求知，努力探索规律，追求真理，勇得时代风气之先。朱熹提出“濯去旧见，以来新意”；戴震主张“不以人蔽己，不以己自蔽”；胡适要求“重新估定一切价值”，都是不懈求索、勇得时代风气的典范。实事求是的探索精神，体现了新安人的思辨能力，是新安文化得以不断创新发展的动力。

新安文化是宋以后中国儒家文化在民间社会最完整的体现和典型范例，其儒雅中庸的内质得到很好的体现。“薄利多销”成为新安商人的经营手段，自己少赚些，让消费者不吃亏，成为“中庸”思想在商业领域的一种表现，即双赢。新安宗族在“中庸”思想的指导下，和睦相处，很少发生械斗。就是宗族间有了矛盾，也是协调处理，互相谦让。在艺术上，也非常讲究中庸平和。新安篆刻中的雅逸隽秀、平和光洁；新安版画内蕴的恬静和安乐，也是儒雅中庸的一种表现。儒雅中庸的和谐精神，使得新安江流域社会平稳安定，是新安文化不断发展的基础。

新安江流域靠近越文化核心区，其文化既具有新安文化特点，又带有钱塘江流域良渚文化特色，体现出新安文化与良渚文化融合的趋势。对河系流域上下游文化碰撞、交融的研究，具有重要价值。

新安江流域至今保存下来的地面文物遗存 10000 多处、8000 余种文献、100 余万件文书，跨越千年历史，涵盖政治、经济、文化各个领域。尤其地面文物遗存、非物质文化遗产和文书档案，均为第一手资料，是人们了解中国封建社会后期农村社会实态不可多得的资料，为按历史本来面貌做综合实态研究创造了前所未有的有利条件。中国社会科学院历史研究所周绍泉先生指出：“以徽州文书为代表的历史文书档案为主要资料，综合研究历史社会实态，将是我们这个时代的学术潮流。”

新安文化是中国封建社会后期传统文化的典范，独树一帜，在各自领域都处于领先位置。从新安文化中提炼出来，形成新安宗族、新安学术、新安商人、新安教育、新安建筑、新安书画、新安工艺、新安科技、新安文学、新安戏曲、新安饮食、新安民俗等文化现象，是新安文化中的精华，学术界在研究专业史时无法绕开这些课题。对新安文化展开研究，实际也就是对中国封建后期传统文化展开研究，窥一斑而见全豹，具有普遍的学术意义。

新安江流域四面环山，作为一个独立的自然地理单元，风景秀丽，人们的审美观受到山水环境的影响。新安四雕艺术、文房四宝艺术、盆景艺术、新安书画、新安文学等，都是新安江流域自然环境同新安人审美观相结合的产物。而新安饮食、方言的形成，同新安江流域独特的自然地理环境及资源有关；新安宗族社会构成和村落结构，同新安地理环境也是密切相关，具有地理文化单元的人类文化学研究价值。

新安文化是移民文化，中原士族的内迁，决定了其社会与文化的诸多现象和特点，受到中原文化的影响。同时，新安文化的昌盛与发展，还存在着一个由新安江流域再向外移民的过程，并对侨寓地的文化产生影响。如新安学术、徽剧、新安艺术、新安刻书、新安篆刻等对扬州学派、京剧、江南园林、江南版画、浙派篆刻都有渗透和影响。研究新安文化，可以获得中华大文化融合各民族文化、各地方文化的一般与个别规律，为繁荣中华大文化作出贡献。

新安江流域是宗族社会。明清时期，农村基层依靠宗族自治管理，有不少好的做法。现存不少宗族公约中有值得学习和借鉴的条文，如禁止乱砍滥伐和禁止赌博等。从内容上看，它们符合当今所提倡的环境保护和社会文明的主旨。从实施机制上看，它不是依赖于行政系统，而是靠“公约”的形式自我约束，这给建设社会主义新农村带来启示，村民自治要以农民为主体，增强农民的自觉意识，而不是靠行政手段。新安文书中的商业合同，反映了新安人市场观念的成熟；分家契约反映了新安人既遵从中国传统的伦理观，又理性地处理家庭财产等经济问题；诉讼文书，反映了古代新安江流域民间已经有较强的法治观念。新安江流域古村落人与自然和谐，以人为本的思想贯穿村落建设，村落中的防火措施、水系设计都十分讲究，科学性很强，给当代环境规划设计带来启示。

新安文化博大精深，对新安江流域上游的徽州文化研究，已经成为一门专门的学问——徽学。但对整个流域的整体研究还是一个空白，编撰《新安文化》丛书，可以填补全面涵盖新安江全流域文化的研究空白，力求科学、全面、准确、系统地展示新安文化的各个方面，对于新安文化学术研究及开发利用，是一件十分有意义的事情。

《新安文化》丛书编撰委员会

2023 年 4 月

目 录

绪 论①

新安是古徽、严两府的代称，有“人行明镜中，鸟度屏风里”之境，有“文物之海，文献之邦”之誉。新安的先人不但为我们创建了锦绣如画的家园，而且为我们存留了琳琅满目的精神宝库——新安文化。

新安方言是新安文化的有机组成部分。从新安文化与徽文化异名同实的角度看，新安方言即徽州方言（按徽州方言区的界定，新安方言是徽州方言的子集）。

因为中原古代汉语对于新安方言的形成有举足轻重的作用，所以新安方言中遗存着大量古汉语的信息。正是这些古语遗韵表现出这片方言的特色，酿成新安人的乡音乡愁。

一、新安方言古语折射出古代社会生活方方面面的面貌

语言是一切人类文明的基础，新安地域先人的一切生产、生活、精神、文化活动都在方言中铭有印痕。如担忧人身、职责、劳作等各方面的安全说为“担 [kæŋ^{22}] [tɕi^{31}]”（威坪、歙南）即“担干纪”。《汉语大词典·干纪》（以下简称《大词典》）：“①违犯法纪。语出《左传·襄公十三年》：‘干国之纪，犯门斩关。’②犹干系、责任。”《三国志·魏书·武帝纪》：“孙盛云：绍因世艰危遂怀逆谋，上议神器，下干国纪。”晋葛洪《抱朴子外篇·知止》：“且夫正色弹违，直道而行，打扑干纪，不虑雠隙，则怨深恨积。”古时法规繁多苛暴，“干纪”即使无性命之忧，也会招来无妄之灾。小孩、后生出门，长辈叮咛一句“毋干纪”绝不是杞人忧天，而是表露出安危攸关的殷殷之心。

披荆斩棘，肇基新安，既不畏险阻，也担当安危，承担风险。注意安全，方言说“担干纪”(林水 摄)

如方言中“新妇”专指儿媳妇，与古义特指

① 文中部分语音录自孟庆惠的《徽州方言》一书，特致真挚鸣谢！

新娘子，泛称已婚妇女或已婚妇女自称不同，王琪《上古汉语称谓研究》第二章《妇女》：“‘新妇’，本指新娘子……可泛指已婚妇女。”宋王谠《唐语林校证》卷四第537条：“文宗为庄恪太子选妃，朝臣家子女悉令进名，中外为之不安。上知之，谓宰臣曰：“朕欲为太子求汝郑间衣冠子女为新妇，扶出来田舍齁齁地，如闻朝臣皆不愿与朕作亲情，何也？”清王士禛《分甘余话》卷三《晋女子以放诞相尚》：“王浑妻钟语浑曰：‘使新妇得配参军，生儿当不啻如此。’”新妇指称作为对妇女称谓的精准定位，反映了新安社会宗法人伦等级严明的历史背景。

如说房屋为“屋宇”。《毛诗注疏·大雅·緜》（以下简称《诗》）：“爰及姜女，聿来胥宇。”《鲁颂·閟宫》云“大启尔宇，为周室辅。”《毛传》：“宇，居也。”《关尹子·柱篇》：“譬如屋宇舟车，待人而成，彼不自成。”清徐卓《休宁碎事》卷十二第688条《刘淮》：“以幼时对母言买地构堂宇，犹以未尽拓先人之产为嗛。”清江登云《橙阳散志人物志一·义行传·江演》：“尤笃于族谊，本支祠宇湫溢，毅然改建，修葺宗祠，增置祭田，以供享祀，族中教养兼至。”

如说碓谷舂米为［tsəŋ³¹］（歙县）、［tsəŋʔ³¹］（威坪），即方言说舂如“钟”。《穆天子传》卷一（六）：“河宗又号之，帝曰：穆满！示女舂山之珤。”高永旺注：“郭璞注：《山海经》‘舂’字作‘钟’，音同耳。言此山多珍珤奇怪。’顾实云‘舂山’，即钟山。《穆传》舂山在昆仑之北，与《山海经》昆仑在钟山之南正合。常征云：‘赤水以西为青海高原与湟水沃地之界山日月山，即《传》之舂山（《山海经》作“钟山”）。’卫挺生云：‘钟山，即舂山，今帕米尔。’”上古说舂音同钟，今新安语说舂仍音同钟（方音），这并非巧合，而是一直传承至今。

新安第一关，古徽州陆路锁钥

如说闪电为［xo²¹］［sæn⁴¹］（威坪），考其义得“矆睒”。清翟灏《通俗编》卷一《天文·霍闪》：“顾云诗：‘金蛇飞状霍闪过，白日倒挂金绳长。’按：《文选·海赋》：矆睒无度。注引《说文》：矆，大视也。睒，暂视也。俗状电光之疾，本无定字，用霍闪似不若矆睒古雅。”《王力字典 · 睒》曰 ：“突然窥视的样子。引申为闪烁。北周卫元嵩《元包经 · 仲陽》：‘电烓烓，其光睒也。’”据此，改睒为睒。

如说劳累、疲乏为“好勚”（歙县、婺源、淳安、建德）。《尔雅 · 释诂》：“勚，劳也。”胡奇光注 ：“勚 yì，辛劳。邢疏 ：‘勚者，《广雅》云苦也。孙炎曰 ：习事之劳也。《诗 · 小雅 · 雨无正》：‘正大夫离居，莫知我勚。’《毛传》：‘勚，劳也。’”宋岳珂《桯史》卷二《隆兴按鞠》：“上亲按鞠，折旋稍久，马不胜勚，逸入庑间，簷甚低，触于楣。”

如说切菜刀为薄刀（休宁、黟县、淳安、建德）。清王有光《吴下谚联》卷三《薄薄匕来浅浅铺》：“吾乡有计馥姐，切肉饷诸亚旅，颇不厚。少顷唱入田歌 ：‘计馥姐，薄切刀，切个肉来薄希枭。……’”余德泉《古今绝妙对联汇赏》第 1105 条 ：“《古今巧联妙对趣话》云，从前广东某地秀才李聪，上京赶考前，其妻洗切咸鱼为之饯行，突得一上联，吟与丈夫，联曰 ：厚厚薄刀，切淡淡咸鱼，放下冷冷暖锅煲 ；李聪一时未曾对出。后见门前一只老鼠叼了一只黑鸽子，往矮瓜棚窜去，心中豁然开朗，遂得下联云 ：嫩嫩老鼠，叼黑黑白鸽，爬上高高矮瓜棚。”“薄刀”一名未见史料明载，但习用范围很广，可见方言的传播力和生命力。

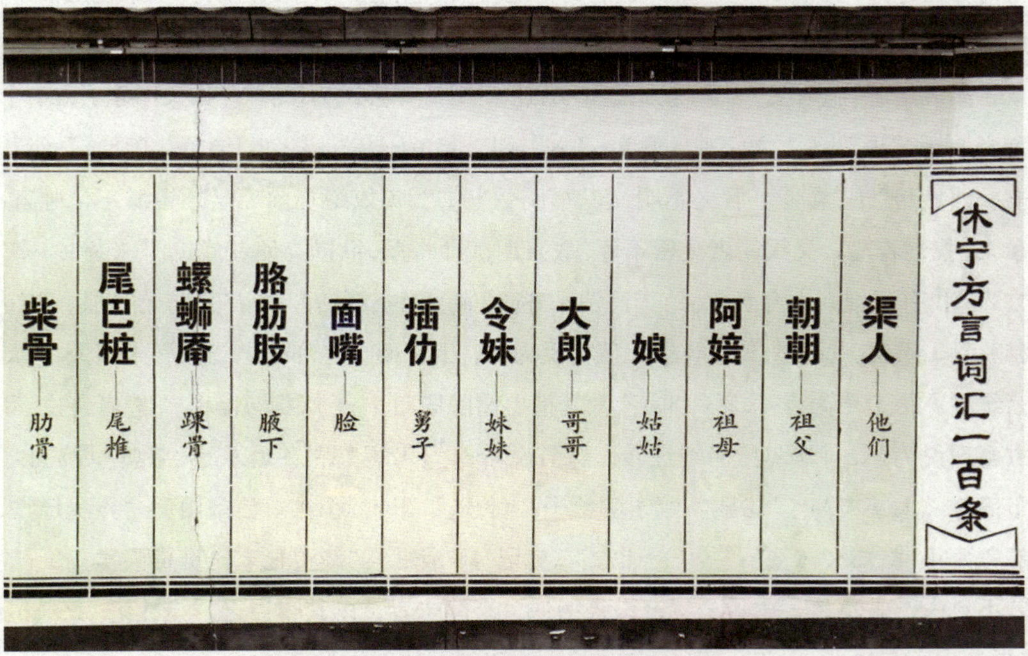

休宁方言墙选读（胡永坚 摄）

二、新安古语遗存的时空分布

徽州方言是融合了中原不同时期古语、山越部落语、吴语、江淮官话、赣语等多种语言而形成的独特地方语言，因而内部的差异很大。新安方言也不例外，不但语音存古不同，而且语义、语汇存古的状况也不同。

(一)地域性差异

表达相同的语义，各地语音、词素相差甚远。如称祖母：淳安、建德说“孃孃”(今简化为“娘娘”)，歙县称“奶”或“奶奶”，屯溪称阿娭，休宁称娭，黟县称娅，婺源称娘保，绩溪称祖母。“孃孃”一词始于宋代宫廷尊称母后，流入民间却演变为尊称祖母。清翟灏《通俗编》卷十八《孃孃》：“苏辙《龙川杂志》：仁宗称刘氏为大娘娘，杨氏为小娘娘。按：后世称母后曰孃孃，盖自宋之宫禁然矣。《钱氏私志》：董夫人对慈圣云，须是娘娘处分。《避暑漫抄》：神庙欲问西北虏罪，一日，被金甲见太皇太后曰：娘娘，臣著此好否。娘娘当是孃孃，传写讹。”宋蔡绦《铁围山丛谈》卷一《国朝禁中称乘舆及后妃》：“国朝禁中称乘舆及后妃多因唐人故事，谓至尊为官家，谓后为圣人，嫔妃为娘子，至谓母后亦同臣庶家，曰娘娘。”蔡绦是宋徽宗时大臣，去仁宗已百来年，“娘娘”之称传入“臣庶”家也不足为怪。但这个“臣庶”恐还不是寻常百姓。为何称祖母为“孃孃”只见于淳安、建德？地理因素应是其中原因之一。南宋建都杭州，此两地离都城较新安别处近多了。

如表给予、施舍义，多数地方说如hài([xεi^{41}])，黟县说为[Pεi^{21}]。按义考索，[xai^{41}]音当源于“丐”。《王力字典·丐》：“本作匃、匄。㈠乞，求。㈡给予，施给。”《汉书·西域传》：“曩者，朕之不明，以军侯弘上书言匈奴缚马前后足，置城下，驰言秦人，我匄若马。又汉使者久留不还，故兴遣贰师将军，欲以为使者威也。”《尚书·多方》：“我有周惟其大介赉尔。”李民注：“杨筠如《尚书覈诂》说：‘介与匄古通。《广雅》：匄，求也。又曰：匄，予也。盖相反为训，因求而予之亦谓之匄。’”宋何薳《春渚纪闻》卷三《杂记·乖崖剑术》：“张忽指枣谓隐居曰：‘子匄我勿惜也。’隐者许之。”方言现说为[xεi]属见匣旁纽迁转。黟县说(pεi^{21}]考得“畀”。《汉语大字典·畀》(以下简称《大字典》)：“①赐，赐予②给予，付予。”《诗·小雅·信南山》：“畀我尸宾，寿考万年。”郑玄《笺》：“畀，予也。”《史记·平准书》：“诸贾之末作贳贷买卖，……匿不自占，占不悉，戍边一岁，没入缗钱。有能告者，以其半畀之。”《礼记·祭统》：“畀之为言与也。”方言今读 [pεi^{21}]承上古声部而韵部质月旁转。

如说存放、收藏之义，徽州六县、建德均说为“园”，威坪独说为“弆”。清翟灏《通俗编》卷三十六《抗》：“《周礼 · 服不氏》：宾客之事，则抗皮先。郑注：谓宾客来朝聘，布皮帛者，服不氏主举藏之。抗，读为亢，苦浪反。按：今犹呼藏物为抗。《隋韵》有伉。《集韵》有园，俱训藏，音亢。”《王力字典 · 弆》：“藏。字本作‘去’。《左传 · 昭公十九年》：‘纺焉以度而去之。’孔颖达《疏》：‘去，即藏也。字书去作弆，羌莒反。’”宋司马光《涑水记闻》卷八《章惠皇后及其弟杨景宗》：“上多苦风痰，章献禁虾蟹海物不得进御，章惠常藏弆以食之。”清吴振棫《养吉斋丛录》卷七：“明嘉靖间，锡山吴氏所弆朱子《论语先进》一篇注稿真迹，凡二十五章，装成四十二幅。”说“园”、说“弆”均源远流长，布于新安则发轫必有不同。

这种共时性的地域差异犬牙交错，可以小到隔河、隔村。如说“去”之音，歙北大部说 [tɕʻi^{21}]，许村说 [kʻai^{33}]，青山村有一半说 [kʻai^{312}]，另一半说 [tɕʻ^{i21}]。青山村下郝自然村说酒为 [dʻəu^{41}]，独此一处。《释名 · 释饮食 · 酒》：“酒，西也，酿之米麴酉释，久而味美也。”《说文 · 酒》：“就也，所以就人性之善恶，从水，从酉，酉亦声。”说明酒、酉同音。按《王力字典》酉归喻四，遵曾运乾路径，上古喻四归定。据唐作藩《上古音手册》酉读喻母、幽部、上声，则上古读酒音 [dʻəu^{213}]。下郝村酒字的读法可称孑遗。

又如歙县富堨镇仁里村说不搭理、不理睬为“不[ə^{23}]”，考其义，得词“不迩”。《王力字典 · 迩》：“近。用作动词，接近。”《诗 · 大雅 · 行苇》：“戚戚兄弟，莫远具尔。”黄淬伯诂：“《笺》：‘莫，无也。具犹俱也。尔，谓近之也。王与族人燕，兄弟之亲，无远无近，俱揖而进之。’《陈疏》：‘莫远具尔’与‘不远伊迩’句法一例。《汉书 · 文三王传》：谷永上疏引《诗》云：‘戚戚兄弟，莫远具尔。’颜《注》：‘戚戚，内相亲也。尔，近也。言王之族亲，情无疏远，皆昵近也。’案，颜说是也。”《仪礼 · 少牢馈食礼》：“上佐食尔上敦黍于筵上，右之。”杨天宇疏：“上敦：四敦中放在最上位的敦。尔上敦以近尸，便于尸用手抓取。”唐赵元一《奉天录序》：“洪流坏堤，犹可塞也。烈火燎原，

沙溪洞宾祠内仙井铁围栏铭文。“迩”，方言表亲近之意，“不理他”说为“不迩他”(歙县仁里)

尚可扑也。逆臣贼子，难可迩也。”说理睬、亲近为“迩”，亦唯仁里村周围地方。

(二)方言本身的历时差异对古语遗存的影响

可以预见，随着普通话的推进，使用方言的人群和频率越来越小，蕴含在其中的古语因素也会随之弱化。此如歙北老派话说水沟为水 jiū，铁钩为铁 jiū，球泥为 jiū 泥，新生代听起来感到闻所未闻。今屯溪、休宁还在说“县”如“院”，原淳安、建德也是日常用语。而几十年光阴倏忽而逝，淳、建等新安江下游一带，已销声匿迹。

就方言所存的古音、古义、古语按时段观察，则可归入上古、中古、近古不同时期。如说人处事、行动拖拉、迟缓为 [kɑ^{21}](欲县)、[k‘ɑ^{41}](威坪)，考其义为“甘”。《大字典 · 甘 (一)》：“宽松。《广雅 · 释诂》：‘甘，缓也。’《庄子 · 天道》：‘斫轮，徐则甘而不固，疾则苦而不入。’成玄英疏：‘甘，缓也。’”唐独孤及《慧山寺新泉记》：“深源因地势以顺水性，始双垦袤丈之沼。疏为悬流，使瀑而下钟；甘溜湍激，若醴酾乳喷。及于禅床，周于僧房，灌注于德地，经营于法堂，潺潺有声，聆之耳清。”此义之音，威坪逡入 [k‘ɑ^{41}]。此则与前列举之“干纪”“屋宇”“好勚”“园”“不迩”等，均上古之遗。

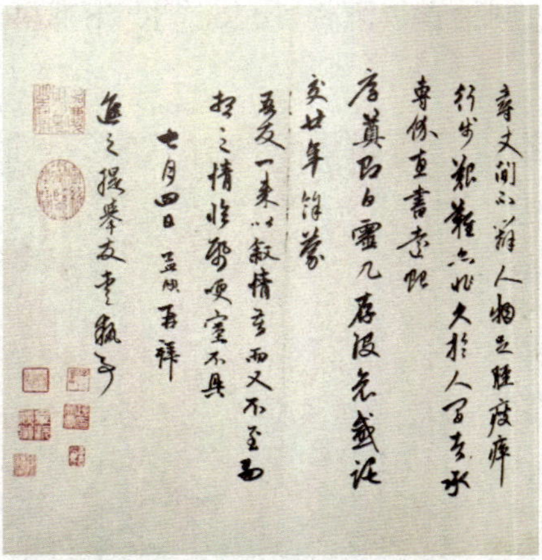

赵孟頫手札欣赏。“行步艰难”，艰，方音[Kɛ^{31}](徽城)(凌家智 供稿)

如说砚台为砚瓦，称祖母为孃孃，说栗树为栗蓬，说陈列物品摆满案面为“摆龊”等，均是中古遗语。

摆龊：威评说展示物品琳琅满目名目繁多为摆 [tɕy^{41}]，考义，即摆龊 (chuò)。《王力字典 · 龊(三)》：“整齐，整治。《宋史 · 礼志》二四：‘重鼓三，马军下马，步人龊落旗枪，皆应规矩。’”清陆廷灿《续茶经 · 茶之事 · 宋〈廊城纪胜〉》：“又有提茶瓶及龊茶名色。”宋周密《武林旧事》卷一《四孟驾出》：“殿步三司，分拨统制将官军兵六千二百人摆龊诸巷（大礼则倍此数）。”钱之江注：“摆龊，密布。”

至于说垃圾为攋搓，说肮脏为邋遢，说停留、延误为耽搁等，则来自近古。

三、新安方言文白异读中的古音

以徽城话、威坪话为样本，看下表：

新安方言文白异读中的古音例举一览表

地域	例字	家	艰	甘	产	晚	敲	社	孝	泽	辅	伏	场	啄	昼	绝
徽城	文	tɕia^{31}	tɕie^{31}	tεi^{33}	tɕ‘ε^{31}	vε^{31}	tɕ‘iau^{31}	ɕie^{22}	ɕiau^{323}	ts‘ε^{33}	fu^{43}	fu^{33}	tɕia^{32}	tsɔ^{21}	tɕiu^{213}	tɕye?^{21}
	白	ka^{31}	kε^{31}	kɑ^{21}	sε^{21}	mε^{33}	K‘ɔ^{31}	ɕia^{35}	xɔ^{322}	tu^{22}	p‘u^{44}	pu^{33}	d‘ε^{22}	tsæ^{21}	tiu^{213}	tɕ‘ye^{22}
威坪	文	tɕia^{31}	tɕiεn^{31}	kæn^{31}	tɕ‘uŋ^{21}	waŋ^{213}	tɕ‘iə^{31}	sε^{21}	ɕie^{41}	ts‘a^{22}	fu^{44}	fu^{32}	tɕ‘uŋ^{31}	tsiʌ?^{31}	tɕiu^{13}	tɕye^{213}
	白	ko^{41}	kuŋ^{31}	k‘a^{41}	Suŋ^{21}	muŋ^{21}	K‘iə^{31}	sɔ^{21}	xe^{41}	tu^{41}	p‘u^{44}	p‘u^{41}	t‘uŋ^{41}	tu^{21}	tiəu^{31}	ɕiæn^{213}

可以看出，古声或古韵大多存留于白读中，例如艰：《尚书·益稷》："暨稷播，奏庶艰食鲜食。"《释文》："工闲反，马本作根，云：'根生之食，谓百谷。'"李民注：艰，马融本作根。《释名》：'艰，根也。'则艰即指根生植物，亦即百谷。"按刘熙之意，"艰音"如根。又《释文》"工闲反"，可判断方言 [kɛ³¹]、[ku ŋ³¹] 声部是古音。

四、新安方言古语遗存的内涵

总的来说，不外音、义、语汇三类，其音又可分为声类和韵类。

(一)上古声母在新安语中的遗存

王力《汉语音韵·上古的声母系统》总结出：(1) 古无轻唇音 (2) 古无舌上音 (3) 娘日归泥（4）照系二等归精系（5）喻三归匣（6）喻四归定。而这些方面，新安方言均有表现。

1. 古无轻唇音

王力说："他（指钱大昕）提出了古读负如背，古读附如部，古读佛如弼，古读逢如蓬，古读文如门……等例子。"

证之以新安乡史资料：许承尧《歙事闲谈》卷十七《玉山》："《郡志辨正》云：鄂州云：柀之小而美者出于黝，古称柀出玉山，世以为上饶。而汉志'歙有玉山'未知孰是？……'柀',《尔雅》《说文》皆以为'黏',《尔雅翼》始辨之,晋世乃有'棐'字。"棐，即榧，今读 fǎi，古称柀（bǐ）。《大字典·柀》："木名，即榧。《尔雅·释木》：'柀，煔。'"柀、榧实即一物，只是古今说法不同。

如叽嘲、戏弄人，威坪说"霉侬家"，按义索求得"侮"。《诗·小雅·常棣》："兄弟阋于墙，外御其务。"黄淬伯《诗经覈诂》（以下简称《覈诂》）："（务）《传》：'侮也。'务、侮通。兄弟虽内阋，而外御侮也。《马释》：'左僖二十四年《传》及《周语》引《诗》皆作外御其侮。雺读近蒙，则务亦得读若蒙，[正] 与戎音协。'"这就是说，上古读务如蒙，则读侮也如蒙。如此，威坪话的"霉侬"表达的是"侮人"。

如志乘所载歙北黑门尖南偏东支有一山峰为武山，明弘治《徽州府志》载天宝六年（747）改厚山。欲县俗称 [m⁴¹] 山，义为"母山"。且坊间质询：既有母山，则对应必有公山，公山在何处？其实是现代人不知古读武如母，而闹笑话有此质问。郑权中《通借字萃编》（以下简称《通萃》）第三章第一节："又如《礼记·礼器》'诏有武方'，'武'是'无'的通借字。'武'，文甫切，'无'武夫切。"古读文如门，明陈第《毛诗古音考》（以下简称《陈考》）："（门）门音民。本证：《北门》：'出自北门，忧心殷殷。'" 陈第意在说明"门"与"殷"协韵。《仪礼 · 聘礼》："束帛加书将命，百名以上书策，不及百名书于方。"《释文》："名谓文字也。"这样，文甫切读如 mǔ，与"母"音同。今歙县说母为 [m̩⁴¹]，故以为是"母山"，浑然不知是"武山"。

据此理，新安屯溪、休宁呼祖母为阿婄，"婄"就很好理解了。王琪《上古汉语称谓研究》（以下简称《古称谓）第二章《妇女》："负，通妇，指老妇。朱骏声《说文通训定声 · 颐部》云：'负，又为妇。'《史记 · 陈丞相世家》：'户牖富人有张负。' 司马贞索隐：'负是妇人老宿之称。'《汉书 · 高祖纪上》：'常从王媪、武负贳酒。' 颜师古注：'刘向《列女传》云：魏曲沃负者，魏大夫如耳之母也。此则古语谓老母为负耳。' 据此可知，唐时已无此用。"

《通萃》例释 5042："《礼记 · 明堂位》："天子负斧依，南乡而立。注：'负之言背也。'《史记 · 鲁世家》作'（周公）南面倍依'。《战国策 · 秦策》：'齐南以泗为境，东负海，北依河'。注：'负，背也。'"

于是我们推得，屯溪、休宁人称祖母为阿 [Pə²¹³]，是上古之音遗。

2. 古无舌上音

王力说："他以为古无舌头舌上之分：古音陟如得，古音直如特，古音竹如笃，古音陈如田，古音枨如棠……" 方言中，如休宁呼父为阿 [ta³³]，按义得"箸"（zhē）字。《广韵 · 麻韵》正奢切下："（箸）吴人呼父。"按《王力字典》反切上字"正"归照三，照三与端系近，则正奢切读 [ta] 也是上古之音。

如听人说话、讲论时有随意打断插话者，便斥之为"插嘴插舌"。考之，得"諙"字。《大字典 · 諙（二）chā》："儳言，插话。"据《大字典》读初纽。初纽即穿二纽，归照系二等。于是与精系近，中古读 [ts']，今徽城说 [ts'a³³]，威坪说 [ts'ɔ⁴¹]，读舌头音。

如树干枝丫结节处，方言说为"疤 [tsɛ³¹]"（歙）、"疤 [tsaŋ³¹]"（威坪），按义考得"榸"字。《大字典 · 榸》："枯木根、桩。《广韵 · 皆韵》：'榸，枯木根，出《声类》。'" 按《大字典》榸属知纽字，中古读 [ʈ]，上古读 [t]，都不是舌上音。

如橡子，歙县说 [ts'æn²³] 子，威坪说 [ts'ʌ²¹] 子，据义考得"櫂（zhái）"字。许承尧《歙事闲谭》卷八《橡栗粉》："橡栗粉，俗呼櫂粉，惟里中人知食之。见《春帆纪程》。按此粉今俗名櫂子豆腐。吾村多橡栗，食之者甚多，味微涩。"

櫂，中古读澄纽 [d']，上古读定纽 [d']。《王力字典 · 柽 2. tū》："《汉书 · 叙传上》：

‘楚人谓乳谷，谓虎於檡。’颜师古注：‘檡字或作菟，并音塗。’”这已经定透旁纽迁转。《仪礼·士丧礼》:“决用正，王棘若檡棘。”《释文》:“（檡）音泽。”上古读泽如铎。《陈考·泽》:“（泽）音铎。甘氏《星经》:‘炎火之状，名曰格泽，不有土功，必有大客。’格音各，客音恪。”《大词典·格（hè）泽（duó）》:“星名。《史记·天官书》：‘格泽星者，如炎火之状。黄白，起地而上。下大，上兑。其见也，不种而获，不有土功，必有大害。’司马贞索隐：‘一音鹤铎，又音格宅。’”

3. 娘日归泥

方言中说稻、麦、粟等脱粒后的断茎乱叶为 [niɔŋ^{31}]，即“穰”。稻穰、麦穰（歙县、徽州区岩寺）。元大司农司《农桑辑要》卷二《耕垦·耕地》引《杂说》:“秋收治田后，场上所有谷穰等，并须收贮一处。”穰属日母，方言读入泥母。

如“软”，各地读法有：华阳镇 [nyēi^{213}]，徽城镇 [ne^{35}]，屯溪 [ȵyě^{24}]，黟县 [ȵyě^{53}]，婺源 [ȵy^{31}]，建德 [ȵye^{213}]，许村（ne^{35}]，华阳、徽城、许村还是泥纽音。

4. 照系二等归精系

王力说：“这是黄侃的主张。这是很有道理的。照系二等与精系近，三等与知系近（亦即与端系近）。”

这方面的实例已见“箸”“謡”，分别为照三、穿二（属照系二等）。我们再看：方言说人身材细长为“长得单[ɕiau^{33}]”；一根木棍用作锄柄嫌细了点，说“嫌单[ɕiau^{33}]了点”，据义考得“燿(shào)”。《王力字典·燿(四)》:“同“䏚”。又尖又细。《广韵》:‘凡物之杀锐曰䏚，或作艄、燿、哨。’”《周礼·考工记·梓人》:“厚唇弇口，出目短耳，大胸燿后，大体短脰，若是者谓之臝属。”郑玄注：“燿，读为哨，顷小也。”按《王力字典》“燿（shào）归审二（照系二等），上古与心纽同，方言读入审三 [ɕ(i)]（歙北）”。

方言说掷石块为“一块大石头 [tsəŋ^{31}] 过去”，打巴掌说为“老大巴掌 [tsəŋ^{31}] 过来”，据义求得“摏”（舂亦通）。《王力字典·摏》:“冲撞。《左传》文公十一年：‘败狄于咸，获长狄侨如，富父终甥摏其喉以戈，杀之。’”又《舂(二)》:“撞击。也作“摏”，后作‘衝’。……引申指刺击。”张维屏《三元里》:“一戈已摏长狄喉，十日犹悬郅至首。”摏、舂都归审三（照系三等），今方言读精纽、声纽旁移。

5. 喻三归匣

王力说：“这是曾运乾的研究结果。他把喻母三等称为于母。他的例子是：古读营如环，古读援如换，古读羽如扈，古读围如回，古读员如魂……等等”

方言中喻三纽的如“远”说如wèi，“员”“圆”“媛”说如[vei³¹]。唐作藩《上古音》均归匣纽。如《尚书·微子》：“我用沈酗于酒。”《释文》：“（酗）况具反。以酒为凶曰酗。《说文》作酶，云酒醟。”又《醟》：“音詠。《说文》于命反，酶酒也。”由此醟，酗互训。威坪方言说人酒喝过量行凶使气为“[jiən?²¹]酒”，说的就是“醟”。醟(yòng)，《王力字典》归喻三，唐作藩归匣。

盛产的茶园石曾誉满东南。“园”，歙县说如“微”，喻纽双声(林水 供图)

6. 喻四归定

王力说：“这也是曾运乾的主张。……他的例子是：古读夷如弟，古读易如狄，古读逸如迭，古读轶如辙（澄母字），古读遗如聩……等等。”

方言中说臆烦，厌烦为[ji¹²]（徽城）、[ji⁴¹]（威坪），据义考得“斁”。《王力字典·斁》：“1.yì(一)厌，2.dù(三)败坏。”《诗·鲁颂·泮水：“戎车孔博，徒御无释。”郑玄《笺》：“徒行者，御车者，皆敬其事。又无厌倦也。”宋吴处厚《青箱杂记》卷十《乖崖张公咏》：“乖则违众，崖不利物。乖崖之名，聊以表德。徒劳丹青，绘写凡质。欲明此心，服之无斁。”明王思任《王季重十种·徐伯鹰〈天目游诗记〉序》：“伯鹰曰：‘色易衰，书易倦，无斁无妒，世间惟山水。’”

如方言说烧饭器为“锅[d'iau³¹²]”(歙县)、“锅(t'iau⁴²²]”(威坪)，按义考得“铫”字。《王力字典·铫》：“1.yāo，(一)农具、大锄。3.diào，(四)一种有柄有嘴的烹煮器。《说文》：‘铫，温器也。’段玉裁注：今煮物瓦器谓之铫，读徒吊切是也。”明宋应星《天工开物·甘嗜·造兽糖》：“逐匙滴下用火糖头之上，则浮沤、黑滓尽起水面，以笊篱捞去，其糖清白之甚。然后打入铜铫，下用自风慢火温之，看定火色然后入模。”

(二)双声存古

从方言的文、白读中可得出，古声古韵多蕴藏于白读之中。根据王力“两个同纽的字叫双声”的界定规则，同一字同一纽的两个音自然也可称双声。如“更”表更换、改变、计时等义读gēng，表更加、另、再等义读gèng，均归见纽。又《说文》“秔或从更声”，秔即今“粳”字。粳从更声，则更又读jīng，故打更又说为打

jīng。粳归见纽，则更（jing）音也归见纽。这种情况也是我们追索古声古韵遗存的所在。现举若干例以做窥豹之斑。

1. 见纽

淳安话说锯如“夠”（[kɯ^{24}]，依义考得“句”。《广韵·侯韵》古侯切下《句》：“《说文》云：关西呼鎌为句也。”（鎌、镰古今字），《说文·鎌》段注：“自关而西，或谓之鉤，或谓之镰，或谓之锲。锲，郭音结。刀部曰：‘句，鎌也，即方言之刈鉤也。’”锯与句的共同点就是刃部成齿状。

歙北称挑柴草的方形挑担为“[Kɔ^{31}”] 担”，音如方音“角”。据义考得“桷（jué)”。《说文·桷》：“榱也，椽方曰桷。从木，角声。”《广韵·觉韵》“角、桷”同音，古岳切，又古孝切。古岳切今演变为 jué 音（标准音），方音则传习原声韵（调已变）。

天寒地冻时人缩成一团，方言说为［tɕiu^{32}］（歙县）、[g‘iu^{22}]（淳安），据义考得“跔（jū)”，或“趜”。《王力字典·跔》：“手足屈曲难伸。《说文》：‘天寒足跔也。’”《大字典·趜》：“① qiū 足不伸。② jū 同跔。蜷曲不伸。”跔在侯部，趜属尤韵群纽，故两地方音韵同，淳安纽同群纽。

2. 群纽

为达到某一目的近距离缠着人或小孩哭闹不下地走，方言说为［g‘iu^{41}]，或［tɕiu^{41}］（歙县）。依义索得“訄”字。《王力字典·訄》：“逼迫。《说文》：‘訄，迫也。’段玉裁注：‘今俗谓逼迫人有所为曰訄。’承培元《广〈说文〉答问疏证》：‘訄，以言相迫。’”《诗·小雅·节南山》：“蹙蹙靡所骋。”黄淬伯诂引《马释》：“《尔雅·释训》：‘速速、蹙蹙，惟逑鞫也。’逑者，訄之假借。《说文》《广雅》并云：‘訄，迫也。’逑鞫义为穷迫，蹙蹙盖逼迫之貌。”

3. 匣纽

方言说投降如“投洪”（[xoŋ^{31}]，威坪），亦承自上古。《尚书·大禹谟》：“洚水儆予，成允成功。”李民注：“洚水，即洪水、大水，又作降水。《陈考》：“降音洪。本证：《草虫》：‘未见君子，忧心忡忡；既见君子，我心则降。’旁证：《离骚》：‘帝高阳之苗裔兮，朕皇考曰伯庸。摄提贞子孟陬兮，惟庚寅吾以降。’《左传·襄公二十六年》：‘晋降彭城而归诸宋。’”《谷梁传·庄公八年》：“夏，师及齐师围郕。郕降于齐师。”《释文》：“（降）户江反。下文及注同。”《广韵》“降”“洚”同音，下江切。户江切、下江切依《广韵》读［xoŋ］。

歙县方言说收入菲薄仅供衣食为"姑只嘴"([ku³³][tɕi²²][tɕy⁵¹]，糊口之义。)《王力字典·糊口》："以粥供口食。《庄子·人间世》：'挫针治繲，足以餬口。'"《左传·隐公十一年》："寡人有弟，不能和协，而使糊其口于四方。"《释文》："(餬)音胡，粥也。"《说文·胡》："牛顄垂也。从肉，古声。"《通萃》例释0155："《墨子·尚贤中》：'故不察尚贤为政之本也。'王念孙曰：故与胡同，下文'胡不察尚贤为政之本也'正是胡字。《管子·侈靡》：'公将有行，故不送公？''故'也是'胡'的借字。"因此，"姑只嘴"的"姑"是"糊"的古音。

政令碑，位于新安关北门内大路东侧。"打降"，今普通话即"打架"，徽城话"降"、"架"音同[Ka³¹]

如说婴儿吃奶后吐为[sei²¹][ma²³](歙县)，据义考得"欧"字。《王力字典·欧》："呕吐。《左传·哀公二十五年》：'臣有疾异于人，若见之，君将欧之。'今本《左传》作欧。"清程云鹏《新安女行录》卷十八《重修贞女墓碑》："贞女事姑，时常欧血昼夜尽一麻盂。"董家魁注："欧，同'殴'字。殴，同欧。呕吐。"今方言也说呕吐为[xɔ²²](专指咯血)。

如说不自量力试图谋求某物为"[xəŋ²¹]都不消[xəŋ²¹]得"，据义考得"诇(xiong)"。《王力字典·诇》："刺探。《史记·淮南衡山列传》：'王爱陵，常多予金钱，为中诇长安。'……引申为访求。"《资治通鉴》卷二百一十五《天宝六载》："(禄山)常令其将刘骆谷留京师诇朝廷指趣，动静皆报之。"宋欧阳修《准诏言事上书》："今诇事者皆知北虏与西贼通谋，欲并二国之力，窥我河北陕西。"宋司马光《涑水纪闻》卷五《十二月乙卯》："孔道辅怪合门不受奏章，遣吏诇之，始知其事奏请未降诏书。"诇，方言又说如 [ɕyn?[21]]（歙县）。

4. 影纽

方言称叠被子为"[ve[21]] 被"（歙县），柔体杂技为 [ɥyei[231]] 银子"（威坪），依义考得"骫（wěi）"字。《王力字典·骫（一）》："骨弯曲不正。《说文》：'骫，骨耑骫奊也。'段玉裁注：'骫奊者，谓屈曲之状。'又泛指弯曲。"《吕氏春秋·孝行览·必己》："若夫万物之情、人伦之传则不然，成则毁，大则衰，廉则剉，尊则亏，直则骫，合则离，爱则隳，多智则谋，不肖则欺，胡可得而必？""骫"义指弯曲物体、法理、章程而不折断，典籍称枉法徇私多用。如《汉书·淮南王传》："皇帝骫天下正法而许大王，甚厚。"汉刘向《说苑》卷十四《至公》："虞丘子喜，入见于王曰：'臣言孙叔敖，果可使持国政。奉国法而不党，施刑戮而不骫，可谓公平。'"

铜熨斗。威坪老派话称"gūm"，即说"钴鉧"

歙县丰口四面坊，北面镌"廷尉"职衔。方音"尉"如"迂"

如歙县有村庄名太尉殿、黄蔚，当地及附近人说为"太 [y[22]] 殿""黄 [y[22]]"，与忧郁之"郁"音同（方音）。《广韵·物韵》纡物切内"郁、尉、熨、蔚"同音。"尉"下注："《说文》作尉，从尸，又持火，所以申缯也。亦姓，古有尉缭子著书，又虏复姓，有尉迟氏，其先魏氏之别尉迟部，因而氏焉。后单姓尉，唐有将军尉迟敬德。"由此知方音承古未变。王力《同源字典》"蔚、郁"双声叠韵同音 [iuət]，引证："《淮南子·兵略》：

‘设蔚施伏。’注：‘草木蕃盛曰蔚。’《诗 · 曹风 · 候人》：‘荟兮蔚兮。’《传》：‘荟蔚，云兴貌。’朱注：‘荟蔚、草木盛多之貌。’《汉书 · 叙传下》：‘蔚为辞宗。’师古曰：‘蔚，文采盛也，音郁。’”今方言读“郁”阴平。

如踝关节、腕关节扭伤，古称“踠（wò）”“踒（wō）”，方言则说如“冤”（[ɥyæn31]，威坪）。《广韵 · 阮韵》“踠、宛”同音，可推得制字之始以“宛”为“踠”的声符，故我们考察“宛”与“冤”之间的音读关系。

《通萃 · 例释 11048》：“《诗 · 秦风 · 晨风》：‘郁彼北林。’《周礼 · 考工记 · 函人》注引《诗》，郁作宛。”汉扬雄《甘泉赋》：“曳红采之流离兮，飏翠气之冤延。”冯浩菲注：“冤延，犹蜿蜒。”晋葛洪《西京杂记》卷四《路乔如为鹤赋》：“宛修颈而顾步，啄沙碛而相懽。”《汉书 · 息夫躬传》：“（躬）著绝命辞曰：‘鹰隼横厉，鸾徘徊兮……冤颈折翼，庸得往兮！’”清沈起风《谐铎》卷一《鸡谈》：“雌者曰：‘我怪汝喜则宛颈，惧则断尾，全无一点丈夫气。’”诸例中“郁”作“宛”，说明宛也读同郁，或至少是双声；“冤延犹蜿蜒”说是“蜿”也读作“冤”，“宛颈”“冤颈”本一词，“宛”必读作“冤”。据此知方言说“脚冤著”“手冤著”，即崴了脚，扭了手。

(三)韵部存古

韵调的错综复杂是徽州方言独具特色的重要原因。虽然如此，新安语在经历了千百年的演变后，也没有完全消除中原古韵的影响，留下了一鳞半爪式的踪迹。

1. 关于介音“i”

不同的介音产生的时间不同，同一介音不同的字产生的时间也不同，故介音“i”可作为判断表同一义的不同音出现先后的标志。如《通萃 · 通论 · 怎样辨识和对待通借字》：“《汉书 · 高祖记》：‘项羽亨周苛，并杀枞公而虏韩王信，遂围成皋，汉王跳，……’按‘汉王跳’，《史记》作‘汉王逃’。”按《说文》，逃、跳都从兆声，则《说文》成书时“跳”尚无介音“i”。如成语“向平愿了”，又作“尚平愿了”，则说“尚平”比说“向平”应更古一些。如《尚书 · 金縢》：“予仁若考，能多才多艺，能事鬼神。”“考”训巧，则上古读巧为考（李民注：“王引之谓考、巧

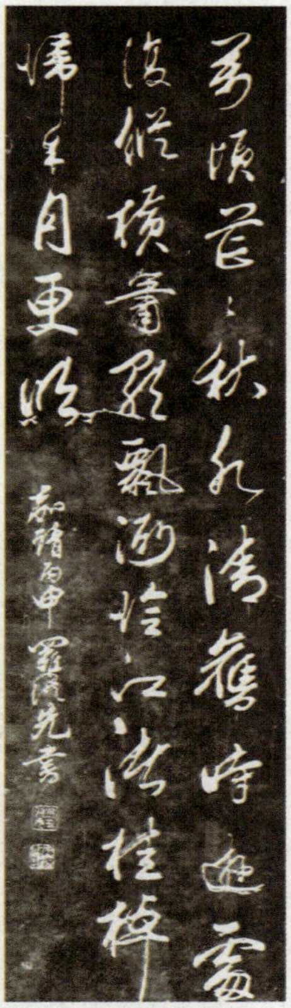
明罗洪先书法。“处”，今淳、歙话仍承语韵

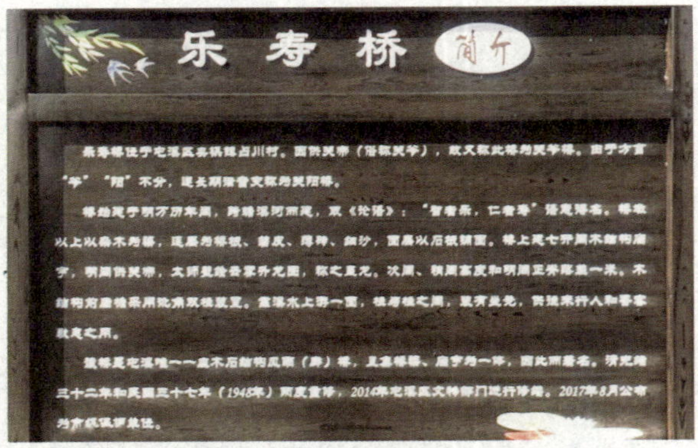

屯溪奕棋镇占川村乐寿桥,原供奉关帝,俗称关爷桥。方音“爷”“阳”音同,久之遂呼关阳桥。方音爷、阳均音[ya^{55}](胡钧 供图)

古时通用。”),故表“巧”义的“kǎo”音在“qiǎo”音之前。

李新魁《中古音·中古时的韵书》:“唐代之时,家字还没有带[i]介音;元代才产生[i]介音,才读为[ia]。”据此对照新安语说“家”之音:[ka^{31}](徽城),[ko^{31}](威坪),[ko^{432}](建德),[Kɔ^{33}](屯溪),[kɔ^{33}](海阳镇),[kɔĕ^{21}](黟县),[ko^{44}](婺源),[ko^{31}](华阳镇),(kɯĕ^{11}](祁门),[ko^{24}](淳安)等,可断言新安语说“家”的声母是宋代以前的读法。

如方言说被雨淋得浑身滴水为“涿得个水(lau^{31}]”,据义求索得“潦(lǎo)”。《王力字典·潦1.lǎo㈠》:“雨水。《左传·襄公十年》:‘水潦将降,惧不能归。’”《礼记·曲礼》:“水潦降,不献鱼鳖。”《释文》:“(潦)音老。雨水谓之潦。”《说文·潦》段注:“各本作雨水大貌。今依《诗·采蘋》正义、《文选》陆机《赠顾彦先》诗注、《众经音义》卷一订。《曲礼》《释文》亦曰:‘雨水谓之潦。’雨水,谓雨下之水也。《左传》曰:‘水潦将降。’《召南》:‘于彼行潦。’《传》曰:‘行潦,流潦也。’按《传》以流释行。服注《左传》乃云道路之水,赵注《孟子》乃云道旁流潦,以道释行,似非。潦水流而聚焉,故曰行潦,不必在道旁也。”方言说“像水潦”正是描绘淋得从头到脚雨水流淌的情状。

晾晒,方言说晾为“眼”

如方言说晾晒为[lɔ^{21}](欲县)、[luŋ^{41}](威坪),依义考得“眼”。《大字典·眼㈡ làng》:“①曝,晒。……《五灯会元·太平懃禅师》:‘今年雨水多,各宜频晒眼。’原注:‘眼,暴也。’②把东西放在通风或者阴凉的地方使其干燥。”眼,晾义同,眼(làng)音更古。

2. 鱼、语、麌、虞、御、遇等韵的一批字，今普通话读“u”韵，新安语仍读“ü”韵

普通话“u”韵的部分字新安方言读音对照表

例字	出处	纽	韵	反切	标准音	徽城音	威坪音
猪	王力字典	知	鱼韵	陟鱼切	zhū	tɕy^{31}	tɕy^{33}
煮	王力字典	照三	语韵	章舆切	zhǔ	tɕy^{35}	tɕy^{32}
著	王力字典	知	御韵	陟虑切	zhù	tɕy^{35}	tɕy^{35}
箸	王力字典	知	御韵	陟虑切	zhù	tɕʻy^{22}	tɕʻy^{44}
柱	王力字典	澄	麌韵	直主切	zhù	tɕʻy^{35}	tɕʻy^{21}
住	王力字典	知	遇韵	中句切	zhù	tɕy^{22}	tɕʻy^{31}
紵	王力字典	澄	语韵	直吕切	zhù	tɕʻy^{41}	tɕʻy^{21}
除	王力字典	澄	鱼韵	直鱼切	chú	tɕʻy^{44}	tɕʻy^{22}
出	王力字典	穿三	术韵	赤律切	chú	tɕʻy^{21}	tɕʻye^{21}
如	王力字典	日	鱼韵	人诸切	rú	y^{44}	y^{32}
杵	王力字典	穿三	语韵	昌舆切	chǔ	tɕʻy^{35}	tɕʻy^{34}
锄	王力字典	床二	鱼韵	士鱼切	chú	su^{44}	ɕy^{32}
书	王力字典	审三	鱼韵	伤鱼切	shū	ɕy^{31}	ɕy^{34}
输	王力字典	审三	虞韵	式朱切	shū	ɕy^{31}	ɕy^{31}

3. 麻、马、祃韵的部分字，白读时仍读“a”“ia”韵母

如说车为[tɕʻia^{31}]（麻韵，徽城），说夜为[ia^{22}]（祃韵，徽城），说甘蔗为甘[tsa^{231}]（祃韵，徽城），说斜为[ɕia^{33}]（麻韵，徽城），说花舍为花[ɕia^{13}]（祃韵，徽城），说爷为[ia^{55}]（麻韵，屯溪），说野为[ia^{31}]（马韵，徽城），说爹为[ta^{55}]（麻韵，休宁），说蛇为[ɕia^{33}]（麻韵，歙东），说遮为[tsa^{41}]（麻韵，威坪）。

遮，威坪文读[tsɛ^{31}]，白读[tsa^{41}]。遮挡阳光说为“[tsɛ^{31}]日头”，拦藏、阻挡说[tsa^{41}]。如一人在申诉理由时，另一方剪断话头予以驳斥，申诉方便称其“[tsa^{41}]住人。”《王力字典 · 遮》：“①遏止，拦住。《说文》：‘遮，遏也。’《吕氏

春秋·应同》：‘子不遮乎亲，臣不遮乎君。’高诱注：‘遮，后遏也。’”

此外耕韵、梗韵、江韵、讲韵、真韵、德韵等，方言中都能察觉读若古音的遗存。因大多如吉光片羽，硕果仅存，后续或有论及，此不觏缕。

文化有各种形态。当物质文明更新换代以后，它的各维信息就浓缩进了史籍。新安文化也不例外。我们探讨新安古语，就是为了更全面地了解新安文化的历史面貌和底蕴，开辟一条与古人对话的渠道，以增强文化自信的定力。

新安古语库藏富赡，底蕴深厚，它与新安文化结为一体，有待人们更深入地去发掘，鉴古励今。

蛤蟆井，位于徽城斗山街。“蛤蟆”，方音[xa33][ma33]（徽城），传承麻韵音

文徵明《春夜曲》。“河明月淡斗横斜”斜，徽城话仍读麻韵音[ɕia33]

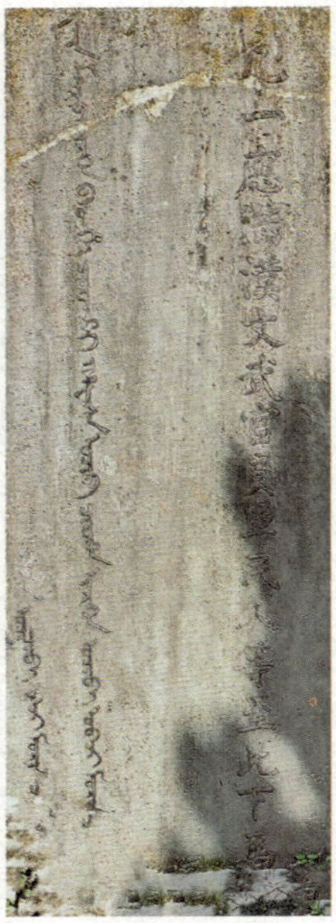

下马碑，位于歙县中学校园内甲第坊后。徽城说“马”音[ma34]

第一章　双声之孪

双声叠韵是汉字构词的一大特色，它使说者音节铿锵朗朗上口，听者悦耳舒畅精神振作。

按照王力先生《汉语音韵学 · 名词略释 · 双声》所言 :“两个同纽的字，叫双声。”我们知道，叮当、玲珑、斟酌、蟾蜍、连累、敧器、犹豫、利郎、蝇营狗苟等，属双声字。但“纽”的概念不同于现在汉语拼音的声母，如“厅堂”，声母都是“t”，但“厅”属于透纽，“堂”属定纽，故不是双声字。又如“蟋蟀”，今声母完全不同，但上古同属心纽，因此上古是双声字。今徽语说蟋蟀如“席细”（威坪），或“细席”（歙县），就是这个原因。

一字多音的双声字，今音差别很大，如“章句（jù）”之句与“句（gōu）践”之句，两音同属见纽，普通话里这类字有一个音（或几音）今仍通行，而另一音（或几音）则渐渐废弃、消失，但却停留在方言里，成为语音的活化石。这类双声字，就像孪生的兄弟姐妹，耐人寻味。本章就徽语中的此类情景做些粗浅的探赜。

一、见纽

见纽字如革，革命音 gé，病革音 jí。又如卷，卷次音 juàn，卷曲音 quán。古又通“衮”[①]。《诗 · 大雅 · 烝民》:“衮职有阙，[②] 维仲山甫 [③] 补之。”黄淬伯诂引《马释》:“按 :汉《司隶校尉鲁峻碑》作‘绲 [④] 职’，《曲礼记》衮衣字皆作卷，《荀子》又作绻。衮、绲、卷皆双声，故通用。《说文》:‘衮，天子享 [⑤] 先王，卷龙绣于下常。[⑥] 幅一

① 衮(gǔn):古代帝王或三公所穿的礼服。

② 衮职有阙 :释义不一。据黄淬伯所诂，按《毛传》及郑《笺》，则指帝王行使职事有缺点，仲山甫予以纠正。按《马释》及杨树达所考，则认为是王的衮服有阙处，仲山甫随即补上。

③ 仲山甫 :周宣王大臣。封于樊，《毛传》:“樊侯也。”

④ 绲(gǔn):织带。今徽语犹称衣物袖口边际缝上饰件或加固为“绲”，如绲裙腰、绲鞋口。

⑤ 享 :祭祀。

⑥ 常 :同“裳”。

龙，蟠阿上乡。[①]《释名》：‘衮，卷也。画卷龙于衣也。’郝懿行[②]曰：‘衮龙有蟠屈之形，示不得伸，以受弼正，故《诗》以衮职为喻。’”

《礼记·玉藻》：“（天子）龙卷以祭。”《释文》：“（卷）音衮。古本反。”

《礼记·明堂位》：“君卷冕立于阼”[③]《释文》：“（卷）本又作衮，同音古本反。”

《礼记·祭文》：“易[④]抱龟南面，天子卷冕[⑤]北面。”《释文》：“（卷）古本反。”

这说明古“卷、衮”同音。读卷为 gǔn 通语早已消失，但方言或偶尔可闻。如说疲惫之极倒头便睡为“俄身滚倒”（威坪），是未脱衣裤鞋袜上床就睡的意思。细究其义：俄，侧身。《诗·小雅·宾之初筵》：“侧弁之俄。”[⑥]郑《笺》：“俄，倾貌。”陆德明音释：“（俄）五何反，倾也。”侧身睡，则身体自然卷曲。“俄身滚倒”表述的是“和衣侧身卷曲而睡”的情状，滚乃卷之古音。

（一）说畎如“眷”

《孟子·告子下》：“舜发于畎亩[⑦]之中。”《王力字典·畎一》：“田间小沟。……字本作𡿨。……古文作‘甽’，[⑧]俗误作‘畖’。……引申为山谷。”

畎、𡿨、甽、畖，今都读 quǎn，唯甽表水沟义时读 zhèn。但徽语却说为“眷”（威坪）（拟音），似乎风马牛不相及。

畎，《玉篇》“古泫切”，《广韵》“水小流也。深尺、广尺，曰𡿨。姑泫切。”

再看《释文》注畎之音的例子：

《尚书·益稷》：“予决九川[⑨]距[⑩]四海，浚畎浍[⑪]距川。”“畎，公犬反。”

《尚书·禹贡》：“岱畎[⑫]丝枲，[⑬]铅松怪石。”“畎，工犬反。”

---

① 蟠阿上乡：蟠阿：卷曲。乡（xiàng），同“向”。龙体卷曲，龙头向上。

② 郝懿行：清山东栖霞人，官户部主事，长于名物训诂考据之学。

③ 阼（zuò）：古代称殿前的东阶。

④ 易：据杨天宇《注》，易为官名，即大卜。

⑤ 卷冕：即衮冕，帝王或三公祭祖时的礼服礼帽。

⑥ 侧弁之俄：弁（biàn），皮帽。帽子歪斜不正。

⑦ 畎亩：田间，农田。引申指农民。

⑧ 甽：今作圳。

⑨ 九川：据李氏注，九泛指多数。

⑩ 距：至，到达。

⑪ 浍（kuài）：田间水渠。《广韵·浍》：“《尔雅》曰：‘水注沟曰浍。’”

⑫ 岱畎：岱，泰山。畎，山谷。岱畎，泰山的山谷。

⑬ 枲（xǐ）：雄性大麻，也泛称麻。

《周礼·考工记·匠人》:"广尺、深尺,谓之甽。""甽,古犬反。"

《礼记·仲尼燕居》[①]:"虽在甽亩之中,事之圣人已。""甽,古犬反。"

这些反切上字"古、姑、公、工"都是见纽字,而反切下字"泫、犬"在《七音略》中同属上声四等,切得与卷(juǎn)同音。故中古读甽如juǎn。今徽语说为"眷"音,仅声调转为去声。

甽本指"深尺广尺"的小水沟,只是"稚水濛流"。今方言似乎专指人工水渠,哪怕深丈广丈也称为"眷"。

(二)说交如"高"

徽俗传说,在野外若撞见两蛇缠绕,不要惊动,应避开,且边走边念:"蛇相高,背相佗,[②]不是死蛇公,就是死蛇婆。"传说看见蛇鳖之类交配很不吉利,念了咒语便可禳解晦气。蛇相"高",就是蛇相交。"高"是"交"的古音。

古读"交"如"高"。《通萃·例释4019》:"《水经注·瓠子水》引京相璠[③]说:'今廩邱城北有高魚城,俗谓之交魚城。'"

"交"属开口二等字,郑樵[④]《七音略》外转二十五图中与"高"同音。《释文》以交作反切上字,其发声同"古"。例《周易·噬嗑》[⑤]"木绞"注:"(绞),交卯反。"《诗·幽风·七月》:"昼尔于茅,[⑥]宵尔索绹。"[⑦]《毛传》:"绹,绞也。"注:"(绞),古卯反。"《礼记·内则》:"九十日修,[⑧]唯绞紟衾冒[⑨]死而后制。"注:"(绞),古交反。"

《说文》郊从交音,鄗从高音,而郊、鄗古通借。

《通萃·例释8043》:"《史记·秦记》(缪公三十年)'取王官及鄗',《左传》文公三年'鄗'作'绞'[涂注]:[⑩]杨伯峻《春秋左传注》:'《秦本记》作取王官及鄗,

① 燕居:《释文》引郑玄注:"退朝而处曰燕居。"在家闲居。

② 佗(tuó):《王力字典》:"加。引申为负荷。"徽语称肩扛背负为"佗",音如tuō(徽城)、dōu(歙北)、tōu(威坪)等。

③ 京相璠:西晋人。与人合撰《春秋土地名》。

④ 郑樵:宋人(1104~1162年)。著《通志》《尔雅注》等。《七音略》在《通志》内,是按等韵编成的反切图册。

⑤ 噬(shì)嗑(hé):噬,咬;嗑,合。噬嗑:嘴里含有食物,咬而合之。卦义比喻治理国家,上下之间有阻隔,须用刑法清除掉,才能通畅。

⑥ 昼尔于茅:尔,你。白天去割取茅草。

⑦ 宵尔索绹:索绹,搓绳。夜间搓草绳。

⑧ 九十日修:家有九十岁的老人,每天都要准备丧用物品。

⑨ 绞紟衾冒:绞,捆扎用的带子。紟(jìn),单被。衾(qīn),盖尸单被,冒,通"帽"。

⑩ 涂注:整理修订《通萃》人,涂宗涛、崔志远、王兆祥另加注解,说明时标明(整理者注)的简称。以下仿此。

徽州区丰山高庙遗址残件。高庙，即郊庙

郊与鄗古音同，字可通假……'"

这就说明古读"郊"如"高"。所以典籍中"郊禖"又写作"高禖"。

《诗·商颂·玄鸟》："天命玄鸟，降而生商。"《毛传》："汤之先祖有娀氏[①]女简狄配高辛氏[②]帝，帝率与之祈于郊禖而生契。[③]故本其为天所命，以玄鸟[④]至而生焉。"《释文》："(郊禖）本亦作高禖。"

《礼记·月令·仲春》："以大牢祀于高禖。"杨天宇注："高禖，即郊禖，古代帝王求子所祀之神。"

《吕氏春秋·仲春纪·仲春》："是月也，玄鸟至。至之日，以太牢祀于高禖。"张双棣注："高禖，即郊禖。禖，主管嫁娶的媒神。因其祠在郊外，故称郊禖。"

宋张邦基《墨庄漫录》卷七《孙近叔诣宣和〈春宴女童致语〉云》："黛耜[⑤]载[⑥]耕于帝籍，[⑦]广十千维耦[⑧]之疆。青娃[⑨]往祓[⑩]于高禖，兆则百斯男[⑪]之庆。皆为得体。"

---

① 有娀(sōng)氏：有娀，古国名。

② 高辛氏：即帝喾(kù)，黄帝曾孙。

③ 契(xiè)：商的始祖。

④ 玄鸟：今称燕子。

⑤ 黛耜(sì)：青黑色的耜。耜，农具。形状类似于锹。

⑥ 载：始。

⑦ 帝籍：帝，天帝。籍，籍田。古代为天子、诸侯举行籍礼而设置的田。

⑧ 十千维耦(ǒu)：十千，一万。维，为。耦，耦耕。《诗·周颂·噫嘻》："十千维耦。"黄淬伯诂引《周语》韦昭《注》："耜广五寸，二耜为耦。"《大词典·十千》："朱熹集传：'万人为耦而并耕也。'"

⑨ 青娃：嫔妃宫女都穿青色服装。

⑩ 祓(fú)：除灾求福的祭拜仪式。

⑪ 则百斯男：《诗·大雅·思齐》："大姒(sì)嗣徽音，则百斯男。"《毛传》："大姒，文王之妃也。大姒十子，众妾则宜百子也。"郑玄《笺》："徽，美也。嗣大任之美音，谓续行其善教令。"大任，文王之母。

罗翙云《客方言 · 释言上》："俗谓交如高，郊禖之为高禖（见《吕览》）[①]亦古音本同也。"

《蜀阜志》载蜀阜徐氏宗族建有"高面殿"，殿址距邑约五里，是可谓邑郊。则高面殿是高禖殿的音转，其实就是郊禖殿。殿址今尚存，且已成村庄名。

《说文 · 交》："凡交之属皆从交。"以交为声旁的字如"绞、茭、蛟"等，古音都读如"高"。

绞有古交、交卯、古卯反等反切（引证见上），其音如"搞"。把两股以上的线或绳纠合成一根，徽语说为"搞"（淳西），如"搞"蜈蚣索（蚕座茧的簇）、"搞"鞋绳（缉鞋底的细绳）等。

茭音同交（高）。《释文》注《尔雅 · 释草》："茭，[②]牛蘄。""（茭）郭[③]胡卯反，又音交。"注《周礼 · 冬官考工记 · 弓人》："今夫茭解中[④]有变焉""（茭）音交。"注《尚书 · 费誓》："峙乃刍茭。"[⑤]"（茭）音交。"今各处徽语均说"茭白"（古称"菰"或"蒋"）为"高笋"或"高白笋"。

蛟亦音同交（高）。《礼记 · 月令》："命渔师伐蛟、取鼍[⑥]、登[⑦]龟、取鼋。"[⑧]《释文》："（蛟）音交。"《通萃 · 例释0361》："《汉书 · 高帝纪》：'父太公往视，则见交龙于上。'《史记》作蛟龙。"《庄子 · 秋水》："夫水行不避蛟龙者，渔父之勇也。"《释文》："（蛟）音交。"徽语今说"蛟"为"高"仅存留于一些地名中，如"蛟池"（村庄名，原址在皖浙省界下新安江畔浙江境内，已没于水库。后库内宅上村部分移民迁居于此地山上，遂沿旧称）现称"高资"，高是"蛟"的古音，资是"池"的音讹；"蛟洲"（村庄名，原址已淹没，传说村前河湾曾出蛟）现称"高洲"，俗称"高朱头"（朱是洲的音转，又此村人姓朱）。两地现均在威坪镇辖内。

---

①《吕览》：即《吕氏春秋》。

② 茭：胡奇光译："茭又称牛蘄，即野茴香。"这里"茭"今读jiāo。

③ 郭：指郭璞。胡卯反音xiǎo。

④ 茭解中：杨天宇注："茭，音qiāo，指弓干限与箫的相接处，此处较细，故名。茭解中，指限角与箫角相接处。戴震曰：角长至渊干，与居箫之短者相接，所谓渊接，是谓茭解中。"附：弓的结构：木质主体叫干，中间把握处叫弣(fǔ)，两端末梢叫箫（后作"弰"shāo），弣与箫之间的弯曲处叫隈(wēi)。角指粘镶于弓干各部位的角料。隈又叫渊。《王力字典》这里"茭"音jī。

⑤ 峙乃刍茭：峙，准备，储备。乃，你，你们。刍茭，喂牛马的草料。这里"茭"今读jiāo。

⑥ 鼍(tuó)：今称鳄鱼。

⑦ 登：进献。

⑧ 鼋(yuán)：大鳖。

交椅,方言说为"高椅"

徽语说"交"为"高"呈文白并存现象。如"交椅""交代""交卷"说"高","交流""交火""成交"则说 jiāo。此类例子难以尽数，当地人说者自然，听者理解，为何如此却鲜有人探究。

(三)说校(jiào)如"搞"

《颜氏家训》卷二《慕贤》:"校其长短，核其精粗，或彼不能如此矣。"

校(jiào)的考订、校正、较量之义，徽语老话说如"搞"([kau^{312}]，徽城)。菜市场上买者觉得商贩可能短斤缺两，便到校称处"搞"一下。两人互不服输，要比较一下高低，也说要"搞一搞"，其实就是"校"，或"较"一番。

这个"校(较)"说为"搞"从何而来?

《释文》记录了"校(较)"的"搞"音。

《周礼·考工记·庐人》:"击兵同强，①举围②欲细，细则校。"注:"(校)古饱反，李③又侯巧反。"④这里校通"绞","细则校"是粗细适当能握得紧之意。古读"绞"如"搞"(说见前)，此则《释文》续注:"绞，古饱反。"

同章《弓人》:"引之则纵，释之则不校。"⑤注:"校，古卯反。注及下同。"古卯反也读如"搞"。

《礼记·中庸》:"不报无道。"《释文》作"不校"，注:"(校)交孝反。报也。"

《庄子·列御寇》:"彼将任我,以事而效我以功。"⑥注:"(效)本又作校,古孝反。"

"饱、卯"都是巧韵字，自上古读上声未变，古饱反、古卯反同音如 gǎo。"孝"是效韵字，自上古读去声未变。古读交如高，按等呼规则,"巧、效"都属开口二等，

---

① 击兵同强:击兵,杨天宇注引郑《注》,谓勾兵及殳。杨案:戈、戟皆有横刃(即援),可用以啄击敌人,故亦谓之击兵。同强,杨天宇引贾《疏》:"谓本末及中央皆同坚劲。"附注:贾《疏》指唐贾公彦著《周礼义疏》。

② 举围:手抓握部分的粗细。

③ 李:指李轨,东晋人,字弘范。

④ 侯巧反:读为xiǎo。今淳西犹称头发打结梳不动为"xiǎo住",即"绞"住。xiǎo是"绞"的另一古音。

⑤ 引之则纵,释之则不校:纵,松缓。校,疾。(弓)拉开则松弛,箭射出去速度不快。

⑥ 以事而效我以功:效,通"校",考校。把重任交付于我,让我效力,并检验我的功绩。

交孝反、古孝反同音如 gào。今淳西（威坪）说校称（chèng）为“告称”，也是魏晋以前之音。[①]

古无较字，《说文》作“較”，本义“车輢[②]上曲钩也”。段注：“然则較辨尊卑，自周已然。……惟較可辜搉[③]尊卑，故其引申为计较之较。亦作校，俗作挍，[④]凡言校雠[⑤]可用较字。”

《释文》注“较”多为“音角”，间有“古学反”“古岳反”，都是“較”的本音。如《诗·卫风·淇奥》：“猗[⑥]重较兮。”注：“（较）古岳反。车两旁上出轼者。”《老子·道经》：“长短相形，高下相倾”朱谦之校：“严可均[⑦]曰：相形，王弼[⑧]作相较，见《释文》。”《释文》“较”下注：“音角。又校量深浅也。”

“角”今读 jué，古读古岳切，王力《同源字典》注音 [keok]。音如郭入声，今徽语（歙县）说“角”之音与之近。因此歙县话说“角”就相当于说“較”的古音。

《王力字典·较·同源字》：“角、较都有角逐、较量义，古音‘角’是见母屋部，‘较’是见母药部，声同韵近。二者有同源关系。‘较’有古岳、古孝二切，‘角逐’义读古岳切，‘比较’‘相差’义读古孝切，去声古孝一音是由入声古岳一音分化来的。”

这里“较”的二音指的是今普通话读法：“角逐”义读古岳切，即读 jué；“比较”义读古孝切，即读 jiào。对照徽语，说“较”如“搞”当是由古岳切演移而来，说“较”如“告”则是传承古孝切而来。

因此，前文所说的两人要“搞一搞”，或“告一告”，就是要角逐一下见个输赢的意思。

(四)说剪如“高”

徽语说“剪”有文白之分，说“剪刀”之剪，近于普通话，说剪断之剪，则说如“高”。

“高”是“铰”的古音。《说文》无铰字。但从“剪刀”的命名，知“交”是“铰”

---

① 据《释文》序录所载，以上诸例所引之典籍注音人郑玄、王肃、李轨、徐邈、郭象等人均魏晋前后在世，故有此语。

② 车奇(yǐ)：车厢两旁用以凭倚的木板。

③ 辜搉(què)：也作辜摧，有“计点”之义，这里是察知、识别的意思。

④ 挍(jiào)：同“校”。

⑤ 校雠(chǒu)：校对、考订书籍、文字。一人独校为校，两人对校为雠。

⑥ 猗(yǐ)：通“倚”。倚靠。

⑦ 严可均：清浙江乌程人，字景文，号铁桥。辑有《全上古三代秦汉三国六朝文》及诸经佚注与子书多种。

⑧ 王弼：三国魏山阳人。有《周易注》《老子注》等著作。

的声符。《王力字典·铰·铰刀》:“《释名·释兵》:‘封刀,[①]铰刀,削刀,皆承受时用作名也。’王先谦[②]《释名疏证补》云:‘亦作交刀,剪刀两刀相交,故名交刀耳。’……《六书故》:[③]交刃刀也,利以剪,盖今之剪刀也。”

交为声符,古读交如高,则读铰亦如高。

徽俗说“剪”为高,是沿袭古语习惯。

清顾禄《清嘉录》卷四《剪千年蒀》[④]:“案:《园圃新书》:‘四月十四日,俗传神仙生日。芟[⑤]剪千年蒀旧叶,掷之通衢,令人践踏,则新叶易生。吴人植之,以兴萎[⑥]占盛衰。造房者,连根叶置梁上,以为吉谶。[⑦]结姻聘币[⑧]者,铰缯绢[⑨]肖其形与吉祥草及葱、松四色,并列盆中。’”

《齐民要术·养羊·积茭[⑩]之法》:“白羊,三月得草力,毛床动,则铰之。(铰讫,于河水中尽洗羊,则生白净毛也)(笔者注:括号内为原文,下同。)五月,毛床将落,又铰取之。(铰讫,更洗如前)八月初,胡菓[⑪]子未成时,又铰之。(铰了亦洗如初。其八月半后铰者,勿洗:白露已降,寒气侵人,洗即不益。胡菓子成,然后铰者,非直[⑫]著毛[⑬]难治。又岁稍晚,比至寒时,毛长不足,令羊瘦损。漠北寒乡之羊,则八月不铰,铰则不耐寒。中国[⑭]必须铰,不铰则毛长相著,做毡难成也)”

这里表“剪毛”之意,连用十二个“铰”。这说明南北朝时,说“剪”为“铰”是书面习惯用语。

《广韵》“铰”在古孝切十一字中,义为“铰刀。又装铰”。说明北宋早期已读“铰”

---

① 封刀:俗称“尚方宝剑”。授予使者,使有诛杀大权。常用黄绫封裹。
② 王先谦:清末湖南长沙人。著有《虚受堂文集》。
③《六书故》:字书。宋元之际戴侗撰。
④ 千年蒀(yūn):徽俗称万年青,多盆栽。
⑤ 芟(shān):割除,锄掉。这里指剪除。
⑥ 兴萎:(万年青)长得旺盛,或是枯萎。
⑦ 吉谶(chèn):预示吉祥的兆头。
⑧ 聘币:订婚时所备的财物、钱币。
⑨ 缯(zēng)绢:缯:丝织品的总称。绢,生丝织品,也通称丝织品。
⑩ 积茭:茭,喂牲畜的草料。积茭,储备草料。
⑪ 胡菓(xǐ):菓,同枲(xǐ)。《大词典·胡枲》:“草名,《尔雅·释草》:‘卷耳,苓耳’晋郭璞注:‘《广雅》云:枲耳也。亦云胡枲……形似鼠耳,丛生如盘。’”
⑫ 非直:不但,不仅。
⑬ 著毛:羊毛缠结。
⑭ 中国:古时指中原地区。

为“告”。今方音仍读如“高”,徽语守古,可见一斑。但说“铰链”之“铰”却说如“交”。

(五)说角如guo入

王力《同源字典》指出“角[keok]”与“校、较[ke ô k]”为见母屋沃旁转(沃部等同于前文所涉及的药部),以汉语拼音来解读就是:声母都读如“g”,韵母都读如“uo”,都有入声尾音(这个音是“ŋ”的入声),但“校、较”韵部的“o”音较高。《同源字典·正文·屋部·见母·角》中“较(校)”此条下有两例:《汉书·贾谊传》:“陛下之与诸公,非亲角材而臣之也。”[①]师古曰:“角,校也,竞也。”又《吕氏春秋·孟冬》:“肆射御角力。”[②]注:“角,犹试也。”按:当云:“角,较也,竞也。”颜师古等采用的就是音训手法。

歙北丰瑞里继志亭。飞檐翘角,角,方音[$Kɔ^{21}$](歙北)

《释文》注“较”多用“音角”或“古岳反”,即古岳反既是“角”的音,也是“较”的音,说明“角、较”已同音。至《广韵》“校、较”归效韵古孝切,“角”归觉韵“古岳切又古孝切”,二者已经分道,但尚有“古孝切”维系。徽语(歙县)今说“岳”

① 非亲角材而臣之:不是亲自考校他的才干而任命他的职务。

② 肆射御角力:肆(yì),通“肄”,练习。射,射箭。御,驾车。角力,竞赛力量。

音如喔入（[ŋɔʔ³¹]），说“角”如郭入（[kɔʔ³¹]），是延续着古岳切之音。

《释文》以“角”作反切下字的字，今多为“uo”或“o”韵。举例如下：

《左传·宣公十年》：“斫子家[①]之棺而逐其族。”注：“（斫）竹角反。”竹角反，上古读如 duò 入，今读 zhuó。

《左传·宣公十二年》：“吾不如大国之数奔也。”注：“（数）所角反。”“数”表屡次、多次之义，今读 shuò。

《尔雅·释木》：“驳，赤李。”注：“（驳）字亦作駮，邦角反。”驳、駮今均读 bó。

《诗·大雅·瞻卬》：“天之降罔，维其优矣。”[②]《毛传》：“优，渥也。”注：“（渥）於角反。”“渥”表厚义，今读 wò。

《礼记·内则》：“濯手以摩之，去其皽。”[③]注：“（濯）直角反。”“濯”表洗涤义，今读 zhuó。

由此，足见徽语说“角”之韵无多大变化。

明陈弟《毛诗古音考》（以下简称《陈考》）：“角音录。[④]《说文》：‘象兽角也。’汉有角里先生，其实字形不异。后读角为各，以甪为录，是失古音又改字形矣。”

陈弟之说是否成立且不论，但他的“后读角为各”却为我们提供了实证。《广韵》“各，古落切”，落与骆同音。则古读“各”如“过”（guò）。

《齐民要术》卷五《种谷楮》序：“《说文》曰：‘谷者，楮也。’按：今世人乃有名之曰角楮，非也。盖‘角’‘谷’声相近，因讹耳。其皮可以为纸者也。”按《玉篇》“穀”（谷是穀的简化字）音古斛切，应音如 gu 入（[kok]）；“角”音古岳切，应音如 guo 入（[kok]），可说“角、谷”音近。《齐民要术》成书当在《玉篇》之后（贾思勰公元 5 世纪末至 6 世纪初在世，顾野王公元 519 ~ 581 年在世），语音差别不会很大。

《王力字典·角 gǔ》：“《字汇补》古酷切。”‘角角’象声词，野鸡的叫声。”普通话里还是留下了“角”发声于“g”的痕迹。

（六）说睡觉为“困告”

《广韵·觉韵·觉》：“晓也，大也。明也，寤也，知也。古岳切又古孝切。”又

① 子家，即公子归生，字子家。郑灵公时为卿。

② 天之降罔，维其优矣：罔，罗网。优，宽松之意。天降罗网，何其宽疏。

③ 皽（zhāo）：皮肤上的薄膜。

④ 角音录：“角里”“甪里”同，都读“lù里”。“角”今仍有“lù”音。

《效韵 · 古孝切 · 觉》:“睡觉又音角。”“觉”在今徽语中的表现如同“校”，以徽城为代表说如“稿”，以威坪为代表说如“告”。

《诗 · 大雅 · 抑》:“有觉德行，四国顺之。”① 黄淬伯诂引《马释》:“《尔雅》:‘梏，直也。’《缁衣》② 引《诗》‘有梏德行’。《广雅》:‘觉，大也。’……觉又作较，左襄二十一年《传》引《诗》‘有觉德行’……杜③《注》:‘觉，较然正直。’较亦直。”

《孝经 · 孝治章》引此诗《释文》注 :“(觉) 音角，大也。”

这里觉通“梏”,又通“较”。“较”音见前,无须繁重。“梏”亦在《广韵·觉韵》“古岳切又古孝切”中，云 :“直也，又古沃切。”古沃切读如 gù，古代说木手铐之音，古岳切即“音角”。

《说文 · 梏》:“从木，告声。”上古读梏如“告”。古孝切读如“告”,“觉、梏”通假或许由此而引发。

《释文》注“觉”之音或为“音角”，或为“音教”，或“古孝反”，或兼而有之，且看 :

《左传 · 文公四年》“以觉报宴”④ 注 :“(觉) 音角。”

《左传 · 哀公二十一年》:“鲁人之皋，⑤ 数年不觉，使我高蹈。唯其儒书，以为二国忧。”注 :“(觉) 音角。又古孝反。”

《庄子 · 齐物》:“其寐也魂交，⑥ 其觉也形开。”⑦ 注 :“(觉) 古孝反。”

《诗 · 王风 · 兔爰序》:“兔爰，闵周也。桓王失信，诸侯背叛，构怨连祸，王师伤败，君子不乐其生焉。”《毛传》:“不乐其生者，寐不欲觉之谓也。”陆德明音释 :“觉，古孝反。又如字，下同。”

其“音角”即古岳反,今歙县说睡觉之“觉”之音的根源,其“古孝反”音如“告”,今威坪说困觉之“觉”的根源。

---

① 有觉德行,四国顺之 :觉,大,明 ;四国,指四方,泛指天下。郑玄《笺》:“人君为政,无强于得贤人。得贤人,则天下教化于其俗。有大德行,则天下顺从其政。言在上所以倡道。黄淬伯诂引《马释》:“《春秋繁露 · 郊祭篇》引此诗而释之曰 :‘觉者,著也。’王者有明著之德行,则四方莫不响应风化。”

②《缁衣》:《礼记》中的篇名。

③ 杜 :指杜预。西晋京兆杜陵人,著有《春秋左氏传集解》等。

④ 以觉报宴 :觉,明,表白,表示。表明答谢宴请的衷曲。

⑤ 皋(gāo):沼泽,水岸边。

⑥ 魂交 :心神烦乱。

⑦ 形开 :四体不安。

《客方言·释言（下）·假寐曰悫[①]目睡》："人精明[②]则醒，精愚[③]则睡，假寐非久睡故易觉。今俗语曰觉，声如告，《诗》曰：'尚寐无觉。'古韵本与造为韵[④]也。"

(七)说教如"告"

《说文·教》："上所施，下所效也。从攴，[⑤]从孝。"徐铉[⑥]古孝切。

《唐·上古音》"教、校（考校）、较"同在见纽宵部去声，同读如"告"。

古"教、校"通。《通萃·例释2026》："《庄子·说剑》：'王乃校剑士。'《释文》：'校，本作教。'按：《孟子·滕文公（上)》：'校者，教也。'……'校'为'教'之借字。"所以《释文》注"校"有众多直"音教"的情形，例：

《左传·僖公五年》："重耳曰：'君父之命不校。'"[⑦]注："(校)音教。"又《二十三年》："重耳不可，曰：'保君父之命而享其生禄，于是乎得人。有人而校，罪莫大焉！吾其奔也。'"注："(校）音教，教也。"

《诗·郑风·〈子衿〉序》："《子衿》，[⑧]刺学校废也。乱世则学校不修焉。"《毛传》："郑国谓学为校，言可以校正道德。"注："(学校）户孝反。注及下注同。郑国谓学为校。《左传》云：'郑人游于乡校'[⑨]是也。公孙弘云夏曰校，沈音教。"又"校正"注："(校）音教。"可见，《释文》成书前学校之"校"已读为xiào（户孝反），但仍有读为"教"的。校正之"校"则必须读为"教（音如告)"。

古"教"又音同"觉"。

《陈考·觉》："音教。北有此音。本证：《兔爰》[⑩]：'有兔爰爰[⑪]，雉离于罦[⑫]（音保，

---

① 悫(xù)：睡醒。

② 精明：精神旺盛。

③ 精愚：精神疲乏困顿。

④ 与造为韵：《说文·造》："从辵(chuò)，告声。"《通萃·例释0397》："《诗·大雅·公刘》：'乃造其曹。'三家'造'作'告'。"是古亦读"造"如"告"。

⑤ 攴(pū)：小击。

⑥ 徐铉：宋扬州广陵人，工文字学。受诏校订《说文解字》，根据孙愐《唐韵》加注反切。

⑦ 君父之命不校：校，怪罪，诋毁。不违抗君父的言命。

⑧ 衿(jīn)：衣服的交领。

⑨ 郑人游于乡校：语出《左传·襄公三十一年》。乡校：古代地方学校。

⑩《兔爰》：《诗·王风》中篇名。

⑪ 爰(yuán)爰：舒缓恬适的样子。

⑫ 雉(zhì)离于罦(fú)：雉，野鸡。离，通"罹"，遭遇。罦，捕鸟兽的网。

见《说文》)。我生之初，尚无造；[1]我生之后，逢此百忧。尚寐无觉！'"[2]

按陈弟的意思,就是"罦（音保)、造、忧、觉"押韵,所以"觉"读如"教（告)"。《释文》注"觉"也不乏直音"教"的例子，如：

《诗·曹风·下泉》："忾我寤叹,[3]念彼周京。"[4]郑《笺》："寤,觉也。念周京者,思其先王之明者。"陆德明音释："觉音教。"

《庄子·齐物》："梦之中又占其梦焉，觉而后知其梦也。"注："(觉）音教，下及注同。"

"教"亦在《广韵·效》"古孝切"十一字中,在中古仍读"告"。由"教"又音同"觉",徽语又承续了"觉"的古岳切一音,故今有说如"告"（威坪）又有说如"稿"（歙县）的现象。但也是文白并存。

(八)说酵如"告"

中华民族传统的端午节，举国皆吃粽子，徽俗却多一样节令食品——酵饼。酵饼是面粉经发酵包以馅料用鏊[5]烫熟的面制品,徽人称酵饼为"告饼"(威坪),或"稿饼"（歙县），究其原委，亦非"鄙音"。

《客方言·释饮食·发面糟曰起告》："告，本字为酵，《广韵》古孝切，正读如告。萧子显[6]《齐书》:永明九年[7]正月诏,大庙[8]四时祭荐[9]宣皇帝,起面饼。《注》:发酵也。《顺天志·方言》云：韦巨源食单有婆罗门轻高面。今俗笼蒸馒头，发酵浮起者是也。金天会九年,[10]额外课[11]其十八曰酵,泰和四年[12]定糟酵。"这段话不但说明了古读酵为"告"，还揭示了"发酵"是金国政府掌控的技术，是国家的专利。老百姓要交税才准许使用。

---

① 造：指服劳役。
② 尚寐无觉：觉，醒。只管长睡不要清醒。
③ 忾(kài)我寤叹：忾，叹息。寤，醒来。我醒来连连叹息。
④ 周京：周朝的京都。
⑤ 鏊(ào)：一种平底圆铁锅，适于烙饼。做"石头馃"多用这种锅。
⑥ 萧子显：南朝梁南兰陵人。好学，工属文，撰《南齐书》等。
⑦ 永明九年：南齐武帝年号，公元491年。
⑧ 大庙：即太庙，天子的祖庙。
⑨ 祭荐：举行祭祀，进献祭物。
⑩ 金天会九年：金太宗年号，公元1132年。
⑪ 课：制定法规条例收取赋税。
⑫ 泰和四年：金章宗年号，公元1205年。

桂馥《札朴》卷九《乡里旧闻·起面饼》："《通鉴》①：'北齐②诏太庙四时之祭，荐宣皇帝，起面饼，鸭臛。'③注云：'起面饼，今北人能为之。其饼浮软，以卷肉噉④之。亦谓之卷饼。'程大昌曰：'起面饼，入教面中，令松松然也。'教，俗作酵。吾乡犹谓面发为起，能使面起者，谓之酵子。酵，酒酵也。烝饼非酵不成。"

"入教面中"，即今徽语所说的和面时放"醪酵"。⑤古人不知酵母菌的底细，以"母教子"来喻称，亦形象贴切。"教、酵"同音如"告"，以"教"借为"酵"也不足为怪。

程大昌是宋徽州休宁人，据清康熙三十八年《徽州府志》及《中国历代人名大辞典》（以下简称《历代人名》）载，程大昌终集英殿修撰，"平生笃学，长于考订名物典故"，有《禹贡图论》《毛诗辨正》《演繁露》《考古编》《易老通言》《易原》《雍录》《北边备对》《尚书谱》等，以及文集行于世。这样一位硕儒大家行文必是当时官话通言，不至于用乡音俗字。

徽俗现称起面为"起酵"或"发酵"，都音如"告"。民间发酵，或用小苏打（发酵粉），或用酒曲、酒酿、酒糟。最方便的是用"醪酵"，效果好，风味佳。所谓醪酵（谐音老告），就是某次用酒曲发过的生面留一团晒干，妥为保存，用时掰若干浸水和面，所制馒头酵饼，口感松软，别有馨香。

(九)说窖如"告"

《说文·窖》："地藏也。从穴，告声。"徐铉古孝切。

自古以来，"窖"在人们的生产、生活、财产保全等方面发挥着重大作用。《齐民要术·作豉⑥法》："先多收谷藏，⑦于此时内⑧谷藏于荫屋⑨窖中，掊⑩谷藏作窖底，

---

①《通鉴》：即《资治通鉴》。

② 北齐：按《资治通鉴》所载，引文系永明九年(491)，故应是南齐。

③ 鸭臛(huò)：用鸭肉做的羹。

④ 噉(dàn)：同啖(dàn)，吃。

⑤ 醪(láo)酵：醪糟，徽语称酒酿。酒酿发酵的生面晒干可作酵母，徽语称这种酵母为"老告"。以私意度之，应写为"醪酵"。

⑥ 豉(chǐ)：豆类煮熟经发酵制成品。徽俗用竹笋和煮晒干，直接食用或用作调味，咸淡随意。

⑦ 谷藏(zhī)：未详。从文意看，与今徽语所称的"谷枝"同。谷枝即稻、粟等脱粒过程中所形成的断茎乱穰。"枝"应为"穖"《王力字典·穖(jǐ)》："禾穗中的小穗。《说文》：'穖，禾几也。'《吕氏春秋·审时》：'得时之禾，'……疏穖而穗大。'又'得时之稻，大本而茎葆。长稠疏穖'。陈奇猷《校译》：'总穗上有分枝，每一分枝上又是由许多小穗而成的。'这禾谷总穗的分枝，如今有许多的农人称之谓马，就是这里所说的穖。'"

⑧ 内：通"纳"，放人。

⑨ 荫屋：荫(yìn)，遮盖、遮蔽。此指遮蔽门窗，防止阳光照射。

⑩ 掊(póu)：扒开。

厚二三尺许，以蘧蒢[1]蔽窖。”宋周密《癸辛杂识续集上 · 重窖》：“自兵火以来，人家凡有窖藏，多为奴仆及盗贼、军兵所发，无一得免者。独闻一贵珰[2]家，独有窖藏之妙法，须穿土及下，置多物讫。然后掩其土石，石上又覆以土，复以中物藏之，如此三四层，始加甃砌。[3]异日或被人发掘，止及上层，见物即止，却不知其下复有物也。多者尽藏于下。”

新安说“窖”读牙音[K]

徽语说“窖”音如“告”。如果有人偶尔发了一笔横财，便说“挖着一告”；或者期盼一朝暴富，便被讥为“做梦得告”。这个“告”指的是“窖”。

窖音如“告”也是从上古而来。

《史记 · 货殖列传》：“秦之败也，豪杰皆争取金玉，而任氏[4]独窖仓粟。”裴骃集解引徐广曰：“窖音校，穿地以藏也。”上古读校如“告”（说见前），则读窖如“告”。

《汉书 · 苏武传》：“单于愈益欲降之，乃幽武置大窖中，绝不饮食。”颜师古注：“旧米粟之窖而空者也，音工孝反。”古读工孝反亦如“告”。

《释文》注“窖”用“古孝反”。如：

《礼记 · 月令 · 仲秋》：“是月也，可以筑城郭，建都邑，穿窦[5]窖，修囷[6]仓。”“（窖）古孝反。”

《庄子 · 齐物论》：“缦者，[7]窖者，[8]密者。”[9]“（窖）古孝反。司马云‘深也’，李云‘穴也’。案穴地藏谷曰窖。简文云：‘深心也。’”

---

① 蘧(qú)蒢(chú)：用竹片或苇编的粗席。
② 贵珰(dāng)：珰，代称宦官。贵珰：权势大得到皇帝重用的宦官。
③ 甃(zhòu)砌：甃，修造井壁。泛称砌造。
④ 任氏：西汉京兆宣曲人，先世为秦督道仓吏。
⑤ 窦(dòu)：孔穴。
⑥ 囷(qūn)：圆仓。
⑦ 缦(màn)：通“慢”，懈怠，漫不经心。
⑧ 窖者：机谋深沉。
⑨ 密者：小心谨慎，思虑缜密。

《周礼 · 考工记 · 匠人》:“囷、窌、仓、城，逆墙，六分。”[①]“(窌) 刘古孝反。依字当为窖。作窌假借也。”

《王力字典 · 窌 (jiào)》:“地窖。《说文》:‘窌，窖也。’”可见，在表“地藏”之义上音也相同。

“窖”字在《广韵 · 效韵》“古孝切”十一字中，与“校、较、教、酵”等同音，今方音的状况也相同，以歙县为代表读如“搞”，以威坪为代表读如“告”。

(十)说叫化为“告化”

通语称乞讨为叫化，徽语称“告化”，行乞之人则称“告化子”。

无独有偶，客家人也有相同的说法。

《客方言 · 释言 (下)》· 讨食人曰告化子》:“《新方言》曰 :‘凡行过无礼者，非为暴客，则多需求。故今人谓过人乞贷为募化，踵门[②]乞食者为叫化子。’按 :通语言叫化，客语则言告化。叫、告同声，[③]与丐一音之转 ;饭、化亦声近。告化子者，丐饭子也，犹通语言要饭的花子也。丐训求，与讨同义。”

徽语与客家话有如此紧密的吻合之处，确实令人拍案称奇。

(十一)说阿胶为“阿高”

徽语说“橡胶、胶合板、胶东半岛”之“胶”,音如“交”。说“胶水”或有如“交水”,或有如“高水”,但说“阿胶”则必说如“阿高”。何以如此?答案还是方音存古。

清瞿灏《通俗编》卷二十七《饮食 · 发酵》:“《齐书 · 礼志》:太庙四时祭荐，用超[④]面饼，注云 :发酵也。按 :酵字，古通作胶，见郑康成《周礼 · 醢人》[⑤]注，又作教，见《汉书 · 孝陵传》注。”

酵通作“胶”,又通作“教”,必是酵、胶、教音同或音近。古读“酵、校”均如“告”,则读“胶”亦如“告”。

《庄子 · 逍遥游》:“覆杯水于坳堂[⑥]之上，则芥为之舟 ;置杯焉则胶，水浅而舟

---

① 逆墙,六分 :杨天宇注 :“逆墙，郑《注》曰 :‘逆，犹却也。’却，谓减杀。故所谓逆墙，就是指墙上端的厚度减杀于墙基，减杀的比例则为墙高的六分之一，即所谓‘逆墙六分’之义。”

② 踵门 :走到别人门前。

③ 叫、告同声 :指叫、告声纽同为见纽(双声)。

④ 超 :疑为“起”之误。《南齐书 · 礼志上》:“永明九年(491)正月，诏太庙四时祭，荐宣帝面起饼，鸭臛。”

⑤ 醢(hǎi)人 :醢，肉酱。醢人，职官名。

⑥ 坳(aò)堂 :坳，低凹。坳堂，堂上低洼的地方。

大也。"《释文》："徐、李古孝反。一音如字。崔云：'胶，著地也。'李云'黏也。'"

又《胠箧》[①]："灭文章，[②] 散五采，[③] 胶离朱之目，[④] 而天下始人含其明矣。"《释文》："（胶）音交，徐古孝反。"

古孝反正音如告。读胶如"告"是曾经的历史存在。

《庄子·天道》："尧曰：'胶胶扰扰乎？'[⑤] 子，天之合[⑥] 也；我，人之合[⑦] 也。"《释文》："交卯反。司马云：'和也。'"

"交卯反"以今音读如"搞"。《七音略》音同"绞"，《释文》注"绞"有交卯反、古卯反、古饱反等，是"胶"又有音如gǎo。

《释文》注"胶"最多的是"音交"，如：

何晏[⑧]《论语序》："齐《论语二十二篇》，其二十篇中章句，颇多于鲁论。琅邪王卿及胶东庸生。昌邑中尉王吉，皆以教授。"注："（胶）音交。琅邪、胶东皆郡名。"

《诗·郑风·风雨》："风雨潇潇，[⑨] 鸡鸣胶胶。"[⑩] 注："（胶）音交。"又《小雅·隰桑》[⑪]："既见君子。德音孔胶。"[⑫] 注："（胶）音交。"

《礼记·内则》："周人养国老[⑬] 于东胶，[⑭] 养庶老[⑮] 于虞庠，[⑯] 虞庠在国之西郊。"注："（胶）音交。"

《尔雅·释诂》："胶，固也。"及《释言》："䵒，[⑰] 胶也。"均注"音交"。

古读交如"高"，则读胶也读如"高"。这一读音徽语传承至今几乎保持着原汁原味。

---

① 胠(qū)箧(qiè)：胠，从旁打开。箧，小箱子。
② 文章：华丽的纹饰。
③ 采：通"彩"。
④ 胶离朱之目：胶，粘住。离朱，人名。传说能于百步之外，望见秋毫之末。
⑤ 胶(jiǎo)胶扰扰：胶胶，扰乱的样子。胶胶扰扰：纷乱烦扰。
⑥ 天之合：顺应天道，符合自然规律。
⑦ 人之合：与人协调合作。
⑧ 何晏：三国魏南阳宛人，撰有《论语集解》等。
⑨ 潇潇：《毛传》："暴疾也。"
⑩ 胶胶：鸡鸣声。
⑪ 隰(xí)桑：隰，低洼湿地。隰桑，隰处的桑树。
⑫ 德音孔胶：《毛传》："胶，固也。"郑《笺》："君子在位，民附仰之，其教令之行甚坚固也。"
⑬ 国老：告老退职的卿大夫。
⑭ 东胶：周代大学。
⑮ 庶老：士之老者。
⑯ 虞庠(xiáng)：周代学校名。
⑰ 䵒(nì)：黏。

(十二)说甲如gá

甲，本指种子的外壳。《说文》："东方之孟，阳气萌动。从木戴孚甲[①]之象。"李恩江译述："甲为天干[②]的第一位，以十天干配五方，[③]甲乙属东方，甲为东方之首；而以四季配五方，[④]东方属春；以五行配五方，[⑤]东方属木。春天阳气上升，草木萌动。故制字象草木初生，一芽上出，上戴孚甲。孚甲即种皮或壳，为象形字。"

甲第坊，位于歙县中学校园内，方音甲读[Ka^{21}](歙县)

徽语说甲如gá（徽城音[kaʔ^{21}]，录自孟庆惠《徽州方言》（以下简称《徽言》）。各处韵部差异很大，声部都是[k]，即都发声于"g"。保留着上古之声。方言说穿山甲、甲等、花甲子、盔甲、菜甲，莫不如此。

《诗·大雅·大明》："会朝清明。"[⑥]黄淬伯诂："《传》：'会，甲也。不崇朝[⑦]而天下清明。'《笺》：'会，合也。'《陈疏》[⑧]：'甲与会双声。……《货殖传》[⑨]盖一州，《汉书》作甲一州。'《马释》[⑩]：'又按《说文》：会，合也。会、合、甲皆一声之转，故《说文》嗑读如甲。而甲亦有合义。'"

要理解这段话，我们只要搞清古读"会、合"的声部就行了。

古读会如"怪"。《释文·〈尔雅序〉·会》："古外反。《周礼》注云：'计也。'本又作桧，音同。《广雅》云：'桧，收也。'"《礼记·乐记》："竹声滥，[⑪]滥以立会，

---

① 孚甲：草木及谷物种子的外壳。后文"符甲""莩甲"义同。
② 天干：甲、乙、丙、丁、戊、己、庚、辛、壬、癸，总称天干。
③ 十天干配五方：甲乙配东方，丙丁配南方，戊己配中央，庚辛配西方，壬癸配北方。
④ 四季配五方：甲乙东方春，丙丁南方夏，戊己中央长夏。庚辛西方秋，壬癸北方冬。
⑤ 五行配五方：甲乙东方春属木，丙丁南方夏属火，戊己中央长夏属土，庚辛西方秋属金，壬癸北方冬属水。
⑥ 会朝清明：会朝，黎明。一到黎明就天下清平。
⑦ 崇朝(zhāo)：终朝，一个上午。
⑧《陈疏》：指清陈奂所著《毛诗传疏》。
⑨《货殖传》：即《史记·货殖列传》。
⑩《马释》：指清马瑞辰所撰《毛诗传笺通释》。
⑪ 滥：杨天宇注："滥：会，谓会诸音。"

会以聚众，君子听竽笙箫管之声，则思畜聚之臣。”《释文》：“户外反又古外反。”《周礼 · 天官 · 叙官 · 司会》郑玄注 ：“会，大计也。”《释文》：“（会）古外反。注同。郑云 ：‘主天下之大计。’”《诗 · 大雅 · 大明》：“殷商之旅，其会如林。”黄淬伯诂引《陈疏》：“《说文》引《诗》作‘其旝①如林’，本《三家诗》。”“会”《释文》注“古外反”。《后汉书 · 马融传》：“旃②掺③其如林，错五色以摛④光。”李贤注 ：“旝亦旃也，音古会反。”《左传》曰 ：“旝动而鼓。”⑤

古外反、古会反同音，今读如“怪”。

再看古读“合”之音。《尚书 · 益稷》：“下管鼗鼓。⑥合止柷敔。”⑦《释文》：“如字，徐音閤。”《释文》注“合”音同“閤”多达二十余处，兹不枚举。《说文 · 閤》：“从门，合声。”徐铉古沓切。《玉篇 · 閤》：“公荅切。小闺谓之閤，门旁户也。”《礼记 · 月令 · 季冬》：“命乐师大合吹而罢。”⑧《释文》：“（合）古荅反。”《广韵 · 合韵》：“合，侯閤切又音閤。”“閤，古合切。《尔雅》曰 ：‘小闺谓之閤。’”“荅，都合切，正名云小豆。”“沓，徒合切。重也，合也，又语多沓沓也。”

《广韵》音系合韵是入声韵，因此“沓”读 ta 入（[d ‘ap]），荅读 da 入（[tap]），公荅切、古沓切、古荅反、古合切同音 ga 入，即“合”读 ga 入（[kap]），则“合”读 ga 入（[kap]）。

综上所述，马瑞辰所说的“会、合、甲皆一声之转”的意思，就是三字都发声于“g”，仅是韵部有不同。

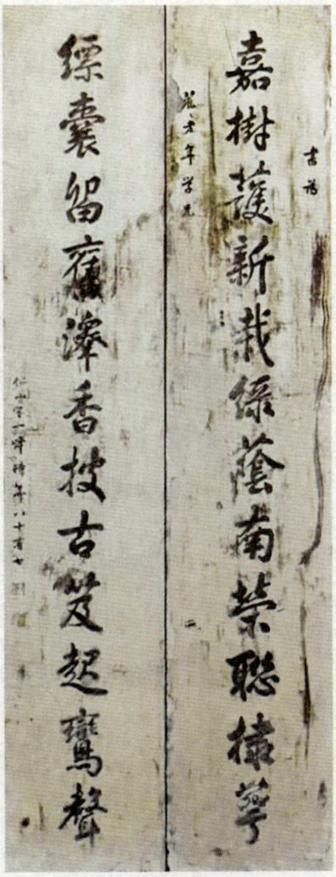

富堨溪山草堂中堂联。“新栽”，指幼树，方音称供移植的幼苗为“秧”或“栽”（歙休淳）（汪承美 供稿）

---

① 旝（kuài）：一种旌旗。

② 旃（zhān）：赤色曲柄旗。

③ 掺（sēn）：众多的样子。

④ 摛（chī）：舒展，这里作“闪耀“讲。

⑤ 语出《左传 · 桓公五年》。

⑥ 下管鼗（táo）鼓：在堂下（奏乐）。管，竹制管状乐器如箫之类。鼗鼓，长柄，两旁悬小球摇动使击打的小鼓。以前货郎常用，今做儿童玩具。

⑦ 合止柷（zhù）敔（yǔ）：合，合乐，奏乐开始时使合拍。止，止乐。柷，古乐器名，奏乐开始时使用。敔，古乐器名，乐曲终止时使用。

⑧ 罢：停止教习乐器。

古人称种子发芽破土而出为“甲坼”[1]等，如：

《周易·解》：“天地解而雷雨作,雷雨作而百果草木皆甲坼。”《史记·律书》:“甲者，言万物剖符甲而出也。”《后汉书·肃宗孝章帝纪》：“又昭三公曰：‘方春生养，万物孚甲，宜助荫[2]阳,以育时物。’[3]”晋葛洪《西京杂记》卷五《董仲舒答鲍敞问京师雨雹》:“太平之世，则风不鸣条，[4]开甲散萌而已。”南宋陆游《东篱记》：“凡一甲坼，一旉荣，[5]童子必来报惟谨。”元大司农司《农桑辑要》卷五《瓜菜·蔓菁[6]·〈务本新书〉》:“秋初可种。自破甲至结子,皆可食。”清戴震《〈孟子〉字义疏证·绪言上》:“试观之桃与杏，取其核而种之，萌芽甲坼，根干枝叶，为华[7]为实，香色臭味，桃非杏也。”等等，举不胜举。

植物幼芽稍长，所戴之甲便掉落，所以“甲”的概念顺延到指植物的幼芽、嫩苗。徽语习称的“豆甲”“菜甲”“菜籽甲(专指油菜小苗)”就是如此。这也是延续古语说法。

宋王谠《唐语林校证》(以下简称《唐语林》)卷二《文学》：“诸葛亮所止，令兵士独种蔓菁者，何也？曰：‘取其甲生啖，[8]一也；叶舒者煮食，二也；久居则随以滋长，三也；弃去不惜，四也；回则易寻而采之，五也；冬有根可斸[9]食，六也。比诸蔬属，其利博哉！’三蜀[10]之人今呼蔓菁为‘诸葛菜’，江陵亦然。”

宋张世南《游宦纪闻》卷三《苏翁》：“应四时蔬菜，不使一缺，艺植耘芟，[11]皆有法度，灌注培壅，时刻不差。虽隆暑极寒，土石焦灼，草木冻死，圃中根荄[12]芽甲，滋郁畅茂。”

南宋杨万里《进贤初食白菜诗》:“江西菜甲要[13]霜栽，逗[14]到炎天总不佳。”

---

① 甲坼(chè):坼,开裂。甲坼,种子发芽时外皮开裂。
② 荫(yīn):通“阴”。
③ 时物:应时的作物。
④ 鸣条:条,树枝。鸣条,风吹树枝作响。
⑤ 旉(fū)荣:旉,古敷字,布散。荣,草本植物的花。旉荣,长出花朵。
⑥ 蔓菁(jīng):即芜菁,俗称大头菜,制作榨菜的原料。
⑦ 华:同“花”。
⑧ 啖(dàn):吃
⑨ 斸(zhú):挖,掘。
⑩ 三蜀:汉初分蜀郡置广汉郡,武帝时又分置犍为郡,合称三蜀。
⑪ 艺植耘芟:艺,种植。耘芟,松土锄草。
⑫ 根荄(gāi):荄,草根。根荄,植物的地下根茎。
⑬ 要:通“邀”。
⑭ 逗:延挨,临近。

清陆廷灿[1]《续茶经·茶之事·释文莹〈玉壶清话〉》:“黄夷简[2]雅有诗名，……著《山居》诗，有‘宿雨一番蔬甲嫩，春山几焙茗旗香’之句。”

如果听徽语说“gā 萝卜 gá”,或“gā 菜 gá”,则是表示拣萝卜甲或拣蔬菜甲，即“间苗”。

(十三)说夹如gá

《淮南子·天文》:“帝张四维，[3]运之以斗，”[4]月徙一辰，[5]复反其所。……指卯，卯则茂茂然，律受夹钟。[6]夹钟者，种始荚也。”许匡一释:“‘卯则’句，释‘卯为茂。《说文》:‘卯，冒也。’二月万物冒地而出。……可见释卯为茂、冒都无根据，只是据音同来附会而已。种始荚也，释钟为种，释夹为荚，再附会仲春二月植物种子开始破甲壳而出。”

直白地说，就是“夹钟”寓意“甲种”,甲种与种甲同意，斗柄指卯，种子破甲出土。《淮南子》这段话是以北斗旋转斗柄指向的方位来解释地上生物与之相应变化的内在联系。虽然采用声训法进行附会不足为训，但却给我们留下了上古读“夹”如“甲”的依据。

休宁海阳夹溪桥。夹，方音[kɔ35](休宁)(胡永坚 摄)

---

① 陆延灿:清江苏嘉定人，官崇安知县，有《续茶经》《艺菊志》等著述。

② 黄夷简:宋福州人，随钱俶归宋。工诗，善属文。

③ 帝张四维:帝，天帝。四维，经纬相交而成的四个方向。

④ 斗:北斗七星。

⑤ 月徙(xǐ)一辰:徙，移。辰，日、月的交会点。农历每月初一时，太阳所在的位置。

⑥ 夹钟:古代十二乐律之一。

《唐 · 上古音》“夹、甲”俱为见纽、叶部、入声，同音无疑。

今徽语说“夹、甲”同音，夹菜、夹心饼、夹板、夹住等都音如 gá。

《释文》注“夹”就直音“甲”：

《周礼 · 夏官 · 射鸟氏》：“射则取矢。矢在侯[①]高，则以并夹[②]取之。”注：“(夹）音甲。”又《司弓矢》：“大射、燕射共[③]弓矢如数，并夹。”注：“(夹）音甲。注同。”

这个“音甲”其实就是《释文》注得最多的“古洽反”(注“夹”字音)。

《诗 · 卫风 · 考槃》[④]：“考槃在涧。”《毛传》：“山夹水，曰涧。”注：“(夹)古洽反。”

《周礼 · 春官 · 大司乐》：“乃奏无射，[⑤]歌夹钟，舞《大武》[⑥]，以享先祖。”注：“(夹）古洽反。”

《尔雅 · 释山》：“山夹水，涧。”注同。

《礼记 . 檀弓上》：“殷人殡于两楹之间，则与宾主夹之也。”注：“本又作狭，古洽反。”

《左传 · 禧公四年》：“管仲对曰：昔召康公[⑦]命我先君大公曰：‘五侯九伯，女实征之，以夹辅周室！’……昭王[⑧]南征而不复，[⑨]寡人是问！”注：“(夹）古洽反。旧古协反。”

《左传 · 襄公十八年》：“晋州绰[⑩]及之，射殖绰，[⑪]中肩，两矢夹脰。”[⑫](注)：“(夹）古洽反，或古协反。”

《庄子 · 说剑》：“昔赵文王喜剑，剑士夹门而客三千余人。”注：“郭李[⑬]音协，又古洽反。”

---

① 侯：犹今称“靶”。
② 并夹：一种长柄的钳。
③ 共：通“供”。
④ 考槃(pán)：《毛传》：“考，成。槃，乐也。”指避世隐居。
⑤ 无射(yì)：古代十二乐律之一。
⑥《大武》：周代乐舞名。
⑦ 召(shào)康公：即召公奭(shì)，西周开国重臣。
⑧ 昭王：指楚昭王。管仲这段话是楚国使者说的。
⑨ 复：禀报。
⑩ 州绰：晋大夫。晋平公伐齐，追齐师，俘殖绰、郭最。
⑪ 殖绰：春秋齐国庄公时大夫。与郭最(齐国勇士)同时被州绰所俘。
⑫ 脰(dòu)：颈项、脖子。
⑬ 郭李：指郭璞、李巡。

《说文·洽》:“从水，合声。”徐铉侯夹切。其实上古也有 ga 入一音，与“甲”音近：《诗·大雅·大明》：“在洽之阳，在渭之涘。”[1] 陆德明音释：“洽，户夹反，一音庚合反。案冯翊[2] 有郃阳县，应劭云：‘在郃水之阳。’郃，户答反。”是“洽”古读为 ha 入或 ga 入。今歙县说地名“洽河”（在歙南）、“洽舍”（在徽州区）仍近于此音（方音 [X∧^{41}]）。故“古洽反”音同“甲”（古音）。

《礼记·曲礼上》：“羹之有菜者用梜，其无菜者不用梜。”[3]《说文·梜》：“从木。夹声。”徐铉古洽切。《释文》:“古协反。”沈[4] 又音甲。《字林》作“筴”，云：“箸[5] 也。公洽反”。古洽切、公洽反与“甲”同音，亦可明“夹”音同“甲”。

(十四)说介如gá

毛泽东主席《西江月·井冈山》：“黄洋界上炮声隆，报道敌军宵遁。”“界”原读为 gài；

芥蓝，今仍读 gài lán；

《说文》“界、价、芥”均“从介声”，徐铉皆注“古拜切”，依《广韵》古拜切读如 gài。

古读介如“盖”。介，通“甲”。《礼记·曲礼上》:“介胄则有不可犯之色。”[6]“介者不拜。”《缁衣》:“惟甲胄起兵。”[7]“介胄”与“甲胄”义同。古读甲如“盖”，则读介亦如“盖”。

《诗·郑风·清人》：“清人在彭，[8] 驷介旁旁。”[9]《毛传》：“介，甲也。”《释文》：“（介）音界，甲也。”

《左传·昭公二十五年》：“季、郈[10] 之鸡斗。季

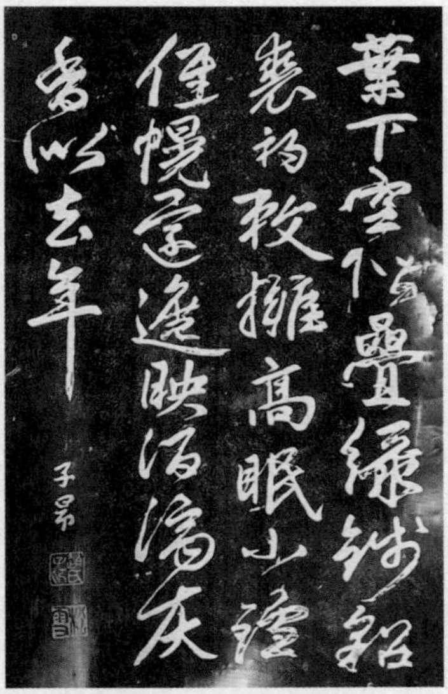

赵孟頫书陆龟蒙绝句“叶下空阶”。阶，方音读[Ka^{33}](淳、歙)

① 涘(sì):水边。
② 冯(píng)翊(yì):古郡名，在今陕西省境内。
③ 梜(jiā):筷子。
④ 沈:指沈重。
⑤ 箸(zhù):筷子。
⑥ 介胄(zhòu)则有不可犯之色:介，铠甲。胄，头盔。穿戴盔甲就要有不可冒犯的气概。
⑦ 惟甲胄起兵:起兵，引起战争。轻易动用甲胄，就会引发战争。意为不要轻易动武。
⑧ 清人在彭:史乘注:清，郑国邑名，在今河南省中牟县西。清人，指郑国大臣高克带领的清邑的士兵。彭，郑国地名，在黄河边上。
⑨ 驷介旁旁:驷介，披甲的四马(古代用四马驾一乘车)。旁旁，形容马强壮，疾速飞跑，尘土飞扬。
⑩ 季、郈(hòu):季平子和郈孙。两人都是春秋时鲁国人。

氏介其鸡，郈氏为之金钜。”[①] 孔颖达疏引郑司农曰："介，甲也，为鸡著甲。"《释文》："（介）又作芥，音界。"

《诗·大雅·板》："价人维藩，[②] 大师维垣。"[③]《毛传》："价，善也。"郑《笺》："价，甲也。被甲之人，谓卿士掌军事者。"《释文》："（价）音界。毛云'善也'，《说文》同。郑作'介'，云'甲也'。"

《通萃·例释0128》："按，《左传》成二'介马'、《礼记·檀弓》'介夫'，注并训介为甲；又，《曲礼》之介胄，《丧记》作甲胄。是知介训为甲。《大雅·板》'价人维藩'，郑《笺》云：'价，甲也。被甲之人，谓卿士掌军事者。'是郑玄以价为介，至塙[④]。《毛传》训价为善，朱熹训价为大，未为確诂。"[⑤]

《周礼·夏官·射人》："会同，[⑥] 朝覲，[⑦] 作大夫介。"杨天宇注："郑《注》：'诸侯来至，王使公卿有事焉，则作大夫使之介。'贾《疏》[⑧]：'作，使也。'案有事，据孙诒让[⑨]说，谓对诸侯进行慰劳、礼赐、赠送等，王使公卿往，而由射人使大夫为介。介，即副手。"《释文》："（介）刘古拜反。注及下同。"

古拜反与"音界"同，都读如盖（gài）。

古读介如"过"。

《公羊传·文公十二年》："惟一介断断焉无他技，[⑩] 其心休休[⑪]能有容。"《释文》："（介）古拜反。一介，犹一概也。《尚书》音古贺反。"

《尚书·秦誓》："昧昧我思之，[⑫] 如有一介臣，断断猗[⑬]无他技，其心休休焉，其如有容。"《释文》："（介）音界，马本作介，云：'一介，耿介，一心端慤[⑭]者。'

---

① 金钜：钜，通"距"。鸡、雉等脚趾上方突出向后独爪。金钜，套上金属制的距。
② 价人维藩：藩，屏障。带领军队的人是国家的屏障。
③ 大(tài)师维垣(yuán)：垣，墙。大师，郑《笺》："三公也。"
④ 塙(què)：同"確"，今简作"确"。
⑤ 確诂：精当准确的解释。
⑥ 会同：古代诸侯会盟和共同朝见天子。
⑦ 朝覲(jìn)：古代诸侯朝见君王、天子。
⑧ 贾《疏》：指唐贾公彦所撰《周礼义疏》。
⑨ 孙诒让：清浙江瑞安人，精研古学垂四十年，著作有《周礼正义》《墨子间诂》《契文举例》等，建树硕朋。
⑩ 惟一介断断焉无他技：惟，只有。介，个。断，诚。只有一个诚实专心而无别的技能。
⑪ 休休：心胸宽广。
⑫ 昧昧我思之：李民注："昧、暗。昧昧我思之，指内心自省。"
⑬ 猗：句中语助词，无义。
⑭ 端慤(què)：端，端正。慤，诚谨。正直诚实，厚道谦和。

字又作个，音工佐反。”

《诗·大雅·行苇》:“敦弓既句,[1] 既挟四鍭。”[2] 郑《笺》:“《射礼》:‘搢三挟一个。’[3] 言已挟四鍭则已遍释之。”陆德明音释：“个，古贺反，亦作介。”

贺、个、佐，《广韵》同入《箇[4]韵》，古贺反、工佐反同音，今音同如“过”。

古又读介如 ga 入。

《周易·豫》:“介于石,不终日,贞吉。”《释文》:“(介)音界。纤介,古文作砎。”[5] 郑古八反,云:‘谓磨砎也。’马作扴,[6] 云:‘触小石声。’”《系辞下》引此语《释文》又注:“(介)徐音戒，众家作介，徐云王廙[7]古黠反。”

《庄子·马蹄》:“夫加之以衡扼,[8] 齐之以月题,[9] 而马知介倪,[10] 闉扼[11]、鸷曼[12]、诡衔[13]、窃辔。”[14]《释文》:“(介)徐古八反。”又《逍遥游》:“覆杯水于坳堂之上,则芥为之舟。”《释文》:“(芥)吉迈反，徐古迈反。一音古黠反（疑为“黠”之坏)。李云:‘水草也。’”

《广韵》“黠、八”同归《黠韵》，读入声，则古八反、古黠反读如 ga 入。

不管韵部如何演变，这都是徽语今读介如 gá（歙县 [$ka?^{21}$]，威坪 [ka^{41}]）的原因所在。

(十五)附则:说碗庎[15]橱如“碗gá橱”

《集韵·怪韵》:“庎，所以庋[16]食器者，或作椕。”《大字典·庎》:“用来放置食物器具的搁板或架子。”

---

① 敦(diāo)弓既句(gòu):敦弓,画弓。句,通“彀”,引满弓。画着彩饰的弓张得满满。
② 既挟四鍭(hóu):鍭,古箭名。挟、持。句意为:已放四箭。
③ 搢三挟一个:搢,插。腰间插三支箭。挟一个,手持一支箭。
④ 箇(gè):也作个,《广韵》古贺切,以今音读音如guò。
⑤ 砎(jiè):坚硬。
⑥ 扴(jiá):刮。
⑦ 王廙(yì):东晋琅邪临沂人,荆州刺史。
⑧ 衡扼:衡,车辕前端的横木。车辕,今徽俗称“大把”。扼,通“轭”。架在牛肩上的曲木,俗称“牛轭”。
⑨ 月题:古时马额上月牙形的饰物。
⑩ 介倪(nì):倪,通“睨”,斜视。介倪,倔强地站着,睥睨地看人。
⑪ 闉(yīn)扼:闉,蜷曲。扼,通“轭”。马缩颈企图摆脱车轭。
⑫ 鸷(zhì)曼:抵突。马不服羁勒,暴烈狂突。
⑬ 诡衔:衔,口勒,马嚼子。诡衔,吐出口勒。
⑭ 窃辔(pèi):辔,缰绳。窃辔。挣脱笼头,扯断缰绳。
⑮ 庎:音jiè
⑯ 庋(guǐ):收藏。

碗庎橱

因此，徽语称放置杯盘碗盏等饮食器具的橱为“碗 gá 橱”（歙县），应写为“庎”或“楐”。

《玉篇 · 庎》：“古拜切。所以庋食器也。”《广韵 · 怪韵》古拜切无庎有㝏，①㝏下注“独居”。《大字典 · 庎》：“同‘㝏’。《正字通 · 广部》：‘庎，独居也。与㝏通。”由此在“独居”义上音同。又《庎》：“通‘匄②(gài)’。赐予。闻一多《古典新义 · 禺邗王壶跋》：……自释引陈（梦家）云 ：‘庎为介之孳③乳 5 字，与匄通，当训赐予。’”这就是说，古读“介”如“匄”，故读“庎”也如“匄”。

《广韵 · 怪韵》古拜切所列字中，介、界、价、芥、玠、疥等从介音的字，均读如盖（《广韵》“盖、匄”同音），徽语今都说如 gá（徽城 [ka?^{21}]、威坪 [ka?^{41}]），庎从介音（楐从界音），则说庎如 gá 也于理无迕。

(十六)说戒如gá

未见《释文》注“戒”字音，但有不少用它直音注“介”的例子。如 ：

《周易 · 系辞下》：“《易》曰 ：‘介于石，不终日，贞吉。’（注文见前《说介》，略。介表坚固义）

《诗 ：大雅 . 生民》：“履帝武敏歆，④攸介攸止。”⑤注 ：“（介）音戒。毛大也，郑左右也。”左右指姜嫄⑥所践在上帝脚印拇指的界限之内，可认为介通“界”。可见介、界、戒同音。

---

① 㝏(jiè)：独 ；独居。

② 匄(gài)：今作丐。

③ 孳(zī)乳 ：派生、演变。

④ 履帝武敏歆(xīn)：郑《笺》：“帝，上帝也。敏，拇也。……祀郊禖之时，时则有大神之迹，姜嫄履之，足不能满，履其拇指之处心体歆歆然。”武，足迹、脚印。

⑤ 攸介攸止 ：郑《笺》：“介，左右也。……其左右所止住如有人道感己者也。于是遂有身，而肃戒不复御。”攸，语助词。

⑥ 姜嫄(yuán)：也作“姜原”。传说中周始祖后稷的生母。

《诗·大雅·行苇》:“寿考维祺,[1] 以介景福。”注:“(介)音戒。毛大也,郑助也。”赵山林注:“介,借为‘丐’,乞求。景福,大福。”介借为丐也不乏其例,如《尚书·多方》:“我有周惟其大介赉尔。”[2] 李民注引杨筠如《尚书覈诂》说:“介与匄古通。《广雅》:‘匄,求也。’又曰:‘匄,予也。’盖相反为训,因求而予之亦谓之匄。”

《周礼·夏官·司士》:“作士适四方使,[3] 为介。”注:“(介)音戒。”(介,表副手之义)

《礼记·乡饮酒义》:“宾主象天地,介僎[4] 象阴阳也。”注:“(介)音戒,下放此。辅宾者。”

《左传·僖公二十九年经》:“春,介葛卢来。”注:“(介)音戒,国名。”

《左传·文公六年》:“介人之宠,非勇也。损怨益仇,非知[5] 也。以私害公。非忠也。”注:“(介)音戒,因也。”(介,表凭借、借助之义)

《庄子·庚桑楚》:“庚桑子曰:‘小子来!夫函车[6] 之兽,介而离山,则不免于网罟[7] 之患。’”注:“(介)音戒。《广雅》云:‘独也。’又古黠反。”

以戒作反切下字与“介”“界”等值。如:

《周易·系辞上》:“古之聪明叡知[8]、神武而不杀[9] 者夫!”《释文》注:“马、郑、王肃、干[10] 所戒反。”

《周礼·地官·廪[11] 人》:“若食不能人二鬴,[12] 则令邦移民就谷,诏王杀邦用。”注:“(杀)所界反,下注同。杀,减也。”

《释文》注《礼记·乡饮酒义》:“严杀。”“(杀)又色戒反。”注《仪礼·聘礼》“丧杀”“(杀)色界反”。同章注“恩杀”“(杀)所介反”。

---

① 寿考维祺:《毛传》:“祺,吉也。”郑《笺》:“介,助也。养老人而得吉,所以助大福也。”考,老。寿考,长寿。
② 赉(lài):赐予。
③ 作士适四方使:作士,使士,指派士。适四方,出使四方。使,使者。句意为“(王命)士为使者出使四方”。
④ 介僎(zūn):介,宾的副手。僎,主人的副手。
⑤ 知:通“智”。
⑥ 函车:函,容。函车,(肚子)里能容得下车。
⑦ 罟(gǔ):网。
⑧ 叡(ruì)知:叡同“睿”。知,通“智”。叡知,明智、通达。
⑨ 杀(shài):减省、衰微,等而下之。
⑩ 马、郑、王肃、干:马融、郑玄、王肃、干宝。
⑪ 廪(lǐn):粮仓。
⑫ 鬴(fǔ):古量器名,也作计量单位。

由此说明，古读介、界如盖，则读戒也如盖。介、界等转读古黠反（读如 ga 入），戒也随之转变当在情理之中。

戒，《唐韵》古拜切，《玉篇》居薤[①]切，徐铉注《说文》居拜切，《广韵》古拜切，《集韵》居拜切奠定今音 jiè。说明古读 gài、读 jiè 有相当长时间的交集。徽语今读如 gá(歙县 [ka?^{312}])、如 gà（威坪 [ka?^{41}]），警戒、猪八戒、开戒、戒严、戒烟、戒嘴（徽俗称治疗疾病期间的食物禁忌）等统统如此，仍然延续着牙音发声。

薤，明冯梦龙《智囊全集》卷五《庞仲达》："仲达先到候之，棠不交言，但以薤一大本水一盂置户屏前，自抱儿孙伏于户下。"

(十七)说届如gá

"届"亦在《广韵 · 怪韵》古拜切二十三字之中，与介、界，戒，艐等同读如 gài。今徽语说与"戒"同，即歙县 [Ka?^{321}] 如 gá，威坪 [Ka^{41}] 如 gà。"届次""届时""应届""老三届"，莫不如是。

《尔雅 · 释言》："届、极也。"《释文》："（届）音戒。"

《通萃 · 例释 2006》："《诗 · 小雅 · 采菽》：'君子所届。'[②]《晏子 · 春秋 · 内篇》：'届作诫。'"

《说文 · 诫》："从言，戒声。"徐铉古拜切。届作诫，即届音诫，与"音戒"是一样的。

《尔雅 · 释诂》："艐，[③]至也。"《释文》作"届"，注"音界"。胡奇光注："艐

① 薤(xiè)：藠头。藠，音jiào。徽语(歙县)称野蒜，威坪称藠(xiǎo)菜。地下鳞茎煮熟晒干入药，徽语称"稿白"。稿，乃藠之古音。《说文 · 皛》："显也。从三白。读若皎。"皎从交声。古读交如高，则皎读如高。即藠读如高。藠从皛声，亦读如高，音转如"稿"。今"浇头面"的"浇头"即由"藠头"演变而来。

② 君子所届：黄淬伯诂引《马释》："君子谓诸侯。"又引王念孙《读书杂志》："届者，至也。君子所届者，君子至也。"《释文》注"届"音"界"。

③ 艐："艐"今有三音。jiè音表"至"义，kè音表"船搁浅"义，zōng音表古国名。"船搁浅"所释放的信息是"沉重，动不了"，或"迟滞不行"。今徽语说人赖地不走，或拖拉不行动，为"zǒng死zǒng活""zǒng命"，或是此"艐"字。

jiè：《说文》：'船著沙不行也。'（从段注本①）。引申为至。同'届'。到达。《史记·司马相如列传》：'纠蓼②叫奡③蹋以艐路④兮，蔑蒙⑤踊跃腾而狂趡。'⑥裴骃集解引徐广曰：'艐，音介。至也。'"

《说文·届》段注："《释诂》《方言》皆曰：'艐，至也。'郭云：'艐，古届字。'按：谓古用艐，今用届也。艐、届双声。"

胡奇光所引《史记》句司马贞索隐："艐音届。孙炎⑦云：'艐，古界字也。'"

于此可得艐同"届"。艐音介，即届音介；艐音界，即届音界。

《释文》注"届"用直音法，如"音戒"：

《尚书·大禹谟》："益赞于禹⑧曰：'惟德动天，无远弗届。'"⑨注："（届）音戒。"

《诗·小雅·小弁》："譬彼舟流，不知所届。"注："（届）音戒，至也。"

《诗·鲁颂·閟宫》："致天之届，⑩于牧之野。"注：（届）音戒，极也。"

《诗·小雅·节南山》："君子如届，俾民心阕。"⑪注："（届）音戒。毛极也，郑至也。"

又用"音界"。如：

《诗·大雅·荡》："侯作侯祝，靡届靡究。"⑫注："（届）音界，极也。"

《诗·大雅·瞻仰》："蟊贼蟊疾，靡有夷届。"⑬陆德明音释："（届）音界。"

届、艐、介、界、戒等，《集韵》都转为居拜切，今读为 jiè。徽语则沿袭着《广

---

① 段注本：指段玉载著《说文解字注》。段玉载（1735～1815），清江苏金坛县人，乾隆举人。早年师事戴震，文字训诂学家。著述丰富，有《说文解字注》《六书音韵表》《经韵楼集》等30余种。

② 纠蓼（liǔ）：相互牵缠。

③ 叫奡（ào）：相互呼唤。《汉书·司马相如传下》颜师古注引张揖曰："纠蓼，相引也；叫奡，相呼也。"

④ 蹋以艐路：蹋，裴骃集解引《三苍》云："踏，著地。"语意为队伍像趴在地上，像船搁浅一样"艐"在路上。

⑤ 蔑蒙：裴骃集解："《汉书音义》曰：'蔑蒙，飞扬也。'"

⑥ 趡（cuǐ）：跑。裴骃集解引《汉书音义》曰："趡，走。"古"走"表快跑、逃跑义。

⑦ 孙炎：三国魏乐安人，为《毛诗》《礼记》《春秋三传》《国语》《尔雅》作注。所撰《尔雅音义》为用反切注音之最早者，书已佚，陆德明《经典释文》引用60余条。

⑧ 益赞于禹：益，伯益，舜时大臣，助禹治水有功。赞，辅佐。

⑨ 届：至，到达。

⑩ 致天之届：黄淬伯诂引《马释》："届之训极，古兼二义：一为极至之极，《诗》'靡有夷届''不知所届'是也；一为诛极之极，此诗'致天之届'是也。"附注：古"极""極"义不同，"極"今简化为"极"。古"極"，通"殛"。殛，诛罚。

⑪ 君子如届，俾民心阕（què）：阕，止息。黄淬伯诂引《马释》："极、至同义，至亦为止。诗言'君子如届'，届谓得所止，……上得所止，则民之心亦知所息矣。君子，指在位者。在位者行至诚至善之道，则民攻讦争斗之心息灭。"

⑫ 侯作侯祝：侯，于是。作、祝，诅咒。靡，无。届，极。究，穷。句意为：诅咒诽谤（忠臣贤人），无穷无尽，没完没了。

⑬ 蟊（máo）贼蟊疾，靡有夷届：蟊，食农作物根的害虫。贼、疾，残害。《毛传》："夷，常也。"郑《笺》："届，极也。……其为残酷病痛于民，如蟊贼之害禾稼然，为之无常，亦无止息时。"

韵》声系，至今不变。

(十八)说家如gā

唐康軿[①]《剧谈录·张季弘逢新妇》[②]："(季弘)召而谓曰：'汝是主人新妇，我在长安城即闻汝倚有气力，不伏[③]承事阿家，[④]岂敢如此！'新妇拜季弘曰：'乞押衙[⑤]不草草，容新妇分雪。[⑥]新妇不敢不承事阿家，自是大人憎嫌新妇。'"

阿家即阿姑，古时妇女对婆婆的称呼。杜甫《新婚别》："妾身未分明，何以拜姑嫜？"[⑦]《礼记·内则》："妇事舅姑，如事父母。"王琪《上古汉语称谓研究》(以下简称《古称谓》)，第一章《公婆》："姑，本指父之姊妹，古今通用。从母系氏族到父系氏族公社过渡时期开始，盛行姑舅表婚制。如果舅父之女嫁给姑姑之子，姑姑也就成了婆婆。在上古汉语中，'姑'是表示'婆婆'的常用词。《尔雅·释亲》：'妇称夫之父曰舅，称夫之母曰姑。'《礼记·檀弓下》：'妇人不饰，不敢见舅姑。'"

古人敬称才能卓绝、德高望重的女性为"姑""太姑"而写为"家""大家"。如：

《后汉书·列女传·曹世叔妻[⑧]》："帝数召入宫，令皇后诸贵人师事焉，号曰大家。每有贡献异物，辄诏大家作赋颂。"《颜氏家训·书证》："孙炎、郭璞注《尔雅》，曹大姑注《列女传》，并云：'衿，交领也。'"清桂馥《札朴·览古·连句》："近代连句，人各一二句，意或不畅，谢家[⑨]《咏雪》虽止一句，而妙在何所似、差堪拟、未若诸虚字相承。"清刘大櫆[⑩]《章大家行略》："大母[⑪]早岁无子，大父[⑫]因娶章大家。"

古人写"姑"为"家"，是因为"家、姑"音同或音近。

---

① 軿(píng)：古代一种带帷幔的车子。

② 新妇：古代称儿媳或妇人自称的谦词。今徽语仍通行。随辈分的高低、血缘的亲疏而区别为新妇，侄新妇、孙新妇、外甥新妇等。

③ 伏：服从、顺从。

④ 阿家(gū)：你的婆婆。

⑤ 押衙：又作"押牙"。唐宋官名，管领仪仗侍卫。

⑥ 分雪：分辩、说明白。

⑦ 姑嫜(zhāng)：姑，婆婆。嫜，丈夫的父亲、即公公。

⑧ 曹世叔妻：即班昭，班彪女，班固妹，嫁同郡曹寿。班固著《汉书》未竟而卒，班昭续成之。当世即号曹大家。

⑨ 谢家(gū)：即谢道韫(yùn)。《世说新语·言语》："谢太傅寒雪日内集与儿女讲论文义。俄而雪骤，公欣然曰：'白雪纷纷何所似？'兄子胡儿曰：'撒盐空中差可拟。'兄女曰：'未若柳絮因风起。'"谢太傅，谢安。胡儿，谢朗。兄女，谢道韫。

⑩ 櫆(kuí)：同"魁"。汤匙。

⑪ 大母：祖母。

⑫ 大父：祖父。

《唐·上古音》“家、姑”都读见纽、鱼部、平声。王力《同源字典·古音说略》：“‘家’与‘姑’‘明’与‘芒’虽同韵部，不同韵头，‘家’是kea，‘姑’是ka；‘明’是myang，‘芒’是mang。”按王力所说，按今音读就是“家(giā)”“姑(gā)”。

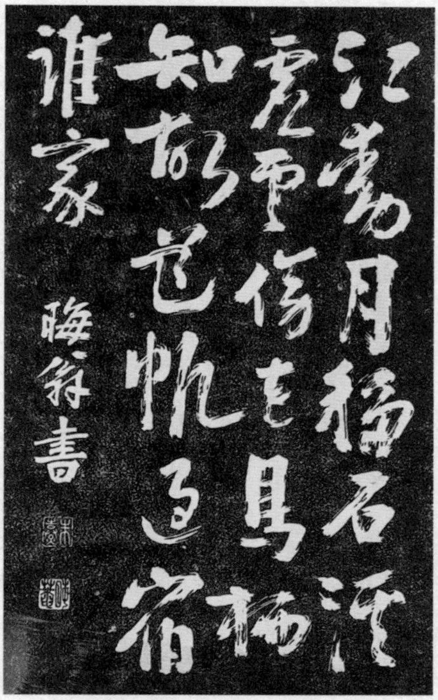

朱熹书杜甫绝句。“家”，徽城读[Ka^{31}]，海阳读[$Kɔ^{33}$]，建德读[KO^{423}]

李新魁《中古音·中古时的韵书》：“孟浩然的《过故人庄》诗：‘故人具鸡黍，邀我至田家。绿树村边合，青山郭外斜。开轩面场圃，把酒话桑麻。待到重阳日，还来就菊花。’这首诗入韵的字是家（[a]，唐代之时家字还没有带［i］介音，元代才产生了［i］介音，才读为［ia］）。斜［ia］、麻［a］、花［ua］，有的字的读音中没有韵头（如家、麻），有的有i韵头（如斜），有的有u韵头（如花），但它们的韵腹［a］是相同的，便可以在一起押韵。”

两个结论看似矛盾，其实并行不悖。细听今徽语（徽城）说“家”，还是有介音“i”的。不过较轻较短，没有念 jiā 那么清晰。

《玉篇》《唐韵》《广韵》、徐铉注《说文》“家”，均音古牙切。古读牙如ā，古牙切得音如 gā。

《说文》“嫁”从女，家声；“稼”从禾，家声。《唐·上古音》同注见纽、鱼部、去声，与家只有声调不同。

《释文》注《尔雅·释诂》“稼穑”：“（稼）古乍反。”

“乍”是《广韵·祃韵》字。“祃”，《广韵》莫驾切。《礼记·王制》：“天子将出征，类①乎上帝，宜②乎社，造乎祢，③祃④于所征之地。”《释文》：“（祃）马怕反，

---

① 类：古祭名。祭天。

② 宜：古祭名。祭社。

③ 造乎祢(nǐ)：祢，父庙。造，古祭名。到父祖之庙去祭拜告别。

④ 祃(mà)：古祭名。军旅于所止之处祭神。

师祭也。”马怕反与莫驾切同音 mà，也就是按《广韵》“乍”的韵部是 à。由此古乍反得音 gà，按《释文》读“稼”为 gà，即《唐 · 上古音》所注音。

《释文》注《礼记 · 月令 · 仲秋》“贾客”：“(贾)音古又古雅反。”注《礼记 · 少仪》：“臣致襚[①]于君，则曰：‘致废衣于贾人。’”“(贾)音嫁。”从而“嫁”音古，或音古雅反。取古雅反讨论，“雅”在《广韵 · 马韵》，属上声，得音 gǎ，今徽语（徽城）仍读此音。

如是，可说徽语说“家”如 gā 是上古遗音。

(十九)说居如“姑”

徽语称深居简出为“姑倒家里”，沉溺于棋牌麻将说“时间都姑倒棋牌桌上”。这个“姑”是“居”的古音，或者说是“家”的古音。

《说文 · 居》：“蹲也。从尸，古声。”（依段注本）李恩江译述：“居就是蹲，双足著地，屁股下移，膝部弯曲，股胫相依。借用为居处字，别制踞表示蹲。……段玉裁以古为声符。”

这就很能说明今歙县说“姑倒家里”，而威坪说“蹲倒家里”，其义都是“居家”，其语源相同。

《客方言 · 释言（下）· 谓蹲踞曰姑倒》：“居从古得声，古本读居如姑，是姑即居之古音(蹲居之居，与居处之居别。古居处作凥[②]处)。《诗 · 羔裘》以居叶[③]故，《出车》以居叶涂，《楚辞 · 远游》以居叶都，并其明证。……倒者，著之古音，[④]古无舌上音，[⑤]读著如贮。《诗》：‘俟我于著。’[⑥]即‘俟我于贮’。”

“以居叶故”，是指《唐风 · 黑裘》“黑裘豹袪，[⑦]自我人居居。[⑧]岂无他人。维子之故”。[⑨]

---

① 襚(suì)：古代吊丧礼名，为死者穿衣，或向死者赠送衣衾。

② 凥(jū)：处。后作居，“居”行而“凥”废。

③ 叶(xié)：同“协”。押韵。

④ 著之古音：上古读“著”为端纽、鱼部、去声(据《唐 · 上古音》)，《释文》注有丁略反，以今音读如“倒”。详见本书第三章。

⑤ 舌上音：指今声母zh、ch、sh等。

⑥ 俟我于著：《诗 · 齐风 · 著》的起首句。原句为“俟我于著乎而”。著，通“宁”，今写作贮。著，门屏之间。古时大门内设屏。

⑦ 豹袪(qū)：袪，衣袖。豹袪，袖口镶着豹皮。

⑧ 自我人居居：黄淬伯估引《马释》：“我，诗人。我在位者，谓自我在位之人，皆徒有居居之盛。”居居，《马释》：“此诗‘居居’承上‘羔裘豹袪’，正当读为裾裾。”裾裾，衣服盛貌。

⑨ 维子之故：维，只是。故，以前的好。维子之故，只是顾念你以前的情义。

诗句中“居、故”押韵。同理，《小雅·出车》“今我来思，[①] 雨雪载塗。[②] 王事多难，不遑启居”。[③] 其中“塗、居”押韵；屈原《远游》：“召丰隆 [④] 使先导兮，问大微 [⑤] 之所居。集重阳 [⑥] 人帝宫兮，造旬始而观清都。”[⑦] 其中“居、都”押韵。

《陈考·居·〈鱼藻〉[⑧]》：“鱼在在藻，依于其蒲。王在在镐，[⑨] 有那 [⑩] 其居。”陈弟的本意是证明古读居为“倨”。《说文》倨从居声，故其所列上古与“居”叶韵的例子，还是很有价值的。

读“居”如“姑”，是因为“家、居”同源。

王力《同源字典·家》：“家是给人居的。故‘家、居’同源。”

王力说“家”与“姑”的读音，还有一句话：“韵头不同，后代就有分化的条件了。”这就点明了后世随姑（[ka]）音转为 gū，“家”有同步读 gū，也有转读 jiā 的原因。

“居家”就是“处家”。居训处，家也训处。

《周易·系辞下》：“亦要存亡吉凶，则居可知矣。”《释文》：“马如字，处也。”

王力《同源字典·家》：“《吕氏春秋·离俗》：‘仁者居之。’注：‘居，处也。’《淮南子·墜 [⑪] 形》：‘寝居直梦。’[⑫] 注：‘居，处也。’”

《周易·家人》卦《释文》注：“《说文》：‘家，居也。’案人所居称家。”家、居义同。故家也用作“处”；

《左传·襄公四年》：“昔周辛甲 [⑬] 之为大史也。命百官，官箴 [⑭] 王阙。于《虞人 [⑮] 之箴》

---

① 今我来思：思，语助词。今我从（西戎）回来。

② 塗：《毛传》：“冻释也。”

③ 不遑（huáng）启居：遑，闲暇。启，跪。居，处。启居，安坐休息。不遑启居，没有空闲安居休息。

④ 丰隆：传说中的云师，或说是雷师。

⑤ 大微：陈铭注：即“太微”，天帝的南宫。

⑥ 重阳：深厚的阳气。

⑦ 造旬始而观清都：造，去、到。旬始，星名。清都，天帝居住的宫阙。

⑧《鱼藻》：《诗·小雅》篇名。

⑨ 镐（hào）：周初国都，在今陕西长安县西南。

⑩ 那（nuó）：美好，安适。

⑪ 墜（dì）：“地”的籀文。

⑫ 寝居直梦：直，通“值”，许匡一释为“相当”。直梦，指做梦的事在日常生活中得到验证。

⑬ 辛甲：或作辛公甲。商末周初人，本商纣臣。屡谏纣，不听，去而至周，召公贤之。文王亲迎之以为公卿，封于长子。

⑭ 箴（zhēn）：劝诫。以规诫为主要内容的一种文体，也称箴。

⑮ 虞人：掌管山泽田猎的官名。

曰：'芒芒[1]禹迹，画[2]为九州，[3]经启九道。[4]民有寝庙，[5]兽有茂草；各有攸处，德[6]用不扰。"《释文》"攸处"作"攸家"，注："如字，本或作攸处。"这里的原因，以理推之当是：处训居，居、家音（gū 或 [Kɑ]）义同，传写时以"家"代之。故有"本或作攸处"语。

(二十)附则：说蹲如kuo入

威坪说"蹲在地上""蹲在家里""蹲在军队"之"蹲"又说如 kuo 入（[k ʻok]）。其音之来难考，但从事物变化的内因和外因看，总不外乎方言本身的演变和受外来语影响两方面，或者兼而有之。

说其自身原因是该区域说"家"已转音如 guo 入（[kok]，由 [kok] 转 [k ʻok]），属见溪旁纽，在上千年的时间跨度内完成这一转变完全有可能。说其受外来语影响是因为北宋时的韵书开始收录"跍"字。

《广韵·跍》："苦胡切，蹲貌。"《集韵》"空胡切"，义同。说明北宋时说"蹲"为"跍"已成日常用语。威坪系新安江畔水陆要冲，自建安十三年（208）贺齐在此建始新县立新都郡，渐成浙西重镇。靖康之变，北宋王朝覆灭，建都杭州，大批中原人南迁。新安江成当时皖、浙、赣通达京都的大动脉，威坪在军事、经济、文化等方面上升到空前的地位。这种背景下，各方语言的交汇融合势在必行。

《大词典·跍》："蹲貌。黄侃《蕲春语》：'今吾乡谓蹲曰跍，亦曰蹲。'川剧《五台会兄》：'远望桥头高垒垒，涧下溪水吼如雷。手扒栏杆过桥嘴，但见乌鸦跍几堆。'"

既然湖北、四川都有此说法，那么说蹲为跍就相当普遍。也许威坪话接纳了"跍(kū)"，又演变为音如 kuo 入（[k ʻok]）。

(二十一)说奸如"该"

《说文·奸》："从女，从干，干亦声。"徐铉古寒切，《玉篇》公安切。古寒切、

---

① 芒芒：渺茫。

② 画：划分。

③ 九州：历代说法不一。《尚书·禹贡》指冀、兖(yǎn)、青、徐、扬、荆、豫、梁、雍九州。今徽言区属古扬州。李民注《尚书》中《禹贡·扬州》："《吕氏春秋》：'东南为扬州，越也。'扬为越之音转。扬州东南距海，西以汉水与荆分界；北距淮，与豫、徐分界。扬州地域包括今浙江、江西、福建全境，以及江苏、安徽、河南南部，湖北东部、广东北部。"

④ 经启九道：九道，九州的道路。启开九州的道路。

⑤ 寝庙：古代宗庙的正殿称庙，后殿称寝，合称寝庙。代指人民所聚居生存繁衍之地。

⑥ 德：惠。

公安切都得“音干”。

《王力字典》“奸”注有两音，gān 音释“犯”义，jiān 音释“奸邪、奸诈”义。辨析说：“奸、姦二字在上古时代音义皆不同。奸，古寒切，是干犯的意思；姦，古颜切，是姦诈的意思。后来由于‘姦’又作‘姧’，所以又演变为‘奸’，与干犯的‘奸’变为同字。”

今徽语说“奸”如“该”（[kɛi³³]，徽城），奸臣、奸雄、奸笑、汉奸、锄奸等，尽如此音。

既然“奸、姦”已合二为一，我们就只需观察古读“奸”的情况即可。

《史记·匈奴列传》：“汉使马邑下人[①]聂翁壹奸兰出物与匈奴交[②]，详[③]为卖马邑城以诱单于。”裴骃《集解》：“奸音干。干兰，犯禁私出物也。”司马贞《索隐》：“上音干。干兰谓犯禁私出物也。”

《汉书·沟洫志》：“如出数年治河之费，以业所徙之民，遵古圣之法，定山川之位，使神人各处其所，而不相奸。”[④]颜师古注：“奸音干。”

《庄子·天运》：“孔子谓老聃曰：‘丘治《诗》《书》《礼》《乐》《易》《春秋》六经，自以为久矣，孰[⑤]知其故矣。以奸者七十二君，论先王之道而明周召之迹，[⑥]一君无所钩[⑦]用。”《释文》：“（奸）音干。《三苍》云：‘犯也。’”

《通萃·前言·本书的用处》：“又如《汉书·儒林传》‘孔子西入周，南至楚，奸七十余君’句下，颜注‘奸音干’。此虽注而欠明。现在一般青年多不明了，‘奸音干’就是奸通干的意思。应注曰：奸同干，干，求也。‘奸七十余君’犹言‘向七十余国君干求禄位。’‘奸’是‘干’的加形（女）谐声通借字，也可说是同音通借字（奸、干均古寒切）。”

这里我们只取郑权中先生的学术见解，即古时“奸、干”音同。“奸七十余君”之“奸”，似应作“拜谒”讲较妥。

---

① 下人：平民百姓。
② 交：贸易，交结。
③ 详：通“佯”，假装。
④ 不相奸：不相犯。奸，犯。
⑤ 孰：通“熟”。
⑥ 周召（shào）之迹：周公、召公治国理政的业绩。
⑦ 钩：取，采纳。

《释文》注“奸”均用“音干”。例如：

《左传·庄公二十年》：“奸王之位，祸孰大焉？”注：“(奸)音干。”

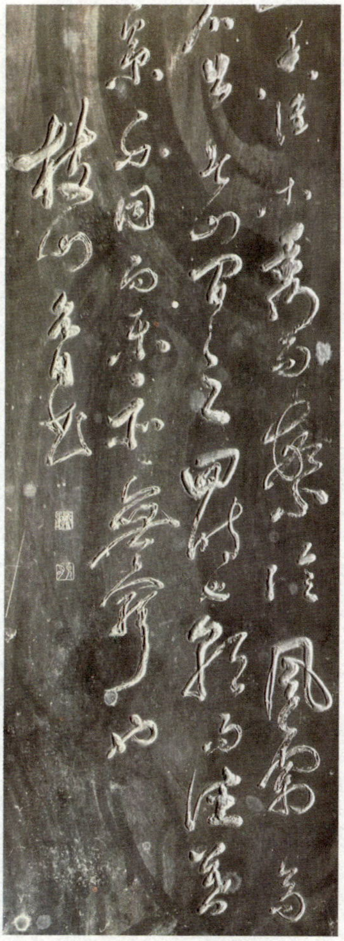

祝枝山书欧阳修《醉翁亭记》。“山间之四时也”，间，新安全读牙音[K]

《左传·宣公十二年》：“荆尸[①]而举，商农工贾不败其业而卒乘辑睦，[②]事不奸矣。”注：“(奸)音干，犯也。”

《左传·成公十六年》：“今楚内弃其民而外绝其好，渎齐盟[③]而食话言，奸时[④]以动而疲民以逞。”注：“(奸)音干，本或作干。”

《左传·昭公元年》：“国之大节有五，女[⑤]皆奸之。”注：“(奸)音干，犯也。”

《左传·襄公十四年》：“季札辞曰：‘……君，义嗣也。谁敢奸君？有国非吾节也。’”注：“(奸)音干。”

由于方音说“干”如“该”([kɛi^{33}])，故“奸”亦同步如之。

(二十二)说间如“该”

间，本作“閒”。《说文·閒》：“隙也，从门，从月。”段注：“隙者，壁隙也。……隙谓之间。间者，门开则中为际。[⑥]凡罅缝皆曰间。……病与瘳[⑦]之间曰病间，语之小止曰言之间。间者，稍暇也，故曰閒暇。今人分别其音为户闲切，或以闲代之。间者，隙之可寻者也，故曰间厕[⑧]、曰间迭[⑨]、曰间隔、曰间谍，今人分别其音为古苋切。”

---

① 荆尸：荆，楚国。尸，陈。古陈通“阵”。荆尸，楚国的阵法。
② 卒乘辑睦：卒乘，士兵与战车。辑睦：和睦，和谐协作配合。
③ 齐(zhāi)盟：齐通“斋”，斋戒。古人盟誓前必斋戒，故齐盟即盟誓。
④ 奸时以动：违背时势，盲目举动。
⑤ 女：通“汝”。
⑥ 际：间。
⑦ 瘳(chōu)：病愈。
⑧ 间厕：厕古作廁。间厕：参与，杂处。
⑨ 间迭：挑拨离间。

段注的“今人”几可推至中古。《释文》所注已见三音，即音闲、古闲反、古苋反。

音闲：《左传·成公十二年》：“世之治也：诸侯闲于天子之事，[1]则相朝也，于是有享宴之礼。”《释文》“闲于”作“间于”，注：“(间)音闲，注同。”音闲，即户闲切。

古闲反：徐铉注《说文》作“古闲切”，音同。《庄子·齐物论》：“大知闲闲，小知间间。”[2]《释文》：“(间)古闲反。有所间别也。”古闲反得音 gān。

古苋切（反）：《尔雅·释诂》：“间，代也。”《释文》：“(间)古苋反，注同。谢[3]古闲反，郭古雁反。”《诗周颂·桓》：“於昭于天，皇以间之。”[4]《毛传》：“间，代也。”孔颖达疏：“《传》‘间代’，《释诂》文。”《释文》：“间厕之间，代也。注同。”《礼记·文王世子》：“凡侍坐于大司成[5]者，远年间三席，可以问。”《释文》：“(间)徐古辨，容也。”(附注：“辨”下似漏“反”字。)

由古闲反得音 gān，与古读“奸”同音(见前文)，故典籍中“间”“奸”通。《汉书·匈奴传上》：“汉使马邑人聂翁壹间阑[6]出物与匈奴交易，阳为卖马邑城以诱单于。”“间阑”《史记》作“奸兰”。《通萃·例释 4031》：“《春秋》昭公二十二年‘大蒐[7]于昌间’，《公羊传》‘间’作‘奸’。”奸、干同音，故干通间。《说文·涧》“从水，间声”，从而“干”通“涧”。《通萃·例释 4034》：“《诗·卫风·考槃》：‘考槃在涧’，《释文》引《韩诗》作‘干’。《易·渐》‘鸿渐於干’，[8]《释文》引荀注及王肃注云：‘干，山间涧水也。’”

从古苋反、古雁反、古辨反等音都为 gàn。这是因为古读“苋”如“汗”。《唐·上古音》“苋”归匣纽、元部、去声，与汗同音，详见后文《匣纽》。古读“雁”如 àn，详见后文《疑纽》。古读辨如“办”。《周礼·考工记·总序》：“审曲[9]、面埶，[10]以饬五材，[11]

---

① 闲于天子之事：完成天子所下达的政令、使命之后，有了闲暇。

② 大知闲闲，小知间间：知，通“智”。闲闲，广博的样子。间间，斤斤于分别是非。

③ 谢：指谢峤。陈国子祭酒。

④ 於昭于天，皇以间之：《传》：“间，代也。”郑《笺》：“于，曰也。皇，君也。於明乎曰天也，纣为天下之君，但由为恶，天以武王代之。”於(wū)：叹词。

⑤ 大司成：周官名。司徒属官。

⑥ 间阑：干犯关禁。

⑦ 大蒐(sōu)：古时天子、诸侯五年举行一次的军队大检阅。

⑧ 鸿渐于干：鸿，大雁。渐，渐进。干，山涧。大雁在涧水中缓游。

⑨ 审曲：审察各种材料的文理曲直。

⑩ 面埶(shì)：察看形态(方圆、造型等)。

⑪ 以饬五材：饬，整治、加工。五材，杨天宇引郑《注》谓“金、木、皮、玉、土”。

以辨民器，谓之百工。"《释文》:"(辨) 皮苋反，具也。" 古读皮为 b ì (《大字典·皸(=) bì》："皮。《玉篇·皮部》：'皸，皮也。'《大戴礼记·少间》：'凡草木根皸伤，则枝叶必偏枯。'" 今徽语（歙县）仍说皮为 bī，皮苋反音 bàn。所以 "间厕之间" 读为 gàn。

古读 "涧" 也同 gàn。《尚书·禹贡》："伊、洛、瀍、涧[①] 既入于河。"《释文》："(涧) 故晏反。"《诗·召南·采蘩》："于以采蘩，[②] 于涧之中。"《释文》："(涧) 古晏反。山夹水曰涧。"《诗·卫风·考槃》："考槃在涧。"《释文》："(涧) 古晏反。山夹水也。韩诗作干，云：'墝埆[③] 之处也。'" 古读晏如 àn (详见后文《影纽》)，故晏反、古晏反音同 gàn。

《诗·周南·兔罝》[④]："赳赳武夫，公侯干城。"[⑤]《释文》："沈音幹。"《周易·乾》："贞者，事之干也。"[⑥]《释文》作 "幹"，注 "古旦反"。《尔雅·释畜》："在干，[⑦] 茀方。"[⑧]《释文》作 "幹"，注："古旦反"。

据此，我们是否可以认为，在 "间" 未分别 "gàn" 音以前，干通 "涧" 是平声；在分别以后，"干、涧" 相通，"干" 是 "幹" 的省形通借，"干、涧" 都读去声?

《广韵·裥[⑨] 韵·间》："厕也，瘳也，代也，送也，迭[⑩] 也，隔也，又音平声。" 可见，表以上各义读平声是官方认可的。是故今徽语无论表达何义，说 "间" 都与 "奸"（方音）同。

(二十三)说简如"盖"

《庄子·天运》："食于苟简[⑪] 之田。"《释文》注："司马本'简'作'间'。"《说文·简》："从竹，间声。" 古读间如干，则读简如干。《唐·上古音》"简" 读见纽、元部、上声，可推得上古读简如 gǎn。

---

① 伊、洛、瀍(chǎn)涧：伊河、洛水、瀍水、涧水，均是河名。

② 于以采蘩(fán)：于以，往哪儿。蘩，今称白蒿。

③ 尧(qiāo)埆(què)：土地多石，瘠薄。

④ 兔罝(jū)：捕兔网。

⑤ 干城：盾牌和城郭。比喻捍卫、守护者。

⑥ 贞者，事之干也：贞，坚定不移。干，干事。怀抱坚定的信念，就能干成大事。

⑦ 干：胁，肋骨。

⑧ 茀(fú)方：马名。

⑨ 裥(jiǎn)：衣裙褶子。《广韵》读如gàn。

⑩ 迭：轮流。

⑪ 苟简：马虎简略。苟简之田，耕作粗疏的意思。

《通萃·例释 4041》:"《三国志·蜀志·注》云:'简雍①本姓耿，幽州人语谓耿为简，遂随音变之。'"耿随音变为简，说明"耿、简"音近，是古读"简"声母与"耿"同的一条力证。

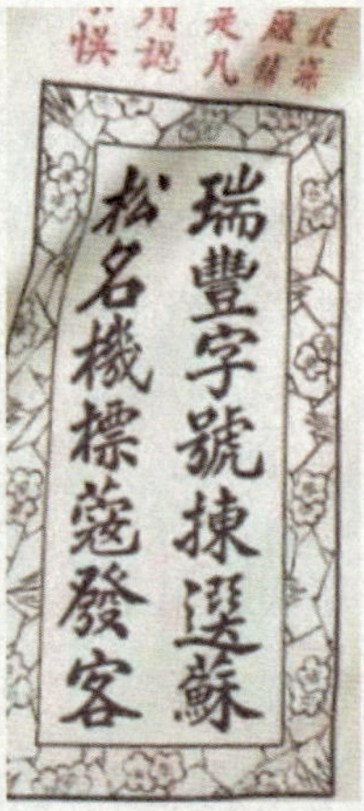

老广告。"揀选"，揀，方音$[K\varepsilon^{34}]$（吴永辉 摄）

《王力字典·简·[辨]》:"简，柬，二字古皆为见母元部。简指竹简，柬指选择（即后代的拣）。因为同音，常通借。表示信札的意思，可用柬。……后来以柬代简遂成习惯，今书柬、请柬均作柬，不作简。古书也借简表示选择义，故后来有简拔、简选等词。"

《说文·谏》:"从言，柬声。"柬、简同音，故读谏如简。《通萃·例释 4042》:"《左传·成公八年》引《诗》'是用大简'，② 杜注:'简，谏也。'按今《诗·大雅·民劳》、《诗·大雅·板》正作'谏'。"

古"涧、谏"同音。谏，《说文》徐铉注"古晏切"。《诗·大雅·公刘》:"夹其皇涧，遡其过涧。"③陆德明注:"涧，古晏反。"《诗·小雅·斯干》:"秩秩斯干，④幽幽南山。"《毛传》:"干，涧也。"陆音:"涧，音谏。"《释文·礼记·射义·南涧》注:"（涧）音谏。山夹水曰涧。"如此，则"简、涧"同音。古读"涧"如 gàn，则读"简"也如 gàn。

《尔雅·释诂》:"柬，择也。"《释文》:"（柬）音简。"《集韵·柬》:"或从手，通作简。"《广韵·产韵》"柬、揀（拣）、简"同列古限切，⑤以今音读之为 gǎn。

徽语今说"简、拣"都音如"盖"（$[k\varepsilon^{41}]$ 徽城），说简单、简介、删繁就简、挑肥拣瘦、"会拣的拣人才，不会拣的拣家财""东拣西拣，拣个破锅铲""简菜甲，简萝卜甲"等，宛如一连串的"盖"。

(二十四)说假如guó

徽语（歙县）说"假"文白相间，说放假、假期、请假、例假等趋同于普通话，而说假货、假相、做假、假正经等则音如 ga 入（徽城 $[ka^{41}]$），保留着古牙音。

---

① 简雍：三国蜀涿郡人，字宪和。或谓本姓耿。

② 是用大简：出自《诗·大雅·板》，全句为"犹之未远，是用大谏"。句意为：上帝（指周厉王）谋虑没有远见，所以要郑重地进行劝告。

③ 夹其皇涧，遡(sù)其过涧：据《毛传》，皇涧、过涧都是涧名。分居于皇涧、过涧两旁。遡，又作泝、遡，逆流而上。

④ 秩秩斯干：秩秩，《毛传》:"流行也。"涧水淙淙流淌的样子。干，涧。斯，语助词。

⑤ 古限切："限"，《广韵·产韵》"胡简切"，以今音读为hǎn，故古限切得gǎn。今徽语说"限"仍如hā(歙县)。

《说文·假》段注："毛诗《云汉传》[①]《泮水传》：[②]'假，至也。'《烝民》《玄鸟》《长发》笺同。此皆谓'假'为'徦'[③]之假借字也。其《楚茨传》'格，来也'，《抑传》'格，至也'，亦谓"格"为'徦'之假借字也。又《那传》《烈祖传》'假，大也'，此与《宾筵》《卷阿》传之'嘏，[④]大也'，同谓'假'为'嘏'之假借字也。又《假乐传》《维天之命传》'假，嘉也'，此谓'假'为'嘉'之假借字也。"

《说文》"假、徦、嘏"皆从叚声，四字徐铉均注古雅切。《广韵》同在《马韵》（"徦"出于"假"注内，云"《说文》又作'徦'，至也。"）按今音，《广韵》"古雅切"得音gǎ。

《尔雅！释诂》："嘏、假，大也。"《释文》："（嘏、假）古雅反。"

《尚书·大禹谟》："克勤于邦，[⑤]克俭于家，不自满假，[⑥]惟汝贤。"《释文》："（假）工雅反。"

《诗·大雅·思齐》："肆戎疾不殄，[⑦]烈假不瑕。"[⑧]《释文》："（假）古雅反。大也。"

《礼记·乡饮酒义》："南方者夏，夏之为言假也。养之，长之，假之，仁也。"《释文》："（假）古雅反。"

《诗·大雅·文王》："假哉天命，有商孙子。"黄淬伯诂《传》："固也。《马释》："假、嘏古同声通用，故假亦可训固。"

《尚书·吕刑》："皆听朕言，庶有格命。"李民注："格，王引之《经义述闻》谓通嘏，大也。格命，即大命、天命。"

格，通"嘏"，是因为"嘏、假"音义同，且格通假。格通假是因为双声（即格、假的声母都为见纽，都为"g"）。《通萃·概况·认识》："韩愈《原道》'郊焉而天神假'，'假'是'格'的双声（同属见母）通借字。"

---

①《云汉传》：《云汉》，《诗·大雅》篇名。传，指《毛传》。《泮水》，《鲁颂》篇名；《烝民》《抑》《卷阿》《假乐》，皆《大雅》篇名；《玄鸟》《长发》《那》《烈祖》，皆《商颂》篇名；《维天之命》，《周颂》篇名；《楚茨》《宾筵》，皆《小雅》篇名，《宾筵》即《宾之初筵》。

② 泮(pàn)：泮宫，古人以入学为入泮。

③ 徦(jiǎ)：至。

④ 嘏(jiǎ)：福，大。

⑤ 克勤于邦：克，能。能为国家辛勤操劳。

⑥ 不自满假：满，自满。假，大，夸大。不自满，不夸耀。

⑦ 肆戎疾不殄(tiǎn)：殄，灭绝。《毛传》："肆，故今也。戎，大也。故今大疾害人者，不绝之而自绝也。"

⑧ 烈假不瑕：烈，郑作厉。《笺》云："厉，假，皆病也。瑕，已也。……故大疾害人者，不绝之而自绝；为厉假之行者，不已之而自已。"

“格”在《广韵 · 陌韵》，“格、挌”同音古伯切。挌下注：“至也，亦作假。”

《尚书 · 西伯戡黎》：“格人元龟，[1] 罔敢知吉。”[2]《史记 · 殷本纪》作“假人元龟，无敢知吉”。汉王符《潜夫论》卷六《卜列》：“《书》又曰：‘假尔元龟，罔敢知吉。’”彭铎按：“段玉裁《古文尚书撰异》云：‘格人’作‘假尔’，此盖如《礼记》‘假尔大龟有常’[3] 之训，疑今文《尚书》本然。然《史记》作‘假人’，假、格古通用。”

《释文》注“格”亦用“古伯反”之类。例如：

《礼记 · 缁衣》：“子曰：‘夫民教之以德，齐之以礼，则民有格心。’”注：“（格）古伯反，来也。”

《礼记 · 王制》：“归假于祖祢，用特。”[4] 注：“（假）音格，至也。”

《周易 · 萃卦》：“王假有庙。”注：“（假）更白反。”

《诗 · 鲁颂 · 泮水》：“允文允武，[5] 昭假烈祖。”[6] 注：“（假）古百反，至也。”

《礼记 · 祭统》：“公假于大庙。”注：“（假）加百反，至也。”

“白、百、伯”都是《广韵 · 陌韵》字，“更白、古百、加百”反与古伯切同，即读如 ga（[keak] 入。

再说“‘假’为‘嘉’之假借”。

《说文 · 嘉》：“从壴，[7] 加声。”徐铉注“加、嘉”皆古牙切。《广韵 · 麻韵》“加、嘉、家、茄”同古牙切，依《广韵》以今音都读为 gā。徽语今仍说“家”如 gā，说西红柿为“番 gā（茄）”，此亦可为据。

假借为嘉，是因为古读“嘉”如 gā。

《通萃 · 例释 2016》：“《春秋》桓公八年：家父，《公羊传》《谷梁传》同。《古今人表》作‘嘉父’。《诗 · 小雅 · 节南山》‘家父作育’，三家诗亦作‘嘉父’。”

---

① 格人元龟：李民注：格人，商代的占卜者，能知天地吉凶的神职人员。元龟，大龟，供占卜之用。

② 罔敢知吉：格人和元龟都不知道有吉兆。李民引《论衡 · 卜筮篇》：“纣，至恶之君也。当时灾异繁多，七十卜而皆凶。故祖尹曰：‘格人元龟，罔敢知吉。’贤者不举，大龟不兆。”

③ 假尔大龟有常：语出《礼记 · 曲礼上》：“曰：‘为日，假尔泰龟有常。’”杨天宇注：“泰龟，即大龟，这是对龟甲的尊称。有常，褒美之辞，谓其无差错。”

④ 特：祭供牲一头。

⑤ 允文允武：允，信。郑《笺》：“僖公信文矣，为修泮宫也；信武矣，为伐淮夷也。”

⑥ 昭假烈祖：昭假，发扬光大，感格。烈祖，同列祖。僖公修文备武的治国方略，感格了列祖在天之灵，光大了列祖的明德。

⑦ 壴（zhù）：陈列乐器；

“家父”作“嘉父”，知“家、嘉”音同。古读家如gā，则读嘉也如gā。

《诗·大雅·假乐》:“假乐君子，显显令德。”《毛传》:“假，嘉也。”《释文》:“(假)音暇，嘉也。”

《礼记·中庸》:“《诗》曰：‘嘉乐君子，宪宪[①]令德。’”《释文》:“户嫁反。《诗》本作‘假’，音同。假，嘉也。皇音加，善也。”

“音暇”和“户嫁反”依《广韵》都读为hà，这是另一音，略。皇，指梁国子助教皇侃。“皇音加”，说明“嘉、加”同音（gā）。

至此，徽语（徽城）说假为[keak]（ga）入，比古语只有声调的变化。

《陈考·加》:“音歌。《说文》:‘袈，[②]女师也，从女加声。杜林[③]说：加教于女也，读若阿。’古音可见。本证：《女曰鸡鸣》[④]：‘弋言加之，与子宜子。’[⑤]（《说文》:‘宜，从宀之下，一之上，多省声。古文宐。’[⑥]）旁证：班彪[⑦]《北征赋》:‘从圣文之克让兮，不劳师而币加。惠父兄于南越兮，黜帝号于尉佗。’”[⑧]

以《陈考》校之于《广韵》，则“歌、哥”音guō，从而“加”音guō。得：阿（wō）；袈（音阿，又音哥）：何（huō），多（duō）；宜为多省声，则亦读为duō；佗（duō或tuō），徽语（歙县今说“肩挑背duō，就是这个‘佗’）；河（huō），协韵没有任何问题。再如《陈考·嘉》‘音歌’。《说文》以加得声。‘副笄六珈’[⑨]与‘如山如河’为韵。本证：《东山》‘其新孔嘉，其旧如之何？’《鱼丽》‘物其多矣，维其嘉矣。’旁证：张衡《怨篇》‘虽曰幽深，厥美弥嘉。之子之远，我劳如何？’”以《广韵》音读之，也是和谐无拗。

---

① 宪宪（xiǎn xiǎn）:光明的样子。

② 袈(ē):古代教以妇道的女师。

③ 杜林：东汉扶风茂陵人，字伯山。官至大司空，治《古文尚书》。

④《女曰鸡鸣》:《诗·郑风》中篇名。

⑤ 弋言加之，与子宜之：弋，箭尾系以细绳而射。加，射中。宜，《毛传》作“肴”也。句意为“你去射来野鸭大雁，我为你做成美味佳肴”。

⑥ 宐(yí):同“宜”。

⑦ 班彪：东汉扶风安陵人。班固、班昭之父。

⑧《北征赋》引文两句：李善注：“圣文，文帝也。《尚书》曰：‘允恭克让。’《史记·文纪》曰：‘南越王尉他自立为武帝，上召他兄弟，以德报之，他遂去帝称臣。’”附注：古“他”通“佗”，《广韵》以“他”为“佗”的俗体。币加：多加之币帛。允恭克让：语出《尚书·尧典》。李民注：“允，诚然。恭，恭谨职责而不懈怠。郑玄注曰：‘不懈于位曰恭。’克，能够。让，本字作攘，让贤。”

⑨ 副笄(jī)六珈：句出《诗·鄘风·君子偕老》。《毛传》:“副者，后夫人之首饰，编发为之。笄，衡笄也。珈，笄饰之最盛者，所以别尊卑。”郑《笺》:“珈之言加也。副既笄而加饰，如今步摇上饰。”附注：《说文·珈》:“从玉，加声。”如陈弟所说，“加”音“歌”，则“珈”音如歌(guō)，故与河(huō)押韵。

以《陈考》的结果来理解“嘉”借为“假”，则古读“假”又如guō，这或许是今威坪说假为guó的根源。说假为guo很普遍，但声调不同。

(二十五)说阄为“钩”

徽语用“好汉阄上死”，来表达对抽签结果的认同。但说“抓阄”则说为“抽jiū”“抽gōu”，各随其便，互不为怪。

“抽gōu”，即“投钩”。《大词典·投钩》：“犹拈阄。《荀子·君道》：‘探筹[①]投鉤者，所以为公也；上好曲私，则臣下百吏乘是而后偏。’”

《王力字典·鉤㈥》：“通‘阄’。博具。慎子[②]《威德》：‘夫投鉤以分财，投策[③]以分马，非鉤策为均也。……此所以塞愿（怨）望也。’”

“鉤”今简为“钩”。钩，通“阄”，古时不仅音同，而且义通。

徐铉注《说文·阄》“古侯切”。《广韵·候韵》“钩”也是“古侯切”。《大字典·钩(25)》：“《洪武正韵》：‘钩，与阄同。’”可见古时音同。《广韵》“古侯切”读为gōu。

古人博戏以钩为注。《庄子·达生》：“以瓦注者巧，[④]以钩[⑤]注者惮，以黄金注者殙。”[⑥]《列子·黄帝》：“以瓦抠[⑦]者巧，以钩抠者惮，以黄金抠者惛。”[⑧]后来，“钩”成为博具名称。《大字典·钩》：“博具，《荀子·君道》：‘如是，则虽在小民，不待合符节[⑨]别契券而信，不待探筹投钩而公。’……宋程大昌《考古编》卷七：‘乃知其说，是先书韵为钩，坐客均探，各握所得，循序赋之。’”

《说文·阄》：“斗取也。”段注：“按力取是此字本义，今人以为拈阄字。殆古藏彄[⑩]之讹。《荆楚岁时记》[⑪]注曰：‘藏彄之戏，辛氏《三秦记》[⑫]以为钩弋夫人所起。

---

① 探筹：筹，竹签。探筹，抽签。

② 慎子：即慎到，战国时赵国人，著有《慎子》，今存七篇。

③ 投策：策，筹，竹签。投策与探筹义同，抽签、抽阄。

④ 以瓦注着巧：巧，轻巧，不在意。以瓦器做赌注，内心不慌，神情自若。

⑤ 钩：或指带钩。古时带钩视为较贵重物品。

⑥ 殙(hūn)：神志昏乱。

⑦ 抠(kōu)：投，掷。

⑧ 惛(hūn)：义同“殙”，糊涂。

⑨ 符节：古代信物。以金玉竹木等上刻文字，分为两半，使用时以两半相合为验。

⑩ 藏彄(kōu)：同“藏钩”。

⑪《荆楚岁时记》：南朝梁宗懔撰。记荆楚岁时节令风物故事，自元旦至除夕，凡20余条，保存了一些古代的神话和传说。有注，传为隋杜公瞻作。宗懔，今湖北荆州人。

⑫《三秦记》：汉辛氏撰，名不详。该书记秦汉时三秦地理、沿革、民情、都邑、宫室、山川，为我国早期地方志书代表作。(摘自百度)

周处[①]、成公绥[②]并作彄字，《艺经》庾阐[③]则作钩字，其事同也。'"

这就是说，"阄"因"藏钩之戏"演变成了"钩"。

何为"藏钩之戏"？《大词典》："相传汉昭帝母钩弋夫人少时手拳，入宫，汉武帝展其手，得一钩。后人乃作藏钩之戏。"大概是因为手握一钩，而得到汉武帝的宠幸，后人以为吉事，便仿效起来。故流传至今的猜拳、猜枚，人们仍视为雅戏。只不过后代人手中所握，"钩"换成了钱币、棋子、瓜子、松子、莲子等物。《通俗编·俳优[④]·猜拳》："《东皋杂录》[⑤]：唐人诗有'城头击鼓传花枝，席上抟拳[⑥]握松子'，乃知酒席猜拳为戏，其来已久。"就是很好的注脚。

游戏的方法用于财物的分配或事机的决断便成了"抓阄"，这时钩弋夫人拳中的钩成了阄中的代码符号，但人们仍习惯地称之为"钩"。

(二十六)说钩如"鸠"

《客方言》卷十二《释鸟兽·仆鸠》："今谓鸠曰仆鸠，亦曰仆姑。此即《诗》所谓鵻，[⑦]《左传》所谓祝鸠也，古亦谓之夫不。……《尔雅》鵻作隹，夫不作䳕䳕。《郭注》云：今䳕鸠。盖夫不之合声即䳕，古无轻唇，夫、孚皆读如晡，音转则为仆，是仆亦夫不之合声。鸠与姑双声，故仆鸠又变为仆姑。"

此处的"仆姑"通称班鸠。客方言说为"仆姑"，与威坪话相符。歙县则说为晡鸠、晡勾等，其"勾"即"鸠"的古音。

《徽州方言》(以下简称《徽言》)第八章《文化底蕴·古音》："布鸠这个词里'鸠'读 kiu^{31}，仍保留古牙音 K 声母的读法。"孟庆惠先生指出了徽语中这个古音的客观存在。

这就是说上古读鸠如"勾"。

2016 年 10 月 3 日，央视《国宝档案》栏目播出《王者之剑》，介绍句践所用宝剑八字铭文为"越王鸠浅自作用剑"。经故宫专家鉴定，"鸠浅"即句践。

---

① 周处：东晋吴兴阳羡人，有《风土记》《默语》等著作。

② 成公绥：西晋初东郡白马人，字子安。所作《天地赋》《啸赋》皆为传世名篇。

③ 庾阐：东晋颍川鄢陵人，字仲初。曾任零陵太守，官至给事中。

④ 俳(pái)优：古代称以乐舞谐戏为业的艺人，这里指曲艺娱乐。

⑤《东皋杂录》：宋孙宗鉴鑑撰。

⑥ 抟(tuán)拳：握拳。

⑦ 鵻(zhuī)：下文的隹(zhuī)、夫不(fǒu)、䳕䳕(fǒu)、䳕(fóu)鸠，是异名同物。

《左传》《国语》记吴越之争均作句践，左丘明与句践相隔年代不远，故可认为春秋战国时“句（勾）、鸠”同音。

“鸠”，《说文》记录已转为齿音了。《说文》：“从鸟，九声。”《玉篇》：“九牛切。”《释文》注《尔雅 · 释诂》：“鸠，聚也。”“（鸠）居牛反。”《说文》作“勼”，[①]音九尤反。注《释鸟》“鶌鸠”[②]，“（鸠）九牛反”。徐铉、《广韵》居求切，《集韵》居尤切，都读 jiū。但徽语仍说为 giū（[kiu^{31}]），与方言的“勾、钩”同音。

另一种情况是徽语说钩如“鸠”（jiū）（歙北老派话）。

按《唐 · 上古音》“勾、钩”是见纽侯部字。徽语今仍读入幽部，一方面反映出上古幽侯合韵的现象（《说文 · 句》：“从口，丩声。”而丩是幽部字），另一方面折射出徽语传承的语言环境。

徽语说钩如“鸠”呈文白并存状况，这一点类似于说抓阄为“抽 gōu”或“抽 jiū”。钩状物因材料不同分称为铁鸠、铜鸠、竹鸠、木鸠等，因用途不同分称为索鸠、壁鸠、水担鸠等。

徽语侯部字读入幽部并非个例，如：

说“投”如“丢”，投靠、投降、投篮、投资说为“丢靠”“丢降”“丢篮”“丢资”；

说楼如“溜”，楼房、楼盘、楼梯、登楼说为“溜房”“溜盘”“溜梯”“登溜”；

说斗如 diǔ，斗争、斗榫头、龙虎斗说为 diǔ 争、diǔ 榫头、龙虎 diǔ，升斗之“斗”说 diu 入声；

说透如 tiǔ，看透、透视、透气说为看 tiǔ、tiǔ 视、tiǔ 气；

说漏如“溜”，漏洞、渗漏、漏风说为“溜洞”“渗溜”“溜风”；

斗山街街名坊。“斗”方音读黝韵如diǔ(动词)，又读幼韵如diù(名词)(歙县)

① 勼（jiū）：聚集。

② 鶌（jué）鸠：一种小鸠。胡奇光引《郭注》：“似山鹊而小，短尾，青黑色。多声。今江东亦呼为鹘鵃，音gú zhōu。”

说豆如“丢”，豆类概说为“X 丢”，从豆声的字如逗留、逗药说为“丢溜”“丢药”，脰颈如“丢颈”；

说厚如“秀”，厚薄、厚道、厚德说为“秀薄”“秀道”“秀德”；

说狗如“九”（休宁），遛狗、狗友、死狗说为“溜九”“九友”“死九”等。

从音韵变迁的角度看，这应是主要原因。从语言环境看，徽地多崇山峻岭，长期处于封闭状态，村村寨寨语音不同。外界语言的变化影响极微，语言承袭的主要途径是口口相传，音同义近的语词不究其形，长期使用便认“假”（假借之假）为真（指读音上）。例如：

“樛”，按《唐·上古音》与“丩、鸠”同音，至今读为 jiū。《王力字典·樛(一)》：“树木向下弯曲。……引申为弯曲。唐陆龟蒙《耒耜[1]经》：‘前如桯[2]而樛者曰辕。’”[3]明万历《歙志》艺文卷四《碑记·文昌阁记》：“天都、大鄣，[4]若隐若现；江樛流如带，折若回视”，就是形容江流弯弯曲曲如飘带飞舞。徽民樵薪，用樛木拴一绳，方便捆缚柴草，俗称“索鸠”，实即索樛。也就是索钩，音虽奇兀，其意则同。

(二十七)说捄(jū)如“鸠”

《客·释言（下）·引土于箕曰钩泥》：“钩者，捄之转语。《说文》：捄，盛土于梩[5]中也。一曰捊[6]也（据《段氏本》）。”这点徽语与客家话颇为一致。

《孔丛子·小尔雅·广诂》：“鉤，取也。”《说文·鉤》段注：“曲物曰钩，因此以钩取物亦曰钩。”徽语表达“以钩取物”的“捊聚”之义，有不同说法。淳安、威坪、歙县大部分说“钩”，歙北却有说“鸠”的。

捊土工具锄、镈[7]等状如“7”形，亦可称钩。故引土入箕为“钩”，与段说相符。但说为“鸠”者，有何来源呢？

---

① 耒(lěi)耜(sì)：古代两种农具。这里泛指农具。

② 桯(tīng)：古代指横木。今徽语称较厚长的木质构件，如床桯、桌桯、犁桯(又称犁冲)、耙桯等。

③ 辕：犁辕，徽语称犁冲。

④ 天都、大鄣：天都，即黄山天都峰。大鄣，即大鄣山，在绩溪县境内。

⑤ 梩(sì)：又读(lí)。《大字典·梩》：“同‘相(耜)’。锹、锸一类的挖土农具。”附注：锸(chā)，《释名·释用器》：“锸，插也，插地起土也。”

⑥ 捊(pōu)：引聚。集拢散碎摊开的细小物。

⑦ 镈(bó)：徽语今称锄头、草刨、阔板之类。

《诗·大雅·绵》:“捄之陾陾,[1]度之薨薨。”[2]黄淬伯《覈诂》:“《传》:‘蘽[3]也。’音鸠。《笺》:‘捄,捊也。……筑墙者捊聚壤,盛之以蘽,而投之版[4]中。’《马释》:“蘽、梩同类,《孟子释文》:蘽,土笼也。梩,土轝[5]也。与《毛传》合。《传》训捄为蘽者,亦谓盛于蘽中耳。”《释文》注:“(捄)音俱,吕忱同,徐[6]又音鸠。”

唐作藩《上古音》“捄(捊也)”归见纽、幽部、平声,正读为 jiū。

读钩如鸠或读捄如钩都是幽、候旁转的结果。读捄为“鸠”恐是初始之音。这点从《说文·捄》“从手求声”,徽语(歙)今仍读“求”如“鸠”也可得到印证。

如此说来,徽语说“鸠泥”应是这个“捄泥”。

(二十八)说沟如“鸠”

如同说钩如“鸠”,幽侯旁转,徽语还存在说沟如“鸠”的方音(歙北)。

说钩如“鸠”有“樛”的影响,说沟如“鸠”则是“氿”的漾衍。

氿本有“鸠”音。《唐·上古音》读见纽、幽部、上声,与鸠的平声只有声调差异。《说文·氿》“从水,九声”,与《鸠》“从鸟,九声”已一致。

《康熙字典·氿》:“《集韵》渠尤切,音求。”古读求如“鸠”,今歙县说要求如“舀鸠”,求人不如求已如“鸠人不如鸠已”,还是这个音。

古代说沟有明确的规定。《周礼·地官·遂人》:“夫[7]间有遂,[8]遂上有径;十夫有沟,沟上有畛。”[9]杨天宇注引《郑注》:“遂,广深各二尺;沟倍之,洫[10]倍沟。”《考工记·匠人》:“九夫为井,井间广四尺,深四尺,谓之沟。”按战国时期一尺等于今 23.1 厘米折算,沟的宽、深都不足 1 米。

---

① 捄之陾(réng)陾:《毛传》:“陾陾,众也。”孔颖达《疏》:“《传》言‘捄,蘽’者,谓捄土于蘽也。取土必多,故陾陾为众。”

② 度之薨(hōng)薨:郑《笺》:“度犹投也。”薨薨,响声词。

③ 蘽(léi):盛土器。这里做动词用。

④ 版:徽语今称“泥墙匣”。

⑤ 轝(yù):《大字典·轝》:“舁土器。《左传·襄九年》:‘陈畚挶。’晋杜预注:‘挶,土轝。’孔颖达疏:‘畚,是盛土之器。则挶是轝土之物也。’”附注:舁(yú),抬运,装,带。挶(jū),运土的器具。

⑥ 徐:指徐邈。

⑦ 夫、井:古代划分土地的一种方法,即井田制。“井”是井田制的基本单位。井田制授予一夫(成年男子)田百亩,故以百亩为夫。亩的大小与今不同。《汉书·食货志上》:“六尺为步,步百为亩,亩百为夫。”

⑧ 遂、遂人:遂是水渠名,规制见文中。遂人,是《周礼》所叙职官名,遂人掌管一万二千五百家。

⑨ 畛(zhěn):田间道路。

⑩ 洫(xù):田间水道。

《尔雅·释水》:“注谷曰沟,注沟曰浍。”[1] 浍是比沟小的水沟。《荀子·解蔽》:“醉者越百步之沟,以为蹞步[2]之浍也。”杨倞[3]注:“浍,小沟也。”荀子和杨倞的说法都符合《尔雅》沟大浍小的含义。可是《周礼·遂人》“千夫有浍,浍上有道”,杨天宇引郑《注》:“浍,广二寻,深二仞。”照通行的说法,八尺为寻,七尺为仞,则浍宽一丈六尺,深一丈四尺,比沟广深各四尺大了几倍。至于《礼记·礼运》“城郭沟池以为固”、《孟子·滕文公上》“老稚转乎沟壑”,则更难说具体尺寸。这就告诉我们,时代变迁,语意陵替,不可拘泥。

今人则大到山谷,小至三五寸的水道都称为沟。

再说“氿”义之演变。

《尔雅·释水》:“氿泉穴出。[4] 穴出,仄出也。”《诗·小雅·大东》:“有冽氿泉。”《毛传》:“侧出曰氿泉。”古“侧”同“仄”,“侧出”即“仄出”,“氿”指泉水流出的方位。

《释名·释水》:“侧出曰氿泉。氿,轨也。流狭而长,如车轨也。”刘熙之语虽有穿凿之嫌,但他说出了泉水从冒出到形成“渎”(《尔雅》“注浍曰渎”,渎也指小水沟)的一段“流程”,这个流程在地面上形成一条凹槽,这道水槽今人便称为“沟”。而刘熙将这条水槽释为“氿”。

《大字典·氿 guǐ》:“《文选·班固〈答宾戏〉》:‘怀氿滥而测深乎重渊。’[5] 李周翰[6]注:‘氿滥,小泉也。’清储欣[7]《拟周孝侯庙碑记》:‘坟庙郁葱,亘城之东,肘挟两氿,面罗千峰。’”班固的“氿滥”指小泉,小泉经地即小水沟。储欣的“两氿”就是两条水沟的代名词。又《氿 jiǔ》:“郭沫若《到宜兴去·第三天》:‘……C 告诉我是西氿,……听说是九条小河汇成的,所以叫作氿。’”这里“氿”的深层语意就包含着“小河”。

从《集韵》收录“氿”的“求”音看,读氿为 jiǔ 不会是宜兴一地的方音。徽语今读平声,或者仍是上古之音。氿、沟义同,说沟为“鸠”也就不奇怪了。

---

① 浍(kuài):沟渠名。

② 蹞(kuǐ)步:蹞,同“跬,半步。古代举足一次为跬,两次为一步。。

③ 杨倞:唐虢州弘农人,著有《荀子注》。

④ 氿(guǐ)泉穴出:从旁边流出的泉水叫氿泉。

⑤ 怀氿滥而测深乎重渊:以氿滥的深浅去测度深渊。氿滥,氿泉和滥泉。滥泉,从地平面喷涌而出的泉水。泉水刚流出,故李周翰注“小泉也”。

⑥ 李周翰:唐人。《文选》“五臣注”者之一。

⑦ 储欣:清江苏宜兴人。

(二十九)说解如gà

今普通话"解"有三读,徽语则只有两音,且都发声于牙音[K]。说分解、解散之"解"如gà(徽城 [Ka35],录自《徽言》)、gā(威坪([ka32]),说押解、解送之"解"如gā(徽城 [ka312])、gà(威坪 [ka35])。

《同源字典》:"解:懈(同音)'解'是解开,解开就松了,所以引申为松懈。松懈的'解'后来写作懈。'懈'本读古隘切,近代音转为匣母字。"

《唐·上古音》"解牛"之"解"读见纽、支部、上声,《同源字典》注音[ke],相当于今音的"给gěi"。《玉篇》录有四音,其"古隘切":"署也。《吴都赋》[①]云:'解署棋布。'"说明古"解"通"廨",廨是官署、官舍。《广韵》"解、懈、廨"同列《卦韵》"古隘切"。

宋赵彦卫[②]《云麓漫钞》卷四《官府多用"申""解"二字》:"解,古隘切,训曰除聚,而词人[③]上于其长曰'解',士人获乡荐[④]亦曰'得解',皆无除去之义,举世咸用之。"赵彦卫所指即今"解jiè"之义。《大字典》"解jiè":①古代下级向上级行文报告。②唐宋时,举进士者由地方推荐发送入京称为"解"。③押送财物或犯人。

诸如唐陆羽《茶经·具》:"扑,一曰鞭。以竹为之。穿茶以解茶也。"于良子注:"解,运输。"宋宋慈《洗冤集录》(以下简称《洗冤录》)卷一《检复总说下》:"凡行凶人不得受他通吐,[⑤]一例收人解送。"[⑥]南宋周密《癸辛杂识·续集下·陈谔捣油》:"(陈谔)尝为越学正,[⑦]满替,[⑧]往婺[⑨]之廉司[⑩]取解由。"[⑪]清王士禛《书剑侠事》:"顺治初,其县役某解官银数千两赴济南,以木夹[⑫]函之。"这些例子中的"解",中古时期都读为gài。

---

①《吴都赋》:晋左思所著《三都赋》之一。吴都,今苏州。
② 赵彦卫:宋宗室。历通判徽、台二州,宋宁宗开禧间知徽州。
③ 词人:原指擅长文辞的人。这里代指政府官吏行文的人。
④ 乡荐:唐宋时期,应试进士由州县荐举,称"乡荐"。
⑤ 通吐:陈说口供。
⑥ 收人解送:收人,拘押。解送,押送到指定机关。
⑦ 越学正:越,越州,今浙江绍兴。学正:职官名。宋、元国子监及路、州县学、学院设学正。
⑧ 满替:任职期满而调职。
⑨ 婺:婺州,今浙江金华。
⑩ 廉司:上级考核机关。
⑪ 解由:宋元时,官吏调任的证明文书。
⑫ 木夹:木匣。

《释文》注懈怠之义，用“古卖”“佳卖”等反切。如，《礼记 · 祭统》：“故卫孔悝[1]之鼎铭曰：‘……乃考文叔，[2]兴旧耆欲，[3]作率庆士，[4]躬恤卫国；其勤公家，夙夜不解，民咸曰：休[5]哉！’”注：“（解）古卖反。”《礼记 · 聘义》：“日莫[6]倦，齐庄正齐[7]而不敢解惰。”注：“（解）佳卖反。”《左传 · 成公二年》：“《诗》曰：‘不解于位，民之攸塈。’[8]其是之谓矣。”注：“（懈）佳卖反。”《诗 · 卫风 · 陟岵》[9]：“父曰嗟予子，行役夙夜无已。”郑《笺》：“无已，无解倦。”陆音：“解，音介。”古读介如“盖”，读佳如 gā(《广韵 · 佳韵》“佳、街”同音，徽语（歙北、威坪）今犹说“街”如 gā 可证）因此，“古卖反”“佳卖反”其音如“盖”。

《释文》注解开、解脱之义，用“古买”“佳买”“革买”等反切。如，《礼记 · 少仪》“已解”注：“（解）庚买反。”《礼记 · 丧服四制》：“始死，三日不怠，三月不解，[10]期[11]悲哀，三年忧，恩之杀[12]也。”注：“（解）佳买反。”注“不解衣”之“解”为“古买反”。《诗 · 召南 · 江有汜[13]》：“不我过，其啸也歌。”郑《笺》：“歌者，言其悔过以自解说[14]也。”陆音：“解，革买反，又闲买反。”《庄子 · 人间世》：“故解之以牛之白颡者，[15]与豚之亢鼻[16]者，与人有痔病者，不可以适河。”[17]注：“（解）徐古卖反，又佳买反。注同。向古邂反。”

依《广韵》，“买”在蟹韵属上声，“卖”在卦韵属去声，都是支部字。按严学窘《广韵导读》韵部音为 [æ:i]，则“古卖”“佳卖”“古隘”“古邂”（隘、邂亦是卦韵字）

① 孔悝(kuī)：春秋末卫国人。孔圉(yǔ)子。

② 乃考文叔：乃，你。考，父。父亲亡故称考。文叔，即孔圉，亦称中叔圉，孔文子。

③ 兴旧耆(shì)欲：兴，振兴。旧耆欲，祖先的愿望志向。

④ 作率庆士：率，遵循。庆，善。士，通“事”。

⑤ 休：美好。

⑥ 莫：通“暮”。日莫，即日暮。

⑦ 齐(zhāi)庄正齐：齐庄，严肃诚敬。正齐，端正整齐。

⑧ 不解于位，民之攸塈(jì)：《诗 · 大雅 · 假乐》篇中句子。塈，《毛传》：“息也。”句意为“百官勤勉于职责，民众才得以休息。”

⑨ 岵(hù)：有草木的山。

⑩ 三月不解：三个月不脱衣而卧。

⑪ 期(jī)：一周年。

⑫ 杀(shài)：等差，逐渐减退。

⑬ 汜(sì)：水分岔流出后又回到主流。

⑭ 说：通“脱”。

⑮ 牛之白颡(sǎng)者：颡，额头。额头上有白毛斑的牛。

⑯ 豚(tún)之亢鼻者：豚，小猪。亢，高。翘鼻皱额的小猪。

⑰ 适河：古时祭河神把人或供物投入河中。

等反切，以今音读如“盖”，“古买反”“佳买反”“革买反”“庚买反”读如“改”。

由此可以说，徽语说“解”还是上古之声。

(三十)说讲如“巩”

《史记·曹相国世家》：“百姓歌之曰：‘萧何为法，顜①若画一。曹参代之，守而勿失。载②其清净；民以宁一。’”裴骃《集解》：“徐广③曰：‘顜音古项反，一音较。’”司马贞《索隐》：“覯，④《汉书》作讲，故文颖云：‘讲，一作较。’”按：训直，又训明，言法明直若画一也。覯音讲，亦作顜。小颜⑤云：‘讲，和也。画一，言其法整齐也。’”

由此可得：《史记》“顜”，《汉书》作“讲”，司马贞作“覯”，故三字音同，且“讲”一音“古项反”，一音“较”。

“讲”，《玉篇》《广韵》、徐铉注《说文》都为古项切。《康熙字典》：“《唐韵》《集韵》《韵会》《正韵》并古项切，音港。”说明中古一直读古项切。

《唐·上古音》“讲”读见纽、东部、上声，这个音可记为 [kɔŋ²¹³]，严学宭《广韵·讲韵》音为 [0:ŋ]，这是一致的，故上古、中古“古项切”读如 gǒng(巩)。这与今威坪方言说“讲、港”之音完全相同。

《广韵·讲韵》“讲、港”都音古项切，故“港”也读如 gǒng；“棒、蚌”都音步项切，故都读如 bǒng（今威坪说“棒”为“pǒng 荆”是声纽迁为滂纽，韵部未变）；“项”音胡讲切，

歙南三港坐落在新安江边，绿水开鉴，青山倒影，清淑袭人。“港”，方音如“巩”(威坪)(徐春婷 摄)

---

① 顜(jiǎng，又读jiào)：明，直，和谐。
② 载(zài)：乘。
③ 徐广：东晋徐邈弟，撰《晋纪》。
④ 覯(gòu)：遇见，遭遇。
⑤ 小颜：即颜师古。

故读如hǒng(红)，这些音都存留于今威坪方言中。

古又读讲为gòu。《说文》“讲（講)、媾、构（構)、覯、遘、购（購)”都从冓声，徐铉注“冓”古候切，《广韵》悉读古候切。

汉王符《潜夫论·救边》：“余窃笑之，所谓媾亦悔，不媾亦有悔者尔，未始识变之理。”清汪继培《笺》：“《秦策》云：‘三国攻秦，秦王[①]欲割河东而讲。’公子池[②]曰：‘讲亦悔，不讲亦悔。’高诱注：‘讲，成也。’讲、媾古字通。”

《通萃·例释0880》：“《左传》僖公十五年：‘其(怀公)死于高梁之虚。’[③]注有‘则构虚而不经’句，《释文》：‘构，本又作讲。’”今本《释文》“构虚”作“讲虚”，注：“本又作构。”

《诗·召南·草虫》：“亦既见止，亦既覯止。”[④]郑《笺》：“既覯，谓已昏[⑤]也。……《易》曰：‘男女覯精，方物化生。’”陆音：“覯，古豆反。”“覯精”，今《易·系辞下》作“构精”，说明“构”通“覯”。

《康熙字典·讲》：“《字汇补》居候切，音媾，和也。《史记·甘茂传》‘樗里子[⑥]与魏讲罢兵’，注：讲读曰媾。”

古候切、古豆反都读为gòu。讲、媾、构、覯相通，是因为它们音同。今徽语（歙北）说讲如“过”入（[kɔk]），是侯屋对转的结果（媾、构、覯都是侯部字，讲读为gòu，也是侯部音。今读[kɔk]，转入屋部)。

(三十一)说江如“工”

徽语各地说“江”多从牙音[K]，尤以威坪说如“工”与古音最近。

《康熙字典·江》：“《风俗通·山泽篇》：‘江者，贡也，出珍物可贡献也。’《释名》：‘江，共也，小江流入其中所公共也。’”此两则虽是音释附会，但说明古时“江”与“贡、共”音近。又“《韵补》叶古红切，音公。《楚辞·九章》[⑦]：‘将运舟而下浮

① 秦王：指秦昭王。
② 公子池：一作公子汜。战国时秦国公子，秦惠文王子、秦昭王兄。
③ 死于高梁之虚：系占卜之辞，故注文称其“构虚而不经”。
④ 亦既见止，亦既覯止：止，《毛传》：“词也。”蒋立甫释为“之，他”。孔颖达疏：“亦既见君子，与之同牢而食；亦既遇君子，与之卧息于寝；知其待己以礼……”
⑤ 昏：通“婚”。
⑥ 樗(chū)里子：秦惠文君异母弟，名疾。居渭南阴乡之樗里，故号樗里子。一作褚里疾。
⑦ 九章句：屈原《九章·哀郢》中的句子。郢(yǐng)，春秋战国时楚国国都。

兮，上洞庭而下江；去终古之所居[①]兮，今逍遥而来东。'”此例是说“江”“东”协韵。又“今滇语呼江为公，又名江鱼为公鱼”。此例有桂馥所记为证。《札朴》卷十《滇游续笔 · 公鱼》：“吴才老[②]谓滇语呼江为公，故名江鱼为公鱼。案：‘公’当为‘工’，‘江’从‘工’得声也。西洱河所出六七寸之小鱼，今犹呼工鱼。”

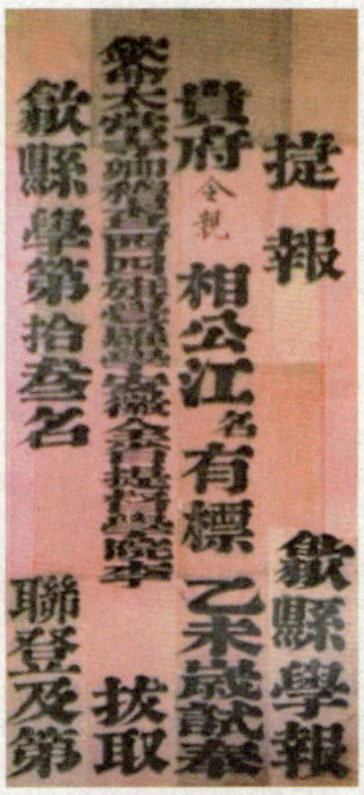

科甲制度遗痕。捷报，获得这张捷报的江氏家庭已过去至少128年了。“江”，方音如“工”（威坪）（吴永辉供稿）

《陈考 · 江》：“音工。……王粲[③]《赠蔡子笃》：‘舫舟翩翩，以泝[④]大江。蔚矣荒途，时行靡通。’晋童谣：‘阿童复阿童，衔刀浮渡江。’又‘五马浮渡江，一马化为龙。’”这里“江、通、童、龙”协韵。古读童如“东”，《广韵》徒红切。今歙县仍说儿童如“儿东”。

《通萃 · 例释 0027》：“汉周憬《功勲铭》：‘南瀑亭至乎曲红。’《绥民校尉熊君碑》：‘诏书除补曲红长。’‘曲江’都作‘曲红’。又汉《桂阳太守周府君碑》其碑阴‘曲江’字皆作‘曲红’，而‘苍江’‘江夏’的‘江’亦作‘红’。曾巩《南丰集》谓‘江’‘红’字古通用。《隶释》云：‘曲江’原为‘曲红’，音同之故。按‘红’‘江’同谐‘工’声，故相通借。”

今普通话“女红”之“红”之所以读 gōng，是因为古本读“红”为“工”。

《说文》“杠”也从工声，《释文》用“音江”来注“杠”之音。《尔雅 · 释宫》：“隄[⑤]谓之梁，石杠谓之徛。”[⑥]《释文》：“（杠）音江。”《释天》：“素锦绸杠。”[⑦]《释文》：“（杠）音江。《广雅》云：‘天子之杠高九仞，诸侯七仞，卿大夫五仞，士三仞。’”《仪礼 · 乡射礼》：“杠长三仞，以鸿服韬上，[⑧]二寻。”[⑨]《释文》：“（杠）音江。”《仪礼 · 士丧礼》：

---

① 终古之所居：终古，自古以来。世代居住的地方。

② 吴才老：即吴棫(yù)，字才老。宋音韵训诂学家，福建建安人。

③ 王粲：东汉末山阳高平人，字仲宣。所作《七哀诗》《登楼赋》颇著名。

④ 泝(sù)：同“溯”。逆流而上。

⑤ 隄(dī)：胡奇光引郭注：“即桥也。或曰石绝水者为梁。”

⑥ 石杠(gāng)谓之徛(jì)：胡奇光注：“两头聚石，以木横架之可行如桥，故名石杠。一说即石桥，郭注：‘聚石水中以为步渡彴也。或曰今之石桥。”徛，放在水中用以过河的石头。一曰渡桥。”附注：彴(zhuó)，独木桥。徛，威坪称“石步”。

⑦ 素锦绸杠(gang)：素锦，白色的丝帛。杠，旗杆。绸杠，缠裹旗杆。

⑧ 以鸿韬上：鸿服，用帛做成如鸿雁脖子状的长条套子。韬上，套在旗杆上部(二寻以上的部位。)

⑨ 二寻：八尺为一寻。二寻，一丈六尺。

"竹杠长三尺，置于宇[①]西阶上。"《释文》："(杠) 音江。"等等。

《康熙字典·杠》："《集韵》《类篇》并沽红切，音公，地名。《前汉曹参传》：'攻杠里，大破之。'按《唐韵》杠音工，古音也。"

《唐韵》成书尚在《释文》之后，故《释文》注"杠"为"音江"，其实就是"音工"。进而可知，古时读杠为"公"，并非地名专用。

(三十二)说养育为"躬"

《尔雅·释言》："鞠，生也。"胡奇光注："(鞠) 养育。《方言》卷一：'鞠，养也。陈、楚、韩、郑之间曰鞠。'《诗·小雅·蓼莪》[②]：'父兮生我，母兮鞠我。'"《大字典》："(鞠) 生；养。……《书·盘庚下》：'鞠人谋人之保居，叙钦。'孔颖达疏：'郑 (玄) 王 (肃) 皆以鞠为养，言能谋养人安其居者，我则次序而敬之。'"

徽语说养育，或音如"躬"(徽城)，或音如 guong (歙东)，或音如 juong (歙北)，或音如 zong (歙南、威坪)，或音如 jiong (歙西)。

这"鞠"与"躬"之间有怎样的联系呢?

古读鞠如"告"。

《礼记·文王世子》："其刑罪，则纤剸[③]亦告于甸人。"[④]《释文》："告，依注作鞠。"《诗·鲁颂·泮水》："不告于讻。"黄淬伯诂引《陈疏》："告者，鞠之假借字。《文王世子》'告于甸人'，《注》'告读为鞠'。与此告字同。……'不告于讻'，[⑤]言不穷治凶恶，唯在柔服之而已。"《通萃·例释 7004》："《诗·小雅·十月之交》'日月告凶'，《汉书·刘向传》引《诗》'告'作'鞠'。郑《笺》：'告凶，告天下以凶亡之徵[⑥]也。'按'鞠'为'告'之借字。"

"告"借为"鞠"，则"鞠"读如"告"。《唐·上古音》"告"读见纽、觉部、长入，"鞠"读见纽、觉部、入声，仅有声调长短之别。

古又读鞠如"躬"。为此，先说古读穷为"躬"。

《仪礼·聘礼》："执圭，入门，鞠躬焉，如恐失之。"《释文》"鞠躬"作"鞠窮"，

① 宇：这里指屋檐。
② 蓼(lù)莪(ē)：蓼，长大的样子。莪，莪蒿。
③ 纤(jiān)剸(huán)：纤，通"歼"，刺。剸，割。
④ 告于甸人：告，通"鞫"。鞫、鞠古通用。甸人，古官名。掌田野之事及公族死刑。
⑤ 讻(xiōng)：同"詾"，通"凶"，凶恶。
⑥ 徵(zhēng)：迹象，征兆。

注："刘音弓，本亦作躬。"

《说文·窮》："从穴，躬声。"段注："或假为躬字。如鞠躬，古作鞠窮。"

《诗·邶风·式微》："微君之躬，胡为乎泥中。"[⑦] 黄淬伯诂："(躬)古与穷通。《论语》'鞠躬'，《聘礼》郑《注》作鞠窮。《公羊传》宣十五年：'潞子之为善也躬。'言潞子之为善，其道穷也。"

《汉语音韵学》第二章《反切·顾炎武论反切之始》："《左传》'山有鞠穷[⑧]乎'，鞠穷是芎穷，'鞠穷'正切"芎"字。"

"芎"，《说文》作"营"，云"从艸、宫声"。又"司马相如说：'营或从弓。'"这就是说，古读芎音同"弓、宫"。从合声来说，"鞠"读牙音 [K]，"穷"读东韵（依王力分韵），则得音 gōng，即"芎"的古音。从呼物来说，《左传》为"鞠穷"，《史记》为"芎䓖"（《史记·司马相如列传·子虚赋》"芎䓖昌蒲"[⑨]），顾炎武说"鞠穷是芎穷"，本是一物，同在上古，其音差别不应很大。故可推断上古"鞠"音如"芎"，都读 gōng。

《诗·魏风·硕鼠》："三岁贯女，莫我肯顾。"《毛传》："贯，事也。"郑《笺》："我事女三岁矣，曾无教令恩德来顾眷我。"《释文》："徐音宫，事也。""徐音宫"与徽语说"鞠"为"躬"音义吻合。读"宫女"即"鞠女"，也即"养你"，诗句可释为"我辛苦供养你已经三年了，你没有一丁点恩惠顾念我"，更贴近底层人民积怨已久的心境。

《通萃·例释 11107》："《书·盘庚》：'尔维自鞠自苦。'[⑩]《孔传》：'鞠，穷也。'《诗·齐风·南山》：'曷又鞠止。'[⑪]《毛传》：'鞠，穷也。'是'鞠'皆为'穷'之借字。[崔注]：穷，先秦两汉均为阳声冬部字，鞠为入声沃部字，鞠穷是沃冬对转。"这就是说"鞠"转入冬部（依王力分韵为东部）读与"穷"同，故"鞠"借为"穷"（都音如"躬"）。

这也就解释了今徽语说"鞠养"之"鞠"，或从牙音，或从齿音，但韵部都近于 ong 的原因。

---

⑦ 微君之躬，胡为乎泥中：微，《毛传》"无也"。躬，黄淬伯诂为穷，困迫之意。泥中，《毛传》"卫邑也"。句意为：若不是因为国君处于患难穷迫之际，何必寄寓于卫国的泥地呢！

⑧ 鞠穹：今称川芎。徽语说法相同。

⑨ 昌蒲：即菖蒲。

⑩ 尔维自鞠自苦：尔，你们。维，只。自鞠自苦，自取穷困、自寻苦恼。

⑪ 曷又鞠止：曷，何。止，语气词。黄淬伯诂：曷又鞠之者，为反诘语气，言又穷究父母，而又不顺从父母。

(三十三)说今天如"耕交"

成语"今朝有酒今朝醉","今朝"徽语说如"耕交"(歙县),用以表示"今天"。

说朝(zhāo)如"交"是因为徽语无舌上音。古读朝如"彫"。《通萃·例释3006》:"《诗·周南·汝坟》:'惄如调饥。'①《毛传》:'调,朝也。'《说文》心部引此诗,正作'朝饥'。《韩诗》'调'作'輖',②一作'朝';《鲁诗》作'朝';《齐诗》作'周'。……周、调、輖、朝古音声韵均极近似,故得通借。调、輖、均从周声,三字为谐声通借。"《客方言·释言(上)·圆周曰圆当圈》:"古无舌上音,皆归舌头,读舟如彫,《考工记》'玉、栉、雕、矢、磬',③《注》,故书雕或为舟。《诗》:'何以舟之。'④《传》云:'舟,带也。'惟舟音如彫,故与带声相近。读周亦如彫。如彫、雕、琱⑤、鵰,⑥皆从周声,调亦从周声(以上皆钱大昕说)。"《诗·小雅·大东》:"舟人之子,⑦熊罴是裘。"⑧黄淬伯诂引《马释》:"《笺》:'舟当作周,……周人之子,谓周世臣之子孙,退在贱官,使搏熊罴,在冥氏、穴氏⑨之职。'瑞辰[按]……《考工记注》'故书舟作周'。是二字通用之证。"

因为舟、周通用,雕从周声,所以"雕或为舟"。因为舟、周读如彫,调、輖从周声,所以调、輖读如彫;因为"朝饥"又作"调讥""輖饥""周饥",所以古读朝如"彫"。徽语今说为"交",是舌尖中音移为舌面前音。

说"今"如"耕"是因为徽语保留着古牙音。

《礼记·表记》:"《国风》曰:'我今不阅,皇恤我后。'⑩终身之仁也。"《释文》注:"(我今)《毛诗》作'我躬'。"

---

① 惄(nì)如调饥:惄,忧愁。调,朝,早晨。郑《笺》:"惄,思也。未见君子之时,如朝饥之思食。"

② 輖(zhāu):车重。

③ 玉、栉(zhì)、雕、矢、磬:指刮磨这五类器物的工人。

④ 何以舟之:《诗·大雅·公刘》篇中句子。舟,通"周",环绕。

⑤ 琱(diāo):雕琢加工玉。

⑥ 鵰(diāo):同"雕"。

⑦ 舟人之子:郑《笺》见下,舟训"周",以为舟人之子即周世臣。马瑞辰赞同"舟"乃"周"之通,但训周为大。

⑧ 熊罴是裘:黄淬伯诂:"《笺》:'裘当作求。'马氏云,此当从《笺》作求。古未闻以熊罴为裘者。"如此"熊罴是裘"则是猎捕或向负责管理山林的职官(古称虞人)索取熊罴之意。

⑨ 冥氏、穴氏:均周代职官名,冥氏负责设置网罗、机弩、陷阱等捕获猛兽的事务;穴氏负责冬季攻捕蛰伏的野兽的职责。

⑩ 我今不阅,皇恤我后:阅,《毛传》:"容也。"皇,通"遑",闲暇。恤,忧愁、忧虑。我后,我去后(诗篇的主人公是一位弃妇)。

《诗 · 邶风 · 谷风》:“我躬不阅，遑恤我后。”黄淬伯诂 :“《表记》引作‘我今不阅’。”

《通萃 · 例释 4017》：“《诗 · 邶风 · 谷风》‘我躬不阅’，《礼记 · 表记》引《诗》‘躬’作‘今’。按联系下文‘遑恤我后’句，则‘今’字义长，似为正字。”

“躬”借为“今”，说明古读今如“躬”。徽语今说“今”如“耕”，是“东”“耕”旁转，从而“今朝”说为“耕交”。

(三十四)说溺爱为“惯势”

徽语称在人前炫耀自夸为“锦”，考其语义，当是“矜”。

《尚书 · 大禹谟》:“汝惟不矜，天下莫与汝争能。”李民注 :“《孔传》:‘自贤曰矜。’自我夸耀。”

《老子 · 道经》：“自伐[1]无功，自矜不长。”

《庄子 · 徐无鬼》:“筋力之士矜难。”顾长安注 :“矜难，以能解难而自豪。矜，自夸。”

《尚书 · 说命中》[2]:“矜其能，表厥功。”李民注 :“矜，自夸。《孔疏》:‘自夸其能，则人不以为能，故实能而丧其能。’”

《礼记 · 表记》：“子言之 :‘归乎！君子隐而显，不矜而庄，不厉[3]而威，不言而信。’”《释文》：“(矜) 居陵反，自尊大也。”

隋侯白《启颜录 · 姓房人》:“唐有姓房人，好矜门地。”董志翘注 :“矜，夸耀。《隋书 · 炀帝纪论》:‘恃才矜己，傲狠明德。’”

《王力字典 · 矜 jīn ㈥》：“持重，谨慎。《论语 · 卫灵公》：‘君子矜而不争，群而不党。’引申为自负、自夸。”徽语说“矜”音同“锦”(歙县)，因此说人“有几个钱，锦死”，就是“矜肆”。《大字典》:“肆 (一) sì 副词。表示程度，相当于“极”，“甚”。《小尔雅 · 广言》:‘肆，极也。’章炳麟《新方言 · 释词》:‘今辽东谓富有，曰有的肆。苏州谓甚好，曰好得肆 ；甚热，曰热得肆。’”

徽语说溺爱为“惯势”(拟音，歙县)，“惯势骨”(威坪)，又有何根源?

如果一个翩翩少年荒废学业终日游荡，熟知内情的街坊谈论所及，就会表示惋惜 :“从小‘惯势’，糟蹋了一根好苗！”溺爱的表现为长对幼或上对下过度的宠爱慈怜，无原则地迁就姑息，甚至包庇丑行、纵容为非，无止境地默许、容忍、宽宥等。

---

① 伐 : 自我夸耀(功劳)。

② 说(yuè)命 : 武丁帝任傅说为相的命辞。

③ 厉 : 严肃，严厉。

《尔雅·释训》："矜、怜，抚掩之也。"胡奇光注："①矜：怜悯，同情。《诗·小雅·鸿雁》：'爰及矜人。'[①]《毛传》：'矜，怜也。'②抚掩：安慰体恤。郭注：'抚掩，犹抚拍，谓慰恤也。'"我们还可以从"抚掩"中读出抚爱、庇护的隐义。

《孔丛子·小尔雅·广言》："矜，惜也。"傅亚庶校释："王煦曰：《广韵》云："矜，本矛柄也。《字样》云：'借为矜憐字。'"东晋古文《尚书·旅獒》云："不矜细行，犹言不惜小节也。"

《集韵·矜》："一曰愍[②]也，庄也。"《大字典》："矜 jīn ①怜悯，同情。《方言》卷一：'矜，哀也。齐鲁之间曰矜。'……《书·多士》：'予惟率肆矜尔。'[③]三国魏曹植《上责躬应诏诗表》：'矜愚爱能者，慈父之恩也。'"

古"哀"通"爱"（《王力字典·哀·备考》："《吕氏春秋·报更》：'人主胡可以不务哀士？'高诱注：'哀，爱也。'"），因此"矜，哀也"即慈爱。慈爱过度便成宠爱，宠爱过度便成溺爱。所以溺爱的源头是"矜"，也就是徽语所说的"惯"是由"矜"演变而来。

但"矜"读 jin，怎么变成 guǎ（方音"惯"读此音）呢？

《通萃·序》："《新华字典》载'矜，guān（古），同"鳏"'，而'矜'的本义是'矛柄也'（《说文》），无论怎么引申，也和'鳏夫'毫不相涉。但在古汉语中相通，显然'矜'是'鳏'的通借字，与字义无关。不过，问题又来了，通借必须二字的声同或声近才行，'矜'今读 jīn，和 guān 并不声近，为什么会产生通借关系？一查《萃编》，即如'矜''鳏'二字的古音声纽相同，均为见纽 [K]，乃是双声字。凡古代声纽（即发声）相同的双声字，其声读必相近，故得通借。只是由于语音的变化，'矜''鳏'二字今天读起来其声不相近罢了。"

这就是说，古读矜如"鳏"，或至少某一时段存在这种情况。

《诗·小雅·大田》："彼有遗秉，[④]此有滞穗，[⑤]伊[⑥]寡妇之利。"郑《笺》："成王之时，

---

① 爰及矜人：爰，语助词。矜人，穷苦可怜的人。

② 愍(mǐn)：哀怜。

③ 予惟率肆矜尔：李民注："率，用。肆，缓也。王引之《经义述闻》引王念孙说云：'谓放赦之也。予惟率肆矜尔者，言我惟用肆尔之罪，矜尔之愚而已。'矜，怜。"

④ 秉：把。

⑤ 滞穗：遗留的或掉落的穗子。

⑥ 伊：语气词。

百谷既多，种同齐孰，① 收刈促遽，② 力皆不足。而有不获不敛，遗秉滞穗，故听矜寡取之以为利。”陆德明音 ：“矜音鳏。”

《诗 · 大雅 · 烝民》：“不侮矜寡，不畏强御。”③ 陆音 ：“矜，古顽反。”

《礼记 · 礼运》：“使老有所终，壮有所用，幼有所长，矜寡、孤独、废疾者皆有所养。”《释文》：“(矜) 古顽反。”

《诗 · 小雅 · 何草不黄》：“何草不玄，④ 何人不矜。”郑《笺》：“无妻曰矜。从役者皆过时不得归，故谓之矜。”陆音 ：“矜，古顽反，注同。”

《通萃 · 例释 4045》：“《书 · 尧典》‘有鳏在下’,《史记 · 五帝纪》作‘有矜在民间’。《礼记 · 王制》：‘老而无妻者谓之矜。’《释文》：‘矜，本又作鳏。’按‘矜’为‘鳏’之借字。”

依《广韵》，“顽”读如 wān，则古顽反读为 guān。

《诗 · 小雅 · 鸿雁 · 序》：“美宣王也。万民离散，不安甚居，而能劳来⑤ 还定安集之。至于矜寡，无不得其所焉。”《释文》：“(矜) 本又作鳏，同古顽反。徐又棘冰反。篇内矜寡同。老无妻曰矜，老无夫曰寡。”黄淬伯诂 ：“段注《说文》：矜，《汉石经论语》《溧水校官碑》《魏受禅表》皆作‘矜’。古音读如邻。读居陵切，今音之大变于古也。”通语一变再变，徽语则定格于牙音而传承之。

至于“惯势”之“势”，则当是“忕”。《王力字典》：“(忕 shì) 字也作‘伏’‘忲’。习惯。”如此则“惯势”应写“矜忕”，即“积习已久的溺爱”之意。“矜忕骨”则更深入一层，表“在矜忕中长大，坏毛病已深入骨髓”之意。

(三十五)说鉴别如“该定”

说鉴别真假、民主监督之“鉴、监”，徽语均音如“该”(徽城)。

《王力字典 · 监 [辨]》：“滥、鉴、鑑。三字同源。监的本义是器皿，可以盛水，盛冰。盛水于盆可以照见自己的影子，其作用又相当于镜子。后来出现青铜镜，又造了一个‘鉴’字。‘鑑’是‘监’的分别字，指铜镜。”《同源字典》“鉴、监”同

---

① 孰：通“熟”。
② 促遽：急促匆忙。
③ 强御：强暴霸道。
④ 玄：黑中带红。
⑤ 劳(lào)来(lài)：慰勉。

音 [keam]，今歙北话与之相近。

《尚书·召诰》:“我不可不监于有夏，① 亦不可不监于有殷。”李民注 :“监，同鉴。古通用字。”

《通萃·例释 1119》:“《诗·大雅·文王》‘宜鉴于殷’，《礼记·大学》作‘仪监’。《大雅·皇矣》‘监观四方’，《汉书·叙传》引作‘鉴观’。”

上古“鉴”“监”音义同，故通用。

从《释文》的注录，可见汉魏之际“鉴、监”音义的分化已很明显。

《尚书·梓材》:“王启监。”②《释文》:“(监) 工暂反，刘工衔反，下同。”又“已，若兹监。”③《释文》:“(监) 古陷反。”

依《广韵》，“工暂、古陷”反读如 gàn，工衔反读如 gān。

《商书·大诰序》:“武王崩，三监④ 及淮夷⑤ 叛。”《释文》:“(监) 古忏反。”

《论语·八佾》⑥ :“子曰 :‘周监于二代，⑦ 郁郁乎文哉！吾从周。’”《释文》:“(监) 古暂反，观也，视也。”

葵形花鸟纹铜镜。镜，古又称鉴。鉴，方音[Kε²¹]

《诗·邶风·柏舟》:“我心匪鉴，不可以茹。”⑧ 郑《笺》:“鉴之察形，但知方圆白黑，不能度其真伪。我心非如是鉴，我于众人之善恶外内，心度知之。”陆德明音释 :“监，本又作鉴，甲暂反，镜也。”

《周礼·天官·凌人》:“春始治鉴。”⑨《释文》:“(鉴) 胡暂反。本或作滥，音同。”

《左传·昭公二十八年》:“昔有仍⑩ 氏生

① 有夏：即夏朝。有，词头语助，无义。“有殷”同，即殷商，商朝。
② 王启监：王，指周王(周武王)。启监：李民注：“启，设立。监，治理，统治。”
③ 已，若兹监：李民注：“已，叹词。若兹，如这样。监，统治。”
④ 三监：指周武王的三个弟弟管叔、蔡叔、霍叔。
⑤ 淮夷：夏周时期，聚居于淮河中下游区域的少数民族。
⑥ 佾(yì)：古代乐舞的行列。
⑦ 二代：指夏、商二朝。
⑧ 茹(rú)：《毛传》：“茹，度也。”
⑨ 鉴：盛冰的大盆。
⑩ 有仍：古国名。故址在今山东济宁县。

女，黰[①]黑而甚美，光可以鉴，名曰玄妻。”《释文》：“(鉴) 古暂反，镜也。”

“古忏、古暂、甲暂、胡暂”反都读如 gàn(古读甲如 ga 入 ([keak])，证见前。古读胡如“古”。《通萃，例释 0155》：“《墨子 · 尚贤中》：‘故不察尚贤为政之本也。’王念孙曰 ：‘故与胡同。’下文胡不察尚贤为政之本也，正是胡字。’《管子 · 侈靡》：‘公将有行，故不送公？’‘故’也是‘胡’的借字。按故、固、辜、胡同谐古声。所以相互通借。胡，何故。”所以古读甲、胡声母都如今读 g。

综上所述，“监”表监视、监督、治理及“鉴”义，都读 gàn。但是《尚书 · 洛诰》：“监我士师工，[②]诞保文武受民，[③]乱为四辅。”[④]《释文》：“(监) 工衔反，注同。”《诗 · 小雅 · 节南山》：“国即卒斩，何用不监？”[⑤]《释文》：“(监) 古衔反。注同。视也。”《周礼 · 天官 · 大宰》：“立其监。”[⑥]郑《注》：“公侯伯子男，各监一国。”《释文》：“(监) 古衔反。”

以上诸例“监”表监视、监察、监理等义，却又读如 gān。

《玉篇》“监”公衫、公陷二切，“鉴”古衔、古忏二切，《广韵》“监、鉴”同格忏切，又古衔切，都有两音。徐铉注《说文》“监”古衔切，“鉴”革忏切，各只一音。南宋孙奕《履斋》卷二十一《字说 · 集字一》：“《元帝大兴二年》[⑦]：‘郗鉴，[⑧]丑之切，姓也。鉴，其名，古衔切。’”则“鉴”又只有 gān 一音。

是故今徽语说“监、鉴”亦只一音。

(三十六)说口吃如“嘎(gā)皆”

《史记 · 张丞相列传》[⑨]：“昌 (周昌) 为人口吃，又盛怒，曰 ：‘臣口不能言，然

① 黰(zhěn)黑：黰，头发稠而美。

② 监我士师工：李民注：“监，临，居上视下曰临，这里有统率的意思。士、师、工，指各类政务官员。”

③ 诞保文武受民：李民注：“诞，乃，从吴世昌说，参见《罗音室学术论著》。保，安。文武，文王武王。”受民：从天命接受而来的民众。

④ 乱为四辅：乱，治。四辅，周王周围的辅佐大臣。

⑤ 国即卒斩，何用不监：《毛传》：“卒，尽。斩，断。监，视也。”郑《笺》：“天下之诸侯，日相侵伐，其国已尽绝灭，女何用为职不监察之？”黄淬伯诂引《陈疏》：“用，以也。言国祚已尽断绝，彼尹氏者，何以不起而视政也。”附注：国祚，国运。尹氏，周太师。

⑥ 立其监：立，设置。监，杨天宇注：“即诸侯国君。”

⑦ 元帝：指东晋元帝司马睿。

⑧ 郗(chī)鉴：东晋高平金乡人，字道徽。官至太尉。

⑨ 张丞相：即张苍，西汉初河南阳武人。跟从刘邦平定天下有功，高祖六年(前201年)封北平侯。文帝四年(前176年)起，为丞相十余年。

臣期期知其不可。'"《世说新语·言语》:"邓艾口吃,语称艾艾。晋文王[1]戏之曰:'卿云艾艾,定是几艾?'"后人遂以"期期艾艾"形容人口吃结巴。

徽语则称人口吃为"连皆""嘎(gā)皆"(歙县)、"棘棘改改""改棘改棘""改子"等(威坪,均拟音)。

这里"连皆"即"謰謇"。[2]《王力字典》:"(謰謇)口吃的样子,亦作连謇。《论衡·物势》:'抑或辩口利舌,辞喻横出[3]为胜;或诎弱缀跲,[4]謰謇不比者为负。'"

"嘎皆"之"嘎"则是"跲"的古音,"皆"应为"謇"。

"改棘"之"改"也是"跲"的古声,"棘"应为"極"。《大字典》:"(極 jī①)急。《说文·心部》:'極,疾也。'朱骏声通训定声:'与急字谊[5]同音别。'《列子·力命》:'墨牙[6]、情露、謇極[7]、凌谇,[8]四人相与游于世,胥[9]如志也。'张湛注:'《方言》:謇,吃也;極,急也。谓语急而吃。'"

如此则"跲"的古音义是解码徽语"嘎皆""改棘"的纽带。

先说"跲"之义。

《尔雅·释言》:"疐,[10]跲也。"胡奇光注:"跲,绊倒。《说文》:"跲,踬[11]也。'"《吕氏春秋·不广》:"北方有兽,名曰蹶,鼠前而兔后,趋则跲,走则颠,常为蛩蛩距虚[12]取甘草以与之。"张双棣注:"跲,牵绊,绊倒。"《王力字典》:"(跲)《吕氏春秋·不广》:'鼠前而兔后,趋则跲,走则颠。'引申为言语窒塞不通。《礼记·中庸》:'言前定则不跲,事前定则不困。'郑玄《注》:"跲,踬也。'孔颖达《疏》:'将欲发言,能豫前思定,然后出口,则言得流行,不有踬蹶[13]也。'"

---

① 晋文王:据刘孝标注:"朱凤《晋纪》曰:'文王讳昭,字子上,宣帝次子也。'"据《晋书》,即司马昭。

② 謰(lián)謇(jiǎn):《大词典》:"犹'连謇',口吃貌。"

③ 辞喻横出:设喻、说辞滔滔不绝,雄辩的样子。

④ 诎(qū)弱缀跲(jiá):诎,说话间断。弱,气势微。缀跲,窒碍不连续。

⑤ 谊:通"义"。《说文》段注:"谊、义古今字。周时作谊,汉时作义,皆仁义字也。"

⑥ 墨(qiāo)牙(qiā):狡狯(kuài)。徽语称为无赖。

⑦ 瀽(jiǎn)亟:口吃。

⑧ 凌谇(suì):凌,欺凌。谇,责骂。两字合作人名。

⑨ 胥(xū):都,皆。

⑩ 疐(zhì):跌倒。

⑪ 踬(zhì):摔倒,跌倒。

⑫ 蛩(qióng)蛩距虚:也作"蛩蛩"。蛩蛩钜虚,古代传说中的兽名。

⑬ 蹶(jué):跌倒。

《孔子家语 · 哀公问政》:“凡事预则立，不预则废。言前定则不跲，事前定则不困，行前定则不疚，[1]道前定则不穷。”王国轩注：“跲，跌倒。此指说话不顺畅。”

《诗 · 豳风 · 狼跋》:“狼跋其胡，[2]载疐其尾。”[3]《毛传》:“跋，躐。[4]疐，跲也。老狼有胡，进则躐其胡，退则跲其尾。进退有难，然而不失其猛。”孔颖达《疏》:“老狼有胡，谓颔垂胡，进则躐其胡，谓躐胡而倒也。退则跲其尾，谓却顿[5]而倒于尾上也。”

《大字典》“跲 jiá”的“绊倒”“窒碍”“退却”三义都是口吃的症状。古人把“跲”引申到描述人说话不顺畅，真是十分贴切而形象。

再说“跲”之古音。

《说文》:“(跲)踬也，从足，合声。”古读合如 ga 入，则读跲也如 ga 入。蔡梦麒《〈说文解字〉字音注释研究》(以下简称《说音研》)《辩证第 141》:“(跲)《广韵》收居怯、巨业、古洽三切，意义相同(踬也)。《尔雅 · 释言》:‘疐，跲也。’郭璞注：‘《诗》曰载疐其尾。’《释文》:‘跲，其业反，又居业反。郭又音甲。’与《广韵》注音一致。”

《广韵 · 洽韵》“跲、夹”同音古洽切。古读夹如 ga 入，所以“跲”的古音就是 ga 入([keap]，录自《同源字典》)，与“郭又音甲”吻合。歙县今音如 gā，转为平声。

至于说“跲”为“改”，则是韵部音变所致。

二、溪纽

《尚书 · 金縢》:“予仁若考，[6]能多材多艺，[7]能事鬼神。”李民注：“考，巧。王引之谓考、巧古时通用。”

“考”“巧”都是溪纽字，按《通萃》分类，用“双声通借”就可以解释。但这里通用的原因并不完全如此。

从《释文》注“巧”之音可发现个中原委：

---

① 疚(jiù):困惑。

② 狼跋其胡：跋，踩。胡，颈下垂肉。老狼前行踩到胡。

③ 载疐其尾：载，则。老狼后退又绊着尾而跌倒。

④ 躐(liè):践踏。

⑤ 却顿：后退受阻。

⑥ 予仁若考：李民注：“仁，俞樾谓当为佞。佞与巧，义相近。《史记 · 鲁世家》作‘旦巧能’。若，当作而，音近借用。考，巧。”附注：佞(nìng)，有口才，能言善辩。后世多用于贬义。周公姬旦因为愿意以身替代姬发去服侍已故先王(意即愿替姬发去死)才这么说。

⑦ 能多材多艺：李民注：“能，当为衍字。材，与“才”通，指才能。

《礼记·表记》:“其民之敝,[1] 利而巧,[2] 文而不,[3] 贼而蔽。”[4] 注:“(巧),苦教反。”又《月令·孟冬》:“是月也,命工师效功,[5] 陈祭器,按度程,[6] 毋或作为淫巧,[7] 以荡上心,[8] 必功致 [9] 为上。”注:“(巧)苦孝反。”

吴山涛书《溪山草堂》真迹。溪,方音多说如“七”(汪承美 供稿)

《庄子·人间世》:“且以巧斗力 [10] 者,始乎阳,[11] 常卒乎阴,[12] 大至 [13] 则多奇巧。”注:“如字,又苦孝反。”又《天道》:“老子曰:夫巧知 [14] 神圣之人,吾自以为脱焉。”[15] 注:“(巧),苦教反,又如字。”又《徐无鬼》:“有一狙 [16] 焉,委蛇攫搔,[17] 见巧 [18] 乎王。”注:“(巧)如字,或苦孝反。”

古读教如“告”,读孝如“耗”,苦教、苦孝两切都得音如“靠”。

《广韵·巧韵》“巧”有苦绞、苦教二切。“绞”亦在巧韵中,古读绞如“搞”,则苦绞切得音 kǎo。参照《唐·上古音》“考、巧”同为溪纽、幽部、上声,则《释文》的“如字”当是这个“kǎo”音。

---

① 其民之蔽:原文的意思是周王朝的政教给民众造成的弊端。

② 利而巧:(民众)贪利而取巧。

③ 文而不:文,文饰。不,通鄙,《通萃·例释11050》:“《荀子·赋》:‘君子所敬而小人所不者欤?’《说文通训定声》:‘不,假借为鄙’”李民译为“重文饰而不知惭愧。”

④ 贼而蔽:贼,邪恶不正派。蔽,思想闭塞,不明事理。

⑤ 工师效功:工师:古官名,百工之长,掌营建工程,管理百工等事,效功:考核工效。

⑥ 按度程:按,考察,检验。度程:标准,法式。

⑦ 淫巧:淫,过度的,过分的。淫巧:不符治政主旨的奇巧。

⑧ 以荡上心:荡,引诱动摇。上,指君王。心,心志。

⑨ 功致:工巧精密,坚致结实。

⑩ 以巧斗力:用智巧相斗。

⑪ 阳:公开的,符合常规的。

⑫ 卒乎阴:卒,止,结果。阴:暗地里,阴谋诡计。

⑬ 大至:大,太。至,极,极端。大至:太过分,走极端。

⑭ 巧知:知,揣度,推测。巧知:以机巧去揣度(圣明的人)。

⑮ 吾自以为脱焉:脱,脱离,摆脱。句意为:我自以为已摆脱了(用机巧去推测圣明人)的思路。

⑯ 狙(jū):猿猴一类的动物。

⑰ 委蛇(yí)攫搔:委蛇:从容自得的样子。攫搔:攀爬搏击抓挠。

⑱ 见(xiàn)巧:显露灵巧轻捷。

所以“考、巧”通用是因为它们同音。

又如《诗 · 小雅 · 湛露》：“岂弟君子，莫不令仪。”[①] 范三畏注：“岂弟（kǎi tì），同‘恺悌’，和乐平易的样子。”《诗 · 小雅 · 鱼藻》：“王在在镐，[②] 岂乐饮酒。”郑《笺》：“岂亦乐也。……岂，本亦作恺，同苦在反，乐也。”

再如《仪礼 · 士冠礼》：“缁布冠缺项青组，[③] 缨属于缺。”郑玄《注》：”缺读如‘有頍者弁’[④] 之‘頍’。缁布冠无笄[⑤] 者著頍，围发际，结发项中，隅为四缀，以固冠也。”《释文》：“依注音‘頍’，去蘂反，又音跬。”是“缺”古有“k”声。

本节就溪纽徽语仍存留的此类情形略为罗列。

(一)说泉眼为“水kuǐ”

炎炎烈日之下翻山越岭，正当汗流浃背、唇焦舌燥之时，忽见悬崖下一汪小泉清凉沁人，不由人不惊呼“好一眼清泉！”徽语称这样的山泉为“水 kuí”“冷水 kuí”（歙县），或“冷水 kuǐ”（威坪）、“冷水 kāo“（休宁）等。

这个“kuǐ”是个什么字？

古读缺如“頍（kuǐ）”。《释文》载录注“跬”字的音，有的注家即用“缺”作反切上字。

《诗 · 小雅 · 小旻》：“如匪行迈谋，[⑥] 是用不得于道。”郑《笺》：“君臣之谋事如此，与不行而坐图远近，是于道路无进于跬步何以异乎？”注 ：“(跬) 缺氏反。举足为跬。”

《礼记 · 祭义》：“故君子顷步而弗敢忘孝也。”注 ：“(顷)读为跬。缺婢反，又丘弭反，[⑦] 一举足为跬，再举足为步。”

这样说，“水 kuǐ”即“水缺”。水在山体内、地下流行，遇缺口便冒出地表，于理亦可通。

《同源字典》：“水缺为‘決’，玉缺为‘玦’，器缺为‘缺’，门缺为‘阙’，四字同源。”

---

① 令仪：令，美好。仪，仪表。

② 王在在镐(hào)：王在哪儿？王在镐京。镐，西周国都。

③ 缁布冠缺项青组：缁，黑色。缺项，颈项后有缺。青组：青丝编织的绳带。句意为黑布帽在颈项处开个缺，帽缨为青丝绳带”。

④ 有頍(kuǐ)者弁：《诗 · 小雅 · 頍弁》篇中句子。頍，古代用以固冠的发饰。弁，帽子。

⑤ 笄(jī)：古代用以盘头发或固冠的簪(zān)子。

⑥ 如匪行迈谋：匪，郑《笺》：“非也。”匪行，不行动。迈谋，谋迈，谋划远行的计划。

⑦ 丘弭反：《说文》：“趌，丘弭切。”(《说文》“跬”作“趌”)蔡梦麒《说音研 · 〈说文〉今读研究 · 今音标准的标准与原则》：“‘趌’字徐铉丘弭切，《注音说文》折合为kuǐ，不误。”

且“缺、阙”同音。

清桂馥《札朴》卷二《温经·阙隧》:“《襄二十一年传》:‘阙地下冰而床[①]焉。’《吴语》:‘阙为深沟于商鲁之间，北属之沂。’[②]《管子·山权数篇》:‘北郭有掘阙而得龟者。’注云:‘掘,穿也。求物及穿地至泉曰阙。’《文选·秋兴赋》[③]:‘阙侧足以及泉兮，虽猴猿而不履。’五臣云:‘言留侧足之地,掘而及泉,虽猴猿之捷,岂能履哉?’《诗》:‘蜉蝣掘阅。’郑《笺》:‘掘地解阅，谓其始生也。’然则掘阅、掘阙，即左氏‘阙地’之义。”

桂馥以一连串的实例说明了古“掘、阙”通，但“掘阅”“掘阙”的含义还是朦胧不清。

休宁方言墙选读(胡永坚 摄)

《诗·曹风·蜉蝣》:“蜉蝣掘阅,麻衣如雪。”[④]黄淬伯诂引《马释》:“掘通作阙。……阅通作穴。宋玉《风赋》‘空穴来风’,即《庄子》‘空阅来风’。……掘阅，即穿穴。”

---

① 阙地下冰而床:在地上掘坎,下铺冰块,用作停放尸体的床。

② 北属之沂:属、接通。沂水,在今山东省。

③《秋兴赋》:西晋潘岳撰。

④ 蜉蝣掘阅,麻衣如雪:郑《笺》:“掘阅,掘地解,谓其始生时也。以解阅喻君臣朝夕变易衣服也。麻衣,深衣。诸侯之朝朝衣,朝夕则深衣也。”句意为:“蜉蝣从地下穿穴而出,洁白光亮如同穿着麻衣”。深衣,古代上衣、下裳相连缀的一种服装。是古代诸侯大夫、士家居常穿的衣服,也是庶人的常礼服。

推敲"求物及穿地至泉曰阙"固然点明了"阙"通"掘",但并未理顺"掘阙而得龟"的语意。这里"阙"做动词叠用"掘"意,似乎累赘不顺畅。若训"阙"通"缺",即掘地成"阙",便意同"掘阅"。那么,"掘阙而得龟"便可释为"穿穴而得龟",文意反而通畅明了。

这样"穿地至泉"形成穴,穴里涌出泉水便是"水穴",水穴即"水阙",阙读如kuǐ,便是"水kuǐ"。人工掘成的这么说,自然形成的也这么说,流传至今,其实指的就是泉眼。

至于说如"水kuí""水kāo",只是韵部有所音变。

(二)说去如"开"

《徽言·文化底蕴·古音·去》:"去不去?不去。这里的'去'口语读[k'ai33],仍保留古牙音[k]声母的读法。"

这个[k'ai33]与普通话的"开"音近,是歙北许村片方音。实际还有读如"凯"(歙北青山、仁里)、读如"扣"(淳西)等,其共同特征是声母读如k。

《陈考·去》:"去音库。本证:《云汉》①:'旱既太甚,黾勉畏去。②胡宁瘨我以旱?③憯不知其故。'④旁证:宋玉《神女赋》:'顾女师,命太傅。⑤欢情未接,将辞而去。'贾谊《鹏鸟赋》⑥:'发书⑦占之,谶言其度。⑧曰野鸟入室,主人将去。'"以上数例中"去"与"故、傅、度"协韵,因韵母读u,故声母读k。

今徽语将韵部演变成āi、ǎi、òu而声母不变,造成了上述各音。

这样的情况也非个例。

徽语说把东西藏好为"ká好",即"园(kàng)"的音变。古有"弆(qǔ)"字,本作"去",藏也。

---

①《云汉》:《诗·大雅》中篇名。

② 黾(mǐn)勉畏去:黾勉,努力。畏去,黄淬伯《覈诂》引《马释》:"《广雅·释诂》:'畏,恶也。'畏去,谓苦此旱而恶去之也。"郑《笺》:"黾勉,急祷请也。欲使所尤畏者去。所尤畏者,魃也。"附注:魃(bá),旱魃,传说中引起旱灾的鬼怪。

③ 胡宁瘨(diān)我以旱:胡宁,为何。瘨,郑《笺》:"病也。"句意为:上天为何降下大旱灾来害我?

④ 憯(cǎn)不知其故:憯,《王力字典》:"语气副词。曾。"郑《笺》:"天何曾病我以旱,曾不知为政所失而致此害。"

⑤ 顾女师,命太傅:顾,回顾。女师,太傅:李善注:"古者皆有女师,教以妇德。今神女亦有教也。《毛诗·序》曰:'尊敬师傅,可以归宁父母。'《汉书》音义曰:'妇人年五十无子者为傅。'"

⑥ 鹏(fú):鸟名,似鸮,古人相传为不祥之鸟。

⑦ 发书:打开书。

⑧ 谶言其度:李善注:"《说文》曰:'谶,验也。'有征验之书。河洛所出书曰谶。"度,吉凶的征兆、因果、程度。

威坪说收藏为弆，储粮的立仓也叫"弆"

徽语说"恰好"为"kā好"；说"掐掉"为"ká塌"；说"嵌入"为"kā进qǐ"，等等。

徽语更广泛的是说"去"如"启"。如上例"kā进qǐ"，即"嵌进去"。

说去如"启"是"朅"的音变。《说文·朅》："去也。"从《释文》注"朅"之音，知汉魏之际已读为qiè：

《诗·卫风·硕人》："庶姜孽孽，[1]庶士有朅！"[2]注："(朅)，欺列反，徐起谒反。"

《诗·卫风·伯兮》："伯兮朅分，邦之杰兮。"注："(朅)丘列反。"

古人表"去"之意用"朅"或"朅来"。如《淮南子·说山》："以束薪为鬼，朅而走。"[3]司马相如《大人赋》："悲世俗之迫隘[4]兮，朅轻举[5]而远游。"陶渊明《读史述九章·张长公》："敛辔朅来，独养其志。"李商隐《井泥四十韵》："我欲秉钧[6]者，朅来与我偕。"苏轼《轼在颍州，与赵德麟同治西湖，未成，改扬州。三月十六日湖成，德麟有诗见怀，次韵》诗："朅来颍尾弄秋色，一水萦带昭灵宫。"[7]元王祯《王氏农书·农器图谱·秧马》[8]："何用繁缨[9]与月题，[10]朅从畦东或畦西。"明郎瑛《七修类稿》卷三十六《寿诗》："沈惟远宁云：'花甲循环喜一周，朅来海屋又添筹。'"[11]桂馥《礼朴》卷三《览古·朅来》："张衡《思玄赋》：'回志朅

---

① 庶姜孽(niè)孽：庶姜，陪嫁的众女。孽孽：《毛传》："盛饰。"衣饰华贵的样子。

② 庶士有朅：庶士，《毛传》："齐大夫送女者。"朅，《毛传》："武壮貌。"

③ 以束薪为鬼，朅而走：走，逃跑。看到一捆柴，以为是鬼，转身就跑。

④ 悲世俗之迫隘：迫隘，狭窄。悲伤世间道路狭隘，眼光短浅。

⑤ 轻举：得道升仙。

⑥ 秉钧：比喻执政。钧，制陶所用转轮。

⑦ "朅来颍尾"一句：据孙静解说："颍州西湖处颍水下游，'朅来颍尾'即承杭而言，指到颍州。作者到颍在元祐六年秋天，故言'弄秋色'。一水即指颍水。昭灵宫，祀张路斯之庙。相传张于隋初迁家颍上，自言是龙，后有许多灵异事迹。从唐初以来，人们便立祠奉祀，逢旱多向之祈雨。宋神宗熙宁年间，诏封为昭灵侯。"

⑧ 秧马：插秧器具。据图谱，其功用相当于徽俗所用秧船。

⑨ 繁缨：缪启愉注："繁缨即'鞶缨'，套马的革带"。

⑩ 月题：马额上的佩饰，其形似月。

⑪ 海屋又添筹：苏轼《东坡志林·三老语》："尝有三老人相遇，或问之年……一人曰：'海水变桑田时，吾辄下一短筹，尔来吾筹已满十间屋。'"原谓长寿，后以"海屋添筹"谓增年益岁。用为祝寿之词。

来从玄谋。'[①] 陆机《吊魏武帝文》:'咏归途以返旆,[②] 登崤渑[③] 而朅来。'案:朅,去也。'朅来'犹去来,故陶公有'归去来辞'。"

"朅来"并非去而又来。来,亦往也。"朅""来"连用以加重语气。《大字典》:"(来 lái)往,过去。《诗·大雅·文王有声》:'匪棘其欲,遹追来孝。'[④] 王引之《述闻》:'来,往也。'……唐李白《来日大难》:'来日一身,携粮负薪。道长食尽,苦口焦唇。今日醉饱,乐过千春。'王琦注:'来日谓已来之日,犹往日也。'"唐李复言《续玄怪录》卷三《苏州客》:"此椀[⑤] 失来,其国大荒,兵戈乱起。"

朅(qiè)失去韵尾转上声便成了"启"。徽语说"去"呈"开""启"并存状况。

(三)说敲如kāo

古人表敲击之义,不乏写为"考"的例子。《子华子·虎会问》:"钟鼓柷圉,[⑥] 日以抎考,[⑦] 而和声不闻。"苏轼《石钟山记》:"士大夫终不肯以小舟夜泊绝壁之下,故莫能知;而渔工水师虽知而不能言,此世所以不传也。而陋者乃以斧斤考击而求之,自以为得其实。"宋赵彦卫《云麓漫钞》卷七《周礼》:"故乐府用其说,乃作一鼓而八出或六出、四出,不惟不能考击。"宋张邦基《墨庄漫录》卷五《普陀山观音洞》:"山有洞,其深罔测,莫得而入。洞中水声如考数百面鼓,语不相闻。"宋岳珂《桯史》卷三《馆娃涪溪》:"(王)义丰赋馆娃曰:'夫沈湎[⑧] 以丧国,固君人之失道。然而有钟鼓者,胡可以弗考;闻管籥者,民喜而相告。'"

徽语则说敲击为kāo,推其本源,应是"敲"的古音。

先看"敲"与"考"的联系。

《大字典》:"(考)通'攷'。扣;敲击。《广雅·释诂三》:'攷,击也。'清王念孙疏证:'考与攷通。'《诗·唐风·山有枢》:'子有钟鼓,弗鼓弗考。'《毛传》:'考,

① 玄谋:玄圣之道。句中指修炼成仙之道。

② 旆(pèi):通称旗帜。

③ 崤(xiáo)渑(miǎn):崤山、渑水,都在洛阳以西。

④ 匪棘其欲,遹追来孝:郑《笺》:"遹、述。棘、急。勤也。文王受命而犹不自足,筑丰邑之城,大小适与成偶,大于诸侯,小于天子之制。此非以急成从己之欲,欲广都邑,乃述追王季勤孝之行,进其业也。"附注:成偶,郑《笺》:"方十里曰成。"成偶,与"成"相匹配。王季:周文王之父,名季历。

⑤ 椀(wǎn):今作"碗"。

⑥ 柷圉(yǔ):圉,通"敔"。柷敔,古乐器名。

⑦ 抎(yǔn)考:敲击。

⑧ 沈(chén)湎:溺于所好而不能自拔。

击也。’《庄子 · 天地》：‘金石有声，不考不鸣。’成玄英疏：‘考，击也。’”

《同源字典》：“（敲）《说文》：‘敲，击头也。’按：‘敲、毃’[①]实同一词，都是‘考’的音转。”

这就是说，敲由“考”演变而来。

再看“敲”的读音。

《左传 · 定公二年》：“邾庄公与夷射姑饮酒。私出，阍[②]乞肉焉。夺之杖，以敲之。”《释文》：“（敲）苦孝反，又苦学反。《说文》作‘毃’，云‘击头也。’《字林》同。”

按《广韵》苦孝反读如 kào，“苦学反读如 kuo（[k ‘ɔk]）人。但《礼记 · 学记》：“幼学听而弗问，学不躐等[③]也。”《释文》：“（学）胡孝反。”故可认为两切同音。《释文》注“巧”亦为苦孝反。古读巧如“考”，则读敲也如“考”。

《春秋公羊传 · 宣公六年》：“赵盾就而视之，则赫然死人也。赵盾曰：‘是何也？’曰：‘膳宰也。熊蹯不熟，[④]公怒，以斗摮[⑤]而杀之，支解，[⑥]将使我弃之。’”《释文》：“摮，五羔反，又苦交反，犹摮也。”《大字典》：“（摮 qiào）从旁击打。”与《说文》“敲，横擿[⑦]也”义同。由此可推知，“敲”古有“苦交反”一音。

《释文 · 周礼 · 夏官 · 挈壶氏》“相敲”注：“（敲）苦交反，又苦教反。”古读交如“高”，读教如“告”，故苦交反得音 kāo，苦教反得音 kào。今徽语则只说敲如 kāo。

（四）说来不及为“来不愒”[⑧]

今淳西以威坪为中心的大片区域表来不及的意思说“来不愒”，如“车子将开，赶车已来不愒”之类。

《大字典 · 愒 kài》：“急。《广韵 · 泰韵》：‘愒，《公羊传》云：不及时[⑨]而葬曰愒。愒，急也。’……宋岳珂《桯史》卷十：‘时蕴古家在幽燕，自知失言，内愒不得对。’”此例出自《桯史》卷十《刘蕴古》条，刘蕴古原是金国间谍，假投降在南宋骗得“鄂

---

① 毃（qiāo）：《王力字典》：“（毃）击头，击。”
② 阍（hūn）：守门人。
③ 学不躐等：躐（liè），超越、逾越。等，阶段、阶梯。
④ 熊蹯（fān）不熟：蹯，兽足。（膳宰）炰制熊掌没有熟透。
⑤ 摮（āo）：击，旁击。
⑥ 支解：即“肢解”。
⑦ 擿（tì）：捶击。
⑧《大字典 · 愒》：㈠qì 休息。㈡kài ①贪。②荒废。③急。㈢hè 恐吓。
⑨ 不及时：没有按礼制规定的时日（没有达到）。

倅”[①]一职，阴谋带领朝廷在北方招募的万余游民反水，事在虚实之间。鄂州官员计议召见以定真假。过程如下：“文惠迎谓曰：‘昔樊哙欲以十万众，横行匈奴中，议者犹以为可斩，子得万乌合，何能为？’蕴古素谓庙议[②]咸许其来也，意得甚，卒[③]闻此语，大骇失色。遽[④]曰：‘某意无他，此万人家口皆不来，必不为吾用，不如乘其未定，挟去为一拍，[⑤]事幸成，犹不可知耳。’文惠顾诸公曰：‘已得之，通判之言是矣。此万人固不留，独不知通判盛眷，今在何所？’时蕴古家在幽、燕，自知失言，内愒不得对。比茶瓯至，战灼[⑥]不复能执，几堕地，遂退。”

刘蕴古因担心奸计被识破，故内心着急，这就是“内愒”。

《诗·大雅·云汉》：“倬[⑦]彼云汉，昭回于天。”郑《笺》：“云汉，谓天河也。昭，光也。倬然天河水气也，精光转运于天。时旱渴雨，故宣王夜仰视天河，望其候焉。”渴雨，《释文》作“愒雨”，并注：“愒，苦盖反，贪也。本又作渴，苦葛反。”

释“愒”为贪，是承《尔雅》之训。《尔雅·释言》：“愒，贪也。”就《云汉》所追述的事件来说，就不是“贪”所能表达了。《云汉》是写周宣王忧旱的诗。唐孔颖达疏《云汉》诗序曰：“皇甫谧[⑧]以为宣王元年不藉千亩，[⑨]虢文公[⑩]谏而不听，天下大旱，二年不雨，至六年乃雨。以为二年始旱，旱积五年。谧之此言，无所凭据，不可依信。经八章[⑪]皆言王之忧旱，百姓喜之之事。”

虽然积旱五年不可依信，但久旱无雨总是事实。郑《笺》“时旱愒雨”，是说周宣王焦急地盼望苍天快点降雨。这个“愒”表述是“急切”之意。

据此可知，徽语的“来不愒”与“来不及”是同一语义。而此“愒”正读如kài，与普通话之音极近。

---

① 倅(cuì)副。鄂倅，即鄂州主官(知府)的副手，即下文中的通判。

② 庙议：朝廷的评议。古以“庙堂”指朝廷。宋范仲淹《岳阳楼记》：“居庙堂之高，则忧其民。”

③ 卒(cù)：匆促。

④ 遽(jū)：急忙。

⑤ 一拍：拼一下的意思。

⑥ 战灼：茶瓯烫手，手发抖。

⑦ 倬(zhuō)：《王力字典·倬》：“大，明。”

⑧ 皇甫谧：西晋人。年20余，始勤学不息。居贫，躬自稼穑，带经而农，遂博综典籍百家之言。

⑨ 不藉千亩：《史记·周本纪》张守节《正义》：“按：宣王不修亲耕之礼也。”古时帝王藉田千亩，天子于夏历正月择吉日吉时，率三公、九卿、诸侯、大夫，亲载耒耜，躬耕籍田，以示劝农。

⑩ 虢文公：《史记·周本纪》裴骃《集解》：“贾逵曰：‘文公，文王母弟虢仲之后，为王卿士也。’”

⑪ 经八章：指《云汉》诗分八段。

徽州之地妇女若丈夫荒嬉游惰嫖赌废业则责骂为“倒愒”，甚者则詈为“倒愒石岩”。

《大字典·愒 kài》：“荒废。《左传·昭公元年》：‘主民，玩岁而愒日，其与几何？’”

北周王褒《与周弘让书》：“视阴愒日，犹赵孟之徂年。”[①] 丰家骅注释：“看看日影，叹息旷废时日而又急不可待。”《左传·昭公元年》：“赵孟视阴曰：‘朝夕不相及，谁能待五？’[②] 后子[③] 出而告人曰：‘赵孟将死矣。主民，玩岁而愒日，其与几何？’”赵孟，即赵盾，春秋时晋大夫。此以赵孟自比，叹息岁月已逝，来日难久。

元顾瑛《玉山名胜集》下册《玉山倡和·部通守修围政绩诗序》：“回视食人之掾，[④] 玩岁而愒日者大有间矣。”

清朱仕琇《兰陔爱日图记》[⑤]：“人之玩愒晨夕，而安弃之者多矣。”

清薛福成《答友人论禁洋烟书》[⑥]：“其性又足耗精血，损志气，使君子不能劳心，使小人不能劳力，形神委顿，玩愒岁月。”

徽语“倒愒”之“愒”，亦音如 kài。

徽语说疲倦了需打个盹，说“kǎi 一下”。（歙县）淳西则说稍停一会、等一下为“kǎi 一下”。这个 kǎi 也是“愒”的音变。

《诗·大雅·民劳》：“民亦劳止，汔可小愒。”[⑦]《释文》注：“愒，起例反，息也，徐丘丽反。”

《诗·小雅·菀柳》：“有菀者柳，不尚愒焉。”[⑧]《释文》注：“愒，欺例反，徐丘丽反，息也。”

《诗·风·召南·甘棠》：“蔽芾甘棠，[⑨] 勿剪勿败，召伯[⑩] 所憩。”《释文》注：“本

---

① 徂年：徂（cú），通“殂”。徂年，即将死。

② 待五：等待五年。

③ 后子：据《左传·昭公元年》，此人称作秦后子，秦伯之弟，名鍼。

④ 食人之掾：拿着俸禄的众多官吏。

⑤《兰陔爱日图记》：文载《续古文观止》。王文濡注：“兰陔，兰通‘南’，即《南陔》，为《诗·小雅》篇名。爱日，人子敬事父母之日称爱日。”

⑥《答友人论禁洋烟书》：文载《清文观止》。

⑦ 民亦劳止，汔可小愒：汔（qì），庶几。愒（qì），休息。止，语气词。

⑧ 有菀者柳，不尚愒焉：菀（yù），枝叶繁茂。尚，郑《笺》：“庶几也。”句意为：有一棵枝叶茂盛的柳树，行路之人看到了，岂不想立刻就到树下去乘凉休息。

⑨ 蔽芾甘棠：芾（fèi），《王力字典·芾》：“草木茂盛。”蔽芾，《王力字典》引欧阳修《诗本义》：“蔽者，蔽风日也；芾，茂盛貌。”

⑩ 召（shào）伯：《尚书·召诰》李民《题注》：“即召公奭，西周大臣。姬姓，名奭，因食邑在召（今陕西岐山西南），故称召公、召伯，亦作邵公。曾佐周武灭商，被封于燕，为燕国之始君。成王幼，周公辅政，任太保，治陕西以西地区，有政绩。”附注：奭音shì。

又作渴，起例反。徐许罽反，息也。”

也就是说，这些例中“愒”读qì，与“憩”同。

《尔雅·释诂·憩》：“憩，息也。”《释文》：“起例反，本或作愒。同。”

这表明表休息之义，“愒”在后世已读qì。也许是徽语演变落后于雅言的步伐，至今仍发音为k。

至于淳西的“kǎi一下”，其语义与”息“相关。休息即停止，当要求别人暂停止某事，采用委婉的说法“你愒（kǎi）一下”，体现出礼仪之邦语言的雍容亲和。《云汉》郑《笺》“愒雨”，《释文》“本又作渴，苦葛反”。今淳西读葛如gǎi，用以切“苦葛”恰好得kǎi音，这恐怕不是偶然的巧合。

(五)说“凿暴栗子”为“kuó栗骨头”

普通话阻吓小孩说“再捣蛋，凿你几个老大暴栗子”，徽语则说“要kuó栗骨头”。其中kuó是“㱿”的古音义之遗，“栗”与普通话义同，即凿得鼓起像栗子一样的小包。“骨”是“碻”的古音讹变，“头”则表明敲击的部位。

《说文》：“(㱿)从上击下也。”《大字典》：“(㱿què)[①] 从上击下。……段玉裁注：‘从上击下，正中其物，確[②] 然有声’。《齐民要术·种瓠》：‘《氾胜之书》曰：种瓠法……著三实，[③] 以马箠[④] 㱿其心，勿令蔓延，多实，实细。’”[⑤]

《履斋》卷二十二《字说·集字二》：“至于闾里鄙俗，亦有以音切为呼者，‘突鸾’为‘团’，‘屈陆’为‘曲’……‘咳洛’为‘㱿’。初非有师学教之也。天成自然，莫知所以，约[⑥] 所谓入神，[⑦] 殆此类耶？”

孙奕明确地指出“㱿”是“咳洛”合声。按《广韵》“咳洛”切应读为[k‘ak]。从孙奕所说还可悟出南宋时这个音是大众语言，且“天成自然”，与当时“官话”相同。

㱿，《玉篇》“空角切”，徐铉注《说文》及《广韵》均为苦角切，《集韵》克角切。

---

① 碻(què)：坚固，确实。《广韵》苦角切，与“靓”同音。故今徽语“靓栗骨头”也音如“kuó栗kuó头”，意即扎扎实实的“凿暴栗子”。

② 確(què)：今作“确”。

③ 著三实：著，坐瓜。藤上结了三个瓜(果)。

④ 马箠(chuí)：马鞭。

⑤ 实细：细，小。瓜结多了，果体就小。

⑥ 约：指沈约。

⑦ 入神：《学林》云：“《沈约传》曰：‘约撰《四声谱》，以谓在昔词人，累千载而不悟，而独得于胸襟，穷其妙旨，自谓入神。’”

可见，中古读 [k ‘ɔk]，今徽语读如 [k ‘o^{21}](歙县)。

“敲、毃”在徽语中仍有分用的习惯。如说“打断脚孤拐”[①] 往往说为 kāo(敲)，说“砸金蛋”则往往说为 kuó（毃）。

因为“壳”是“毃”的今体，所以徽语说“果壳”亦音如 kuó。

(六)说晒物干透为sào kuó kuó

倘若要找“湿漉漉”的反义词，徽语所说的“sào kuó kuó”是最合适不过了。此语用汉字写出就是“燥皵[②] 皵”。其 sào 是“燥”的中古音，kuó kuó 则是“皵皵”的中古音遗。大凡从谷堆里抓一把落下，发出轻爽的娑娑声，豆子、花生等发出响亮的啪啪声，便可称之为“燥皵皵”。

《大词典》：“(皵皵）干。《广韵 · 觉韵》：‘皵，皵皵。’《集韵 · 觉韵》：‘皵，皵皵，干也。’”

我们来考察“皵”的中古音，如下：

《玉篇》:“(皵) 苦角切。皵皵，皮干貌。”《康熙字典》:“(皵)《广韵》苦角切，《集韵》克角切，并音确。”依《韵镜》，“皵”音同“毃”。古读毃为 kuo 入，则读皵也如 kuo 入。徽语今转阳平（威坪）。

清范寅《越谚 · 语言 · 占验》：“九月十二雺，[③] 晚稻燥皵皵；九月十二晴，晚稻灡[④] 田塍。”[⑤] 记录了徽语这一说法的历史痕迹。

(七)说确定如“kuó定”

按《王力字典》“确”归匣纽，“碻”归溪纽。今“碻”简化为确，我们日常所说的确实、的确、确诊、精确、确证、确信、确论、确据等，都从“碻”义生发而来。因此这里说“确”，其实是说“碻”。

徽语中“确、壳”音同如 kuó[⑥]，其根源与“毃”一致。

上古“碻”“确”同音。[⑦] 中古《广韵 · 觉韵》“苦角切” 19 字，碻、毃、皵、㲉（今

---

① 脚孤拐：方言称小腿胫骨。

② 皵(què)：见“皵(xué)皵”。

③ 雺(luò)：下雨。今作“落”。

④ 灡(lán)：借为“爤”，今简化为“烂”。

⑤ 田塍(chēng)：田埂，小堤。

⑥ 孟庆惠《徽言》拟“确”音：徽城镇[K ‘ɔ ?^{21}]、华阳镇[K ‘o ?^{21}]、屯溪[K ‘o ?^{55}]、海阳镇[K ‘o^{213}]、祁门[K ‘ɔ^{35}]、浮梁[K ‘au^{13}]、淳安[K ‘o?^{5}]。

⑦ 王力《同源字典》：“kheôk碻(碻)，kheôk确(同音)。”

“敲”字）等同列。“碻，靳固[①]也，或作碻”。

《释文·〈周易〉音义·乾·確乎》：“苦学反。郑[②]云：‘坚高之皃。’[③]《说文》云：‘高至。’[④]”《〈周易〉音义·〈系辞下〉·確然》：“苦角切，马韩[⑤]云刚皃。”又《〈庄子〉音义·应帝王·確乎》：“苦学反，李云[⑥]：‘坚貌。’”《〈庄子〉音义·天地·確》：“苦学反。”《〈庄子〉音义·刻意·確》：“苦角反。”“学”“角”同在《广韵·觉韵》，故“苦学反”与“苦角切”同音。

《大词典·確切》：“准确；恰当。南朝梁刘勰“《文心雕龙·铭箴》[⑦]：‘箴全御过，[⑧]故文资確切。’确实。清袁枚《随园诗话》卷十六：‘以史证之，殊为確切。’”

南宋岳珂《桯史》卷十一《三忠堂记》：“其文曰：‘文章，天下之公器，万世不可得而私也；节义，天下之大闲，[⑨]万世不可得而踰也。吉[⑩]为江西上郡，自皇朝逮[⑪]今，二百余年，兼是二者，得三公焉。曰欧阳公（修）……天子从而谥曰文忠，莫不以为然。……杨邦乂戟手骂贼，视死如归，……天子从而褒赠之，赐谥曰忠襄，则又莫不以为然。……胡（铨）毅然上书，……厥后天子从而褒赠，赐以忠简之谥，则又莫不以为然。……’其后楼宣献铭益公墓。[⑫]称其精確简严，士谓纪实。”

以上诸“確”现在都写作“确”。

(八)说盛筐为“盛腔”

徽州农村往时家家置备一件器具——竹篾编织，圆形，直径约3米、高约7厘

---

① 靳固：吝惜。

② 郑：指郑玄。

③ 皃：古“貌”字。

④ 高至：查无出处。《说文》无“確”字，“碻(què)”下有“从土，高声”语。李恩江译：“碻义，为土质坚硬；引以称坚不可拔，后写作確，简化作确。”

⑤ 马韩：参考《释文·序录·注解传述人》，马指马融，韩指韩伯。

⑥ 李云：李，指李颐。

⑦ 铭箴(zhēn)：是两种文体。铭是用于自警或颂扬功德而刻于器物上的文字，箴是以劝诫为主的文章。

⑧ 箴全御过：御，防止，克服。箴完全是用来防范过错的。

⑨ 大闲：闲，古代称用于禁卫的木栅栏。这里指道德防线。

⑩ 吉：今江西吉安。古称庐陵。

⑪ 逮：至，到。

⑫ 楼宣献铭益公墓：《宋史·列传第一百五十四·楼钥》：“楼钥字大防，明州鄞县人。……嘉定六年薨，年七十七，赠少师，谥宣献。”益公：《宋史·列传第一百五十·周必大》：“绍兴二十年，第进士，授徽州户曹。……光宗问当世急务。奏用人、求言二事。三月，拜少保、益国公。……自号平园老叟，著书八十一种，有《平园集》二百卷。尝建三忠堂于乡，谓欧阳文忠修、杨忠襄邦乂、胡忠简铨皆庐陵人，必大平生所敬慕，为文记之，盖绝笔也。”句意为：楼钥为周必大写墓志铭。

米的围筐，用于晒物、承物，徽语称为“盛腔”（歙县），或“䇷①腔”（威坪）。此名从何而来无从考证。根据器物的用途及古今音义，或者与上古的“承筐”相关。

《周易·归妹》：“女承筐无实，士刲②羊无血。”《左传·僖公十五年》：“士刲羊，亦无衁③也。女承筐，亦无贶④也。”《诗·小雅·鹿鸣》：“吹笙鼓簧，承筐是将。”⑤《毛传》：“筐，篚属，所以行币帛也。”孔颖达疏：“吹笙之时，鼓其笙中之簧以乐之，又奉筐篚币帛于是而行与之。”郑玄《笺》：“承，犹奉也。”朱熹《集传》：“承，奉也。筐，所以盛币帛者也。”据此，“承筐”是捧着筐之意。“承、盛”音近，久久习用，讹成专称名词也未可知。

那么，“筐”为何说为“腔”？

《徽言·文化底蕴·古音》：“歙县话‘盛筐’中‘筐’读 tɕ‘ia^{31}，‘筐’中古音是溪母、阳韵、平声字。”这个音近于“掐”，是徽城音。威坪则读 tɕ‘iaŋ^{352}，与“腔”音近。

中古读筐如“腔”。《玉篇》：“（匡）去王切，方正也，饭器也。筥⑥也，亦作筐也。”徐铉注《说文》《广韵》“匡”都为“去王切”。“去”溪纽三等，“王”喻纽三等阳韵，“去王切”完全符合反切的“音和”要求，其音如今音“腔”。

再看《释文》注“筐”音的例子：

《周易·归妹》：“女承筐无实。”注：“（匡）曲亡反。郑作筐。”“曲”溪纽三等，“亡”阳韵三等开口平声，结论同。

《诗·周南·卷耳》：“采采卷耳，不盈顷⑦筐。”注：“筐起狂反。毛云：‘顷筐，畚属。’《韩诗》云：‘顷筐，敧⑧筐也。’”“起”溪纽三等，“狂”阳韵三等合口平声，结论同。

《诗·周颂·良耜》：“载筐及筥。”注：“（筐）丘方反。”

《礼记·月令·季春》：“具曲⑨、植⑩、籧⑪、筐。”注：“（筐）丘往反。方曰筐，圆

① 䇷(tuán)；圆形的竹器。
② 刲(kuī)：宰杀。
③ 衁(huāng)：血。
④ 贶(kuàng)：赐予，赏赐，赠送。
⑤ 将(jiāng)：进献，送。
⑥ 筥(jǔ)：圆形竹器。
⑦ 顷：倾斜。这个意义今作“倾”。
⑧ 敧(qī)：倾斜。
⑨ 曲：今称箔(bó)。蚕箔，用苇秆编织的养蚕用具。
⑩ 植：搁蚕箔的架子的立柱。
⑪ 籧(jǔ)：一种圆筐。

曰筥。”

或直音“匡”：

《诗·召南·采蘋》[1]：“于以盛之，维筐及筥。”注：“(筐) 音匡。方曰筐。”

《小雅·采菽》[2]：“筐之筥之。”注：“(筐) 音匡。”

由此可知，说盛筐如“盛腔”是中古遗音。威坪说为“箬腔”则是就其形状特征，与“方曰筐”加以区别。

三、群纽

《三国演义》第二十九回《美髯公千里走单骑》：“张辽领命，单骑先往。曹操引数十骑随后而来……却说云长所骑赤兔马，日行千里。……”这里“单骑”读“单jì”，“所骑赤兔马”的“骑”读qí。

《左传·宣公十二年：“入自皇门，至于逵路。”《释文》注：“求龟反。涂方九轨[3]也。《尔雅》云：‘九达，谓之逵。’《说文》作‘馗’，云：‘九达道似龟背，故谓之馗。’逵或馗字。”

《尔雅·释草》：“中馗，菌。”《释文》注：“求龟反，本或作馗。《字林》云‘隐也’，与逵同。”

《王力字典·馗 (kuí)》：“四通八达的路。又写作‘逵’。”又《馗 (qiú)》：“[中馗][4]大菌。”

徽语中亦有类似这样群纽一字多音的情形。

(一)说求如“鸠”

《诗·大雅·江汉》：“匪安匪游，[5]淮夷来求。”[6]黄淬伯诂引《马释》：“王尚书训

---

① 蘋(pín)：《王力字典》：“(蘋)即大萍，也叫田字草。”《本草纲目》第十九卷(蘋)：“其草四叶相合，中折十字，故俗呼为四叶菜、田字草、破铜钱，皆象形也。诸家本草皆以蘋注水萍，盖由蘋、萍二字，音相近也。”今写为萍，或称四叶萍。天津医科大学出版社《中国民间百草良方》及浙江人民出版社《浙江民间常用草药》有载。

② 菽(shū)：豆类的总称。这里指豆叶。

③ 涂方九轨：涂，道路。方，并，容纳。九条道路交汇的路口。

④ 中馗：《辞海·中馗》：“《尔雅·释草》：‘中馗，菌。’郭璞注：‘地草也，似盖。今江东名为土菌，亦曰馗厨，可啖之。’邢昺疏：‘大者名中馗，小者即名菌。’”

⑤ 匪安匪游：郑《笺》：“匪，非也。……其顺王命而行，非敢斯须自安也，非敢斯须游止也。”即“王命在身，不敢片刻懈怠停留”之意。

⑥ 淮夷来求：淮夷，《毛传》：“东国，在淮浦而夷行也。”指周宣王时处于淮河流域的徐国。来求，来训是，求训纠。是去讨伐淮夷之意。

徽俗居家厅堂装饰，中堂、对联“求”，方音如“纠”

来为词之是。来求，犹是求也……求与鸠、纠古同声通用，《论语》‘桓公九合诸侯’，[①]即僖二十六年《左传》所云‘桓公是以纠合诸侯而谋其不协’也。成二年《左传》‘今吾子求合诸侯，以逞无疆之欲’，求合亦即纠合之异文。是知求之言纠。”

由此知，上古读求如“鸠”或如“纠”。徽语读求如“鸠”（歙县）正是上古遗音。

这点从上古一些“从求”的字通借也可得到印证：

求，通“逑”。《诗 · 大雅 · 下武》：“王配于京，世德作求。”黄淬伯诂引《马释》：“求当读为逑。逑，匹也，配也。作求，即配耳。”这里“逑”读如“鸠”。《诗 · 小雅 · 桑扈》：“彼交匪敖，[②]万福来求。”黄淬伯诂：“《诗述闻》：‘求，读与逑同。逑，聚也。谓福禄来聚也。’《马释》：‘逑、鸠古同义。《尔雅 · 释诂》：‘鸠，聚也。’《尧典》‘方鸠僝功’，[③]《说文》引作‘旁逑僝功’，云：‘逑，[敛]聚也。’逑音又同勼，《说文》：‘勼，聚也。’”

《说文 · 勼》：“从勹九声。读若鸠。”（今仍读 jiū）段注：“《释诂》曰：‘鸠，聚也’《左传》作鸠，古文《尚书》作逑。（《说文》）辵部曰：‘逑，敛聚也。’《庄子》作九。今字则鸠行而勼废矣。”

由此可知，上古求、逑都读如“鸠”。

求，通“救”。郑权中《通萃 · 例释 10043》：“《周礼 · 地官 · 大司徒》：‘正日景[④]以求地中。’注：‘故书求为救。杜子春[⑤]云：为求。’阮元校勘记：‘《九经古义》云：

① 语出《论语 · 宪问》：“桓公九合诸侯，不以兵车，管仲之力也。”

② 彼交匪敖：黄淬伯诂引《马释》：“彼、匪古通用。成十四年《左传》引《诗》‘彼交匪敖’，襄二十七年《左传》赵孟曰：‘匪交匪敖，福将焉往？’《汉书 · 五行志》引作‘匪儌匪傲’，应劭《注》曰：‘言在位者不儌讦，不倨傲也。’《颜注》：‘儌，谓儌倖也。’盖《三家诗》彼作匪，交作儌，《毛诗》作彼，即匪之假借。”据此，句意为“在位者不怀侥倖贪求的心理，不倨傲，不相互贬损诋毁”。

③ 方鸠僝功：李民注：“方，读如旁，大。鸠，聚集。僝（zhuàn篆），具。僝功，功事已具。”

④ 日景：景，通“影”。地中，东南西北的中心。

⑤ 杜子春：东汉河南缑（gōu）氏人。西汉末，从刘歆受《周礼》。东汉儒者郑众，贾逵并从受业。

'救，当作救，[1] 古文求字。《说文》引《虞书》[2] 云：旁救僝功。……皆以救为求。'"又《例释10042》："《古文尚书·尧典》'方鸠僝功'，欧阳夏侯[3] 作'旁逑孱功'，《说文》引作'旁救僝功'与'旁逑孱功'。""求、逑"上古读如"鸠"，则"救"上古当地读如"鸠"。即使并非如此，也只是声调上的不同，故《释文·地官·大司徒》"抍[4] 捄"注："(捄)音救，本亦作拯救。"

读球如"鸠"。《尚书·禹贡》："厥[5] 贡惟球[6]、琳[7]、琅玕。"[8]《释文》注："(球)音求。"又"厥贡璆[9]、铁、镂[10]、砮[11]、磬"。《释文》注："(璆)音虯。徐又居虯反。"《说文·球》："从王，求声。球或从翏。"[12] "虯、璆"中古尚有jiu音，《广韵·幽韵》渠幽切又居幽切同列有"虯、璆、觩、觓"等，其"居幽切"正读如"鸠"。以《释文》"徐又居虯反"也可得"璆"读如"鸠"。

《说文·丩》："凡丩之属皆以丩。""虯，从虫，丩声。""觓，从角，丩声。"说明许慎是音"虯、觓"如"鸠"的。这两字"渠幽切"是后世之音。

"球或从翏"，启示我们许慎时"璆"是"球"的或体。璆读如"鸠"则球也读如"鸠"。故徽语今说"踢球"如"踢鸠"，"球体"如"鸠体"，乃上古之音（歙县）。

读觩[13] 亦如"鸠"。

《诗·小雅·桑扈》："兕觥其觩，[14] 旨酒思柔。"[15]《释文》："(觩)音虯，[16] 本或作

---

① 救(jiù)：同"救"。

②《虞书》：《尧典》是《尚书·虞夏书》中的篇名，故可称《虞书》。

③ 欧阳夏侯：欧阳、大小夏侯《尚书》的合称。西汉欧阳生，为当时今文《尚书》"欧阳氏学"开创者。夏侯胜，为今文《尚书》学大夏侯学开创者。夏侯建，从夏侯胜及欧阳高学今文《尚书》，称"小夏侯"。欧阳高，欧阳生的曾孙。

④ 抍(zhěng)：救助。

⑤ 厥：代词，其。

⑥ 球：《王力字典》："(一)美玉……(二)玉磬……按，'球'今借作'毬'，如足球，羽毛球。"

⑦ 琳：美玉。

⑧ 琅玕(gān)：类似珠玉的美石。

⑨ 璆(qiú)：美玉，可以制磬。

⑩ 镂(lòu)：《王力字典》："精炼的硬铁，可以刻镂。"

⑪ 砮(nǔ)：石名，可以做箭头。

⑫ 翏(liù)：《说文·翏》："高飞也。"

⑬ 觩(qiú)：角弯曲。

⑭ 兕(sì)觥(gōng)其觩：兕：兽名。或说母犀(xī)牛。觥：用角制的爵，饮酒器。郑《笺》："兕觥，罚爵也。古之王者与群臣燕饮，上下无失礼者，其罚爵徒觩然陈设而已。"

⑮ 旨酒思柔：旨酒，美酒。思柔，郑《笺》："其饮美酒，思得柔顺中和，与共其乐。"黄淬伯诂引《马释》："思为语词，'旨酒思柔'犹云'饮酒孔嘉'。马瑞辰训柔为嘉。"

⑯ 虯(qiú)：古代传说中的一种龙，俗写作"虬"。

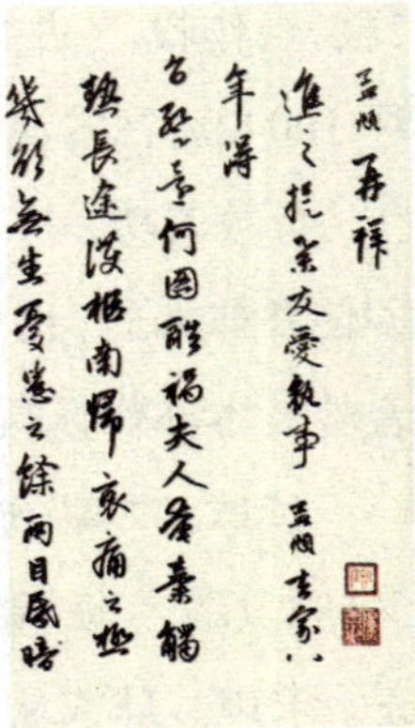

赵孟頫手札欣赏。“哀痛之极”，极，方音如“七”（歙北）（凌家智 供稿）

觓[①]。”黄淬伯诂引《陈疏》：“《说文》：‘觓，角貌。’引《诗》‘有觓其角’，今《良耜》作捄，[②]为［六书］假借字，而《丝衣》[③]《泮水》[④]之觩，《释文》皆作觓字，当不误也。”《谷梁传·哀公元年》：“郊牛[⑤]日展觓角而知伤。”《释文》注：“（觓）音纠，又音求。”“音纠”是《说文》“从角，丩声”之音。郑权中《通萃·同音字例释 2057》：“按‘觩’为‘觓’之俗体。觓，弯曲貌。”上古觓读为“纠”，则觩必读为“纠”。徽语今称牛、羊角盘曲而上为“鸠”起来，应是这个“觩（觓）”字（歙县）。

（二）说极如“七”

徽语说极端、太极、积极之“极”，音如“七”。

《诗·小雅·菀柳》：“俾予靖之，后予極焉。”[⑥]《释文》：“毛如字，至也。郑音棘，诛也。”

《说文·極》：“从木，亟声。”李恩江按：“今省作‘极’，古代‘極’与‘极’音义皆异。”[⑦]

从《释文》所注，显然有两音。先看“毛如字”。既然《说文》从“亟”声，那么来观察“亟”。《玉篇》：“（亟）居力切，急也，疾也。又丘致切，数[⑧]也。”徐铉纪力切又去吏切，按今音就是 jì、qì 两读。“郑音棘”已居其一，则“毛如字”就是 qì 了。

实际上，《唐韵》《广韵》、徐铉注《说文》“極”均读“渠力切”。依《广韵》这个音读 qi 入（[giak]），徽语今转平声成为 qī，符合声调演变大势。

“郑音棘”是郑玄认为“極”是“殛”的假借。《尚书·多方》：“我乃其大罚殛

---

① 觓（qiú）：同“觩”。觩为俗体，觓为正体。

②《诗·周颂·良耜》：“有捄其角。”陈奂意在说明“捄”是“觓”的假借字。捄读如“鸠”，则觓亦读如“鸠”。

③《丝衣》：《诗·周颂》中篇名。

④《泮水》：《诗·鲁颂》中篇名。

⑤ 郊牛：《大词典》：“古帝王郊祭时尚未卜日祭祀的牛。”

⑥ 俾予靖之，后予極焉：郑《笺》：“靖，谋。俾（bǐ），使。極，诛也。假使我朝王，王留我，使我谋政事。王信馋，不察功考绩，后反诛放我。”孔颖达《疏》：“（《传》：靖，治。極，至也。）并《释诂》文。此言王不可朝，而云使我治之，后我至焉。则毛意以为恨王不使己治事，故后不至也。此恨王不任己事，则居以凶危，是又恨王使己。皆由王之无常，有事不任之，才任即加罪，是不可朝事。”

⑦ 古代“極”与“极”音义皆异：《说文》：“（极）驴上负也。从木，及声。或读若急。其辄切。”驴上负是放于驴背上用以驮物的木架。其辄切按《广韵》读如“恰”入声（[giap]）。

⑧ 数（shuò）：屡次。

之。"《释文》:"(殛) 纪力反。本又作極。"《说文》"極、殛"都从亟声,说明"極"很早就有两读,今普通话取 jí 音,而徽语则承 qi 入音而传演之。

(三)说黄芪为黄"鸡"

黄芪是一味名贵中药,徽语说为"黄鸡",并非说它滋补如鸡,而是读芪如"鸡"。

"芪"是"耆"的俗体。李时珍《本草纲目 · 草部 · 黄耆》:"时珍曰:耆,长也。黄耆色黄,为补药之长,故名。今俗通作黄芪。"

因此,我们来考察"耆"的古音。

《玉篇》:"(耆) 渠伊切。长也,老也。"

《礼记 · 曲礼上》:"六十曰耆。"《释文》:"(耆) 渠夷反。"

《礼记 · 射义》:"幼壮孝弟,[1] 耆耋[2] 好礼。"(释文》:"(耆) 音祁,巨支反。"

中古读巨如"渠"。《尔雅 · 释训》:"祁祁,徐也。"《释文》:"(祁),巨移反。"所以上述"渠伊、渠夷、巨支"三切都读为"祁",今音与之相同。

上古读巨同矩。《说文》"巨",徐铉"其吕切"。《广韵》"其"渠之切,又音基。可看出,渠之切是中古音,"音基"则是上古之遗。《诗 · 小雅 · 庭燎》:"夜如何其,夜未央。"《释文》:"(其) 音基,辞也。"《说文》从"其"声的字,如"旗、期、棋、萁、祺"等,今徽语悉数说如"基"可证(歙县)。

《说文 · 巨》段注:"按后人分别'巨';大也;'矩',法也、常也,与《说文》字异。其吕切,《唐韵》也。《广韵》作矩、榘,[3] 入九麌,[4] 俱雨切。……《大学》'絜矩之道',[5]《注》云:'矩或作巨。'此古文之遗也。"这就是说,"矩""巨"实同一字,后世"矩"是从"巨"分化出来的,古文音义相同。故《广韵 · 语韵》"其吕切"韵中巨、拒、距、炬、钜、苣、蘧[6] 等字,今徽语或读如"举",或读如"拘",体现出上古声系。

另一方面,"渠"古亦读为 jù。《王力字典》:"(渠 2. jù) 通'讵'。岂。……《史记 · 郦生陆贾列传》:'使我居中国,何渠不若汉?'"《通萃 · 例释 0070》:"《汉书 · 高帝纪》:'项

① 孝弟(tì):"弟"今作"悌"。善事父母为孝,弟敬爱兄长为悌。

② 耆耋(diē):耆,今通称德高望重的老者。耋,古代六十、七十、八十岁都称耋。

③ 榘(jǔ):"矩"的异体。

④ 麌(yǔ):雄性獐鹿。九麌,"麌"字排在《广韵》上声第九。

⑤ 絜(xié)矩之道:《大词典》:"絜,度量;矩,画方形的工具,引申为法度。儒家以絜矩来象征道德上的规范。"

⑥ 蘧(qū):《本草纲目 · 菜部 · 苦菜》:"时珍曰:许氏《说文》苣作蘧,吴人呼为苦荬。……苦菜即苦荬也,家栽者呼为苦苣,实一物。春初生苗,有赤茎、白茎二种。其茎中空而脆,折之有白汁。"今徽语所说"苦蘧",指似莴苣而大叶细茎的一种菜,淳西或称"莴苣婆"。

伯告羽曰：沛公不先破关中，公巨能入乎？'服虔[①]：'巨音渠。'颜师古读'巨'为'讵'。(整理者王注：按'巨''渠'为'讵'的通借字，同谐巨声)"又《例释 0071》："《管子·宙合》：'成功之术，必有巨获。'[②]注：'巨获作矩获。'"

如此则前述"渠伊、渠夷、巨支"三切应读如 jī。徽语今说祁连山、祁门县之"祁"仍音如"鸡"，亦可佐证。

《释文》载录了大量汉魏、晋时期注家的音切，他们的音读上古音的比重必多一些。比如：

《尚书·伊训》："敢有侮圣言、逆忠直、远耆德[③]、比顽童，[④]时谓乱风。"[⑤]注："(耆)巨夷反。"

《礼记·檀弓上》："鲁哀公诔[⑥]孔丘曰：'天不遗耆老，莫相予位[⑦]焉。'"注："(耆)巨支反。"以上古音作反切都得音 ji(平)。

古又读"耆"如"指"。《诗·周颂·武》："耆定尔功。"[⑧]《释文》："(耆)毛音指，致也。郑巨移反，老也。韩诗音同。"又《大雅·皇矣》："上帝耆之，憎其式廓。"[⑨]《释文》："(耆)巨夷反。毛恶也。郑云老也"。黄淬伯《裂诂》："《陈疏》《马释》俱改为'耆，恶也'。读耆为諎，[⑩]《广雅》：'諎，怒也。'《传》盖以耆为諎之假字。《潜夫论·班禄篇》引《诗》作'上帝指之'，此亦諎之同声借字。"

《左传·宣十二年》："《汋》[⑪]曰：'於铄[⑫]王师，遵养时晦。'[⑬]耆昧也。"《释文》："(耆)

---

① 服虔：东汉河南荥阳人，字子慎。作《春秋左氏传解》。

② 巨(jǔ)获：规矩，法度。

③ 远耆德：疏远年高德厚的人。

④ 比顽童：与愚昧顽劣幼稚的人为伍。

⑤ 乱风：李民引蔡沈注："倒置悖理曰乱，好人之所恶，恶人之所好也。"附注：蔡沈，宋人，受朱熹命注《尚书》，著成《书集传》。

⑥ 诔(lěi)：古时上对下的悼念言词。也是一种文体。

⑦ 莫相予位：相，辅助。位，君位。句意为"没人来辅佐我治理国家了"。

⑧ 耆定尔功：耆，致。完成，成就。尔指周武王。

⑨ 式廓(kuò)：朱熹《集传》："式廓，犹言规模也。"《毛传》："廓，大也。憎其用大位，行大政。"

⑩ 諎：《大字典》作"諎(chī)"。怒。

⑪《汋》：《诗·周颂》篇名，今作《酌》，音同。舀。

⑫ 於(wū)铄(shuò)：於，於乎(今作呜呼)。铄，《毛传》："美。"

⑬ 遵养时晦：《毛传》："遵，率。养，取。晦，昧也。"朱煮《集传》："退自循养，与时皆晦。"郑《笺》："於美乎，文王之用师，率殷之叛国以事纣，养是暗昧之君，以老其恶。"孔颖达疏："武王于纣，养而取之，故以养为取。宣十二年《左传》引此云：'遵养时晦，耆昧也。'故转晦为昧，言取是暗昧，则谓武王取纣，不得与郑同也。……王肃云：'於乎美哉！武王之用众也。率以取是昧，谓诛纣定天下，以除昧也。'"

音旨，致也。”

徽语无舌上音，今读“指”“旨”均如 zi 入（[tsj^{41}] 歙县），Z、j 相混而演变为 jī 也是有可能。

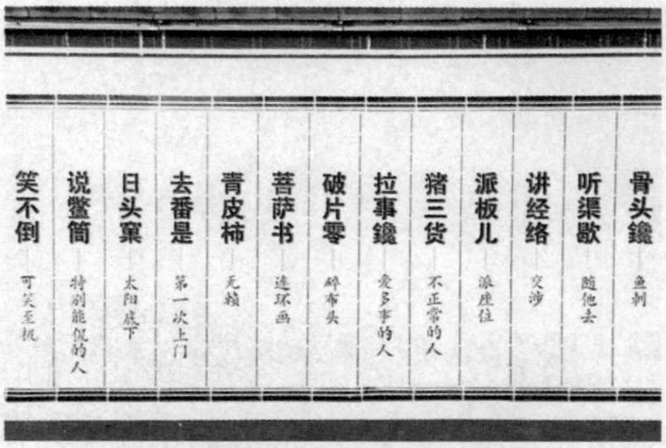

休宁方言墙选读（胡永坚 摄）

(四)说他们如“科侬”

朱熹《观书有感二首》之一：“问渠那得清如许？为有源头活水来。”

清翟灏《通俗编 · 称谓 · 渠》：“《古焦仲卿妻诗》① ：‘虽与府吏要，② 渠曾 ③ 总无缘。’白居易诗：‘怜渠已自解诗章。’苏轼诗：‘于菟 ④ 骏猛不类渠。’《集韵》作渠，训曰：吴人呼彼之称。”

《集韵 · 鱼韵》：“渠，吴人呼彼称，通作‘渠’。”

《王力字典》：“[渠 1.qú ㈤] 他（后起义）。《三国志 · 吴书 · 赵达传》：‘女婿昨来，必是渠所窃。’”

《徽言 · 文化底蕴 · 常用本字考 · 渠》：“方言把‘他’‘他们’大都读 k‘e^{55}、k‘e^{55} 人。”这是就屯溪片而言。自屯溪沿新安江顺流而下直至建德，尤其是淳西威坪、王阜、宋村、鸠坑、姜家等地，全与此音相近。但这一带表单数音如“抠”（[k‘ou^{35}]），表复数音如“科”([K‘e^{35}]),王阜则缀以“侬”，我、我们说“我侬”，他、他们说“[K‘e^{35}] 侬”，即中古俗语“渠侬”。《通俗编 · 称谓 · 我侬》：“吴俗自称我侬，指他人亦曰渠侬。……元好问有‘大是渠侬被眼谩’⑤ 句可证”。歙县大部分地方称“他”为 dī（《徽言拟音为 [ti^{44}]，歙北许村音如“该”([kɛi^{55}])，特立独行。

以“渠”表“他”是中、近古的习惯用语。这一点从《释文》注典籍遇“渠”字多不作音释也可感知。不妨再看几例：

北朝庾信《秋夜望单飞雁》：“无奈人心复有忆，今暝 ⑥ 将 ⑦ 渠俱不眠。”

① 古焦仲卿妻诗：汉乐府歌篇名，今作《孔雀东南飞》。

② 要：约定，设誓。

③ 曾：今本作“会”。

④ 于(wū)菟(tú)：即於菟，古时楚人对虎的称呼。

⑤ 被眼谩：谩，欺，诋。用眼光表示抵触、不满。看他翻白眼之意。

⑥ 暝(míng)：天黑。这里借指夜。

⑦ 将：和。

千岛湖一隅。"渺青山，髻螺低小"，吴侬软语与中原古韵交融的地方（孔建祥 摄）

唐李复言《续玄怪录》卷三《苏州客》："既为兄弟，情不合疏，书中亦令渠出拜。渠虽年幼，性颇聪慧，使渠助为掌人，[①]百缗[②]之赠，渠当必诺。"

南宋杨万里《插秧歌》："唤渠朝餐歇半霎，[③]低头折腰只不答。"

明刘基《水龙吟·鸡鸣风雨潇潇》："渺青山、髻螺[④]低小。几回好梦，随风归去，被渠遮了。"

清李光庭《乡言解颐·人部·食工》："有某欲食全羊，羊甫[⑤]杀，而客欲登席。渠慢[⑥]应之曰：'只管请入坐。'先以烧尾、炒腰、泡肚之类下酒，渐次烹煮终席，亦良技也。"

清蒲松龄《聊斋志异》第九卷《湘裙》："嫂释手而笑，反[⑦]告伯曰：'渠作有意乔才[⑧]久矣，尚为之代虑耶！'"又卷十三《人妖》："媪[⑨]先来，就榻抚问已，言：'蒙娘子招，便将[⑩]来。但渠畏见男子，请勿以郎君入。'妻曰：'家中无广舍，渠依时复出入，可复奈何？'"

(五)说群如"君"

徽语读群如"君"（歙西歙北），可说是上古之遗音。

《说文·群》："从羊，君声。"

---

① 掌：《大词典，掌⑧》："通'常'。……马王堆汉墓帛书《战国纵横家书·苏秦谓燕王章》：'三王代立，五相蛇政，皆以不复其掌。若以复其掌为可王，治官之主，自复之术也，非进取之路也。'"掌人，常人。

② 缗(mín)：穿钱的绳。古时计钱计量单位。一千钱为一缗。相当于后来的"贯"。

③ 霎(shà)：片刻，很短的时间。徽语有"一霎雨"的说法。

④ 髻(jì)螺：盘在头顶或脑后的发型称髻。髻螺，比喻远山的形状。

⑤ 甫(fǔ)：起始。这里是说羊刚杀好。

⑥ 慢：从容不迫的意思。

⑦ 反：通"返"，返回。

⑧ 乔才：狡黠(xiá)的意思。

⑨ 媪(ǎo)：古时称年老的妇女。

⑩ 将(jiāng)：送。这里是带来之意。

《诗·小雅·宾之初筵》:“百礼既至，有壬[1]有林。”黄淬伯诂引《马释》:“按，壬、林承上‘百礼’言。有壬，状其礼之大也。有林，状其礼之多也。《尔雅·释诂》:‘林，君也。’王尚书[2]曰:‘君当读群。《尔雅》林、烝并训为君，又训为众，其义一也。’”这里“王尚书”的意见是从“君”读出“群”之义。

《尔雅·释诂》:“林、烝，君也。”胡奇光《按语》:“王引之《述闻》曰:‘君字有二义:一为君上之君，天、帝、皇、王、后、辟、公、侯是也;一为群聚之群，林、烝是也。古者君与群同声，故《韩诗外传》曰:‘君者，群也。’……按,古书‘君’又通‘群’。‘林’‘烝’(蒸)亦有群聚众多之义。”

唐模彝伦别苑门联。“兰有群清”群，歙北歙西说如“君”

《左传·昭公五年》:“晋之事君，臣曰可也。求诸侯而麇至，求昏[3]而荐女，君亲送之，上卿及上大夫致之。”《释文》:“(麇)丘陨反，又其郧反，群也。注同。”按唐作藩《上古音》则有 qǔn、jūn 两读。

古时“麇”与“麏”[4]同。《王力字典·麏(二)》:“群，成群。唐沈迥《武侯庙碑铭》:‘是营是葺，众工麏至。’”

《玉篇·麇》:“几筠切，麞也。”条下紧接“麏，同上。”说明“麇”只有一读，“麏”是“麇”的或体。

段玉裁《说文解字注》:“(麇)从鹿。囷省声。盖小篆省囷为禾也。居筠切。……齐人谓麇为獐。陆机《诗疏》云:‘麏，麞[5]也。青州人谓之麏。’”

---

① 壬:《尔雅·释诂》:“壬，大也。”
② 王尚书:即王弼。三国魏人，官拜尚书郎。
③ 昏:“婚”的省形通借字。
④ 麏:音 jūn。
⑤ 麞:即獐。

“几�切”与“居筠切”同音。徽语读群如“君”，或是从“麇”的习用而来。

四、匣纽

普通话读“苋菜”之“苋”为xiàn，威坪则音如“讧”。《周易·夬》① ：“苋陆② 夬夬，③ 无咎。”《释文》：“（苋）闲辨反，三家④ 音胡练反。一本作莞，⑤ 华板反。”《尔雅·释草》：“蒉，赤苋。”《释文》：“（苋）闲瓣反。”古读闲如“寒”，按注得音如hàn，知威坪音乃承古声。

许国石坊，俗称八脚牌楼。“先学后臣”，歙县说“学”音[xo^{22}]

地黄古称“苄（hù）”，这个字又读xià，表义为一种可编席的草。《仪礼·士虞礼》“为苄”，《释文》：“音户，刘⑥ 音下。”《礼记·间传》：“齐衰⑦ 之丧，居垩室，⑧ 苄剪不纳。”⑨《释文》：“（苄）户嫁反，蒲苹也。”读“户”与读“下”，都是匣纽之声。

徽城读学习、学堂之“学”如“豁（huō）”，⑩ 老派（威坪）则读若“霞”“削（xiāo）”，又有何依据呢？

蔡梦麒《说音研·辩证第三·斆》：“斆是学的古文。……《书·说命下》：‘唯斆学半。’孔传：‘斆，教也。教然后知所困，是学之半。’释文：‘斆，户孝反。’只注‘斆’字音，说明‘学’字读胡觉切。《礼记·学记》：‘《兑

---

① 夬（guài）：分决。决断。

② 苋陆：今称商陆，可入药。

③ 夬夬：《大词典·夬夬》：“①果决貌。”

④ 三家：按《释文·序录》载：“为易音者三人。”三人分别是王肃、李轨、徐邈。

⑤ 莞：“莞”字今有三音，其中wǎn（莞尔一笑）音与“华板反”有联系。比如“还（huán）钱”，今威坪说wāng钱（钞票）。是匣纽双声的另一种情况。

⑥ 刘：指南朝宋刘道拔。

⑦ 齐衰（zī cuī）：齐，衣的下摆。齐衰，《古词》：“丧服名。为五服之一，次于‘斩衰’。以粗麻布做成，因其缉边缝齐，故称‘齐衰’。”

⑧ 垩室：古时有丧事的人住的地方。

⑨ 苄剪不纳：用苄（蒲苹）编席，只剪平，而不把头折过来编入席内。

⑩ 拟[xo^{43}]较贴近。

命》[①]曰学学半。其此之谓乎？’郑玄注：‘言学人乃益已之学半。’释文：‘学学，上胡孝反，下如字。学人，胡孝反，又音教。’前一‘学’即‘敩’字，胡孝反，与‘学人’之‘学’同音，又音教。”

这里“胡孝”反读 xiào，是威坪老派读法的根源，“胡觉”切读 huo 入（[xɔk]），是今徽城读法的来源。

《说文·敩》段注：“按《兑命》上学字谓教，言教人乃益已之学半。教人谓之学者，学所以自觉，[②]下之效也。教人所以觉人，上之施也。故古统谓之学也。……后人分别‘敩’胡孝反，“学”胡觉反。”

匣纽中徽语此类音存亦有不少，兹撷取若干略做探讨。

（一）说咸如“咳(hāi)”

徽语品尝菜肴之美曰：“咸中有味淡中鲜。”说彻底改变穷困，过上优裕舒适生活是“咸鱼翻身”。这里，“咸”音如“咳”（hāi，徽城）。

徽语中的“咸”只表“鹹”之义。诸如《尚书·大禹谟》“野无遗贤，万邦咸宁”，《尧典》“允厘百工，[③]庶绩咸熙”[④]，《微子之命》“与国咸休，[⑤]永世无穷”，《国语·鲁语长勺之役》“小赐不咸，独恭不优”[⑥]等，“都、皆、遍、同”之类的含义是没有的。

《尔雅·释言》：“鹹，苦也。”《释文》：“（鹹）音咸。”

《春秋公羊传·僖公十三年》：“公会齐侯、宋公、陈侯、卫侯、郑伯、许男、曹伯[⑦]于鹹。”《释文》“（鹹），音咸。”

《礼记·曲礼下》：“盐曰鹹鹾。”《释文》：“（鹹）又作醎，[⑧]音咸。”

《尚书·洪范》：“润下作鹹”，[⑨]《释文》：“（鹹）音咸。”

《礼记·王制》：“民咸安其居。”《释文》：“（咸）行缄反。”古读行如“航”（今

---

① 兑(yuè)：通“悦”。因“说”通“悦”，故相通。

② 自觉：觉，理解，领悟。后文“觉人”是教导别人领悟、明白之意。

③ 允厘百工：李民注：“允，王念孙谓犹用也(见《经义述闻》)。厘，治。百工，百官”。

④ 庶绩咸熙：庶，众多。绩，事业，业绩。咸，都，皆。熙，兴盛。句意为：众多的各种事业都蓬勃地展开。

⑤ 与国咸休：咸，同。休，美。句中指兴旺，荣光。命运与国家结为一体，和国家一起兴旺，休戚相关。

⑥ 小赐不咸，独恭不优：咸，遍。优，优裕，丰厚。句意与《左传·庄公十年》：“小惠未遍，民弗从也。”“小信未孚，神弗福也。”同，韦昭注：小赐，临战之赐。独恭，一身之恭也。

⑦ 侯、伯、公、男：古代爵位名。《礼记·王制》：“王者之制禄爵，公、侯、伯、子、男，凡五等。”

⑧ 醎(xián)：音义同鹹(咸)。

⑨ 润下作咸：(水)向下湿润产生咸味。

仍有此音），《广韵》“咸、缄”同韵，可得音 hán。

《周礼 · 秋官 · 伊耆氏》：“伊耆氏掌国祭祀共[1]其杖咸。”杨天宇引《郑注》：“咸，读为函。老臣虽杖于朝，事鬼神尚敬，去之，有司以此函藏之，既事乃授之。”《释文》：“（函）音咸。”

《释文 · 礼记 · 文王世子》“函丈”，注：“（函）胡南反。”

《释文》对典籍中“咸”字极少注音，说明是一个常用字，故拿来作“函”的音训。再如：

《左传 · 僖公三十年》：“晋军函陵。”

《左传 · 宣公十一年》：“秋，晋侯会狄于欑函。”

《左传 · 襄公十六年》：“庚寅，伐许，次于函氏。”

《左传 · 哀公四年》：“叶公诸梁致蔡于负函。”

《谷梁传 · 宣公十一年》：“秋，晋候会狄于欑[2]函。”

这些条目，《释文》全都注音“音咸”。《集韵 · 咸韵》胡谗切，“咸、鹹（今简化为咸）、函、涵、喊、谽”等同列，今函、喊等声韵仍相同。

今徽城读为 [$x\varepsilon^{44}$]（录自《徽言》，即音如 hāi），徽语各地均读牙音，但韵部差异很大。

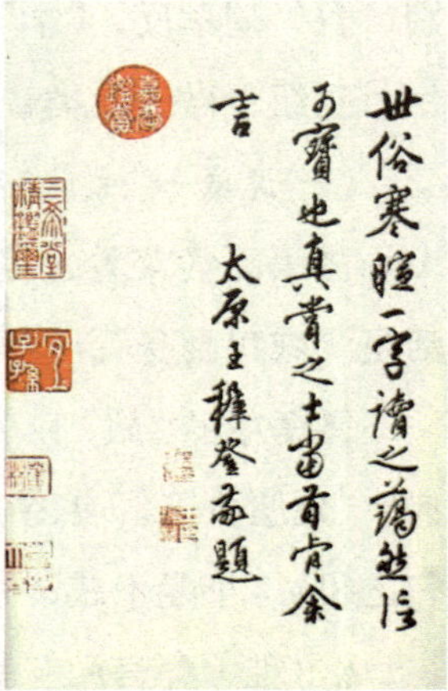

《赵孟頫手札》王稚登题跋。“寒暄”，寒方音 [$X\varepsilon^{33}$]（徽城）（淩家智 供稿）

（二）说闲如“咳（hāi）”

郑权中《通萃 · 合音字通借》：“（合音通借字）即缓读为二字，急读则切成一字。倒如：……《孟子 · 告子（下）》：‘有诸内，必形诸外。’《说苑》作‘有之于内，必形之于外’。《国语 · 齐语》：‘轻过而移诸甲兵’，[3]《管子 · 小匡》‘诸’作‘之于’。”

合音，又称合声。

南宋孙奕《履斋》卷二十二《字说》：《皇朝类苑》云：“切韵之学出于西域，汉人训字止曰‘读如某字’，未用反切。然古语已有二声合为一字者，如‘不可’为‘叵’，‘何不’为‘盍’，……‘之于’为‘诸’之类，从西域二合之音，盖切字之原也。”

---

① 共：通“供”，提供。

② 欑（cuán）函：古地名。

③ 轻过而移诸甲兵：韦昭注：“诸，之也。移之甲兵，谓轻其过，使以甲兵赎其罪也。”附注：轻过，减免（其移诸甲兵）轻微过错的刑罚。移诸甲兵，改用缴纳甲兵来赎罪。甲，铠甲。兵，刀枪弓箭之类兵器。

王力《汉语音韵学 · 反切 · 顾炎武论反切之始》："按反切之语，自汉以上即已有之。宋沈括谓古语已有二声合为一字者，如'不可'为'叵'……'之乎'为'诸'。郑樵谓慢声为二，急声为一：慢声为'者焉'，急声为'旃'；[①]慢声为'者与'，急声为'诸'；慢声为'而已'，急声为'耳'；慢声为'之矣'，急声为'只'是也。"

宋黄朝英《靖康缃素杂记》（以下简称《缃素》）卷十《二声合一字》："古语有二声合一字者，如不可为叵，何不为盍，而犬为耎，[②]酷宠为孔。从西域二合之音。盖切字之原也。学者不晓龙钟潦倒之义，正如二合之音是也。龙钟切为癃字，潦倒切为老字，谓人之老羸癃疾[③]者，即以龙钟潦倒目之。其义取此。"

根据合声字所蕴含的信息，我们就可追寻古音的声韵。如"咳洛"为"殼"，取"咳(kài)"的声母k和"洛(luo)入"的韵母uo入拼读得"殼"的中古音为"kuo入"([kʻɔk])(徽语今变为阳平)，亦不失为探求古音的一个方法。

徽城话说闲云野鹤、四海无闲田、清闲、闲空等"闲"字音如"咳(hāi)"，[④]方言中，"闲、寒、咸、函、含"等同音，都发声于h。

《玉篇 · 门部》："闲，骇山切。"《广韵 · 山韵》："闲，户间切。"《集韵 · 山韵》："闲，何间切。"古读间如"干"，骇山切、户间切、何间切都得音hān。

《大字典 · 鳱 · 白鹇》[⑤]："《本草纲目 · 禽部 · 白鹇》：'时珍曰：《尔雅》白雉名鳱。南人呼闲字如寒，则鹇即鳱音之转也。当作白鳱。'"

南宋孙奕《履斋》卷二十二《集字二》："《容斋随笔》云：'切脚语：世人语音有以切脚而称者，亦间见于书史中，如以蓬为勃笼，槃[⑥]为勃闲，铎为突落，……窠为窟驮是也。'"《广韵 · 槃》"薄官切"，从"勃闲""薄官"及"南人呼闲如寒"，知"槃"的韵部是ān。两例从不同的侧面印证了古读闲为hān。

《诗 · 魏风 · 十亩之间》："十亩之间兮，桑者闲闲兮。行与子还兮。"对韵脚试以徽语读之：十亩之间(gān)兮，桑者闲(hān)闲(hān)兮。行(háng)与子还(wān)兮。音和天成，没有丝毫斧斫之痕。这是因为"间、闲、还"上古同属元部。方言"还"

① 旃(zhān)：作助词用，《王力字典》释义为"之焉"的合音。
② 耎(ruǎn)：软，弱。
③ 老羸(léi)癃(lóng)疾：羸，衰弱。癃，足不能行。衰老病弱之意。
④ 准确地说，只是发声如"寒"。徽语各地韵部差异很大。如徽城[$xɛ^{44}$]，歙北[xa^{44}]，威坪[$xuŋ^{33}$]。
⑤ 鳱(hàn)：《王力字典》解释为山鹊，且"字亦作鸦"。
⑥ 槃(pán)：今简化为"盘"。

读如“弯”也是双声。

古读还如“旋”，这有诸多史料可证，近世字书多有记载，毋庸赘言。但徽语读如“弯”，却未见出处。我们不妨大胆猜想一下：要么上古匣、喻三同声，“还”本就音如“弯”，雅言读为“旋”时就摒弃不用了；要么古人在交际中把回环、回旋之类的语词合声为“弯”(古读回如“围”)。而未形之于典籍，或者另有原因。不管怎样，徽语这样一个读音总是客观存在。

这里顺便说一个“荷兰”合声得“豌”的论述：

罗翙云《客·释草木·荷兰豆又名雪豆》:“雪豆，草本，茎似胡豆，豆夹与豌豆同，而软嫩可蔬，异于豌豆。……今客语呼为雪豆（以熟于大小雪时而名），亦曰荷兰豆。按荷兰即贺兰语声之转，荷兰二字合声为豌，然则荷兰豆即豌豆，特同类异种耳。”

《诗·大雅·皇矣》:“临衝闲闲,① 崇墉言言,② 执讯连连,③ 攸馘安安。”④ 韵脚“闲、言、连、安”分别为 hān、yān、lián、ān，只有 lián 不够整齐。

为此，我们来考察“连”。

《大字典》：连（四）làn “[连石] 山名。……《淮南子·天文》：‘日出于旸谷⑤……至于连石，是谓下舂。’⑥ 高诱注：‘连石，西北山……连读腐烂之烂。’”

《诗·魏风·伐檀》:“河水清且涟猗。”⑦《释文》:“(涟）力缠反，风行水成文曰涟。”《说文》:“大波为瀾。从水闌声。瀾或从连。”段注：“古闌连同音，故澜涟同字。后人乃别为异字异义异音。”由此知“力缠反”读为 lán。

《周易·蹇》:“往蹇来连。”《释文》:“(连）力善反。马云难也。”按《广韵》“力善反”读为 lǎn。

《礼记·明堂位》:“夏后氏之四连。”《释文》:“本又作琏，同力展反。”按《广韵》“力展反”读为 lǎn。

---

① 临衝(chōng)闲闲：临衝：临车，衝车，古代的两种战车。衝，今简化为冲。闲闲，《毛传》:“动摇也。”

② 崇墉言言：崇墉，崇国的城墙。言言，《毛传》:“高大也。”

③ 执讯连连：执讯(xìn)，抓捕俘虏进行审讯。连连，《毛传》:“徐也。”

④ 攸馘(guó)安安：馘，古代战争中割敌人的左耳用于计功。攸馘，《毛传》:“攸，所也。馘，获也。不服者，杀而献其左耳曰馘。”安安，悠闲从容的样子。

⑤ 旸(yáng)谷：古代传说的日出之处。

⑥ 下舂(chōng)：日落之时。

⑦ 猗(yī)：语气助词。

《大词典·嗹哰》[①]："言语不可解。《方言》第十：'嗹哰，謰謱，[②] 拏 [③] 也。东齐、周、晋之鄙曰嗹哰。'《客·释言（上）·语无伦次曰謱哰》：'《广雅》即以謰謱释嗹哰也。'可知謰謱、嗹哰同义。古连、阑同音，则謰、嗹亦同音，后人分别字形与"涟、瀾"的分别是一样的。

这样，我们读连为 lān 就不是肆意妄为了。再去歌"临衝闲闲（hān）。崇墉言言（yān），执讯连连（lān），攸馘安安(ān)"，庶几近于上古之音。

同样地，读《庄子·齐物论》："大知 [④] 闲闲(hān)，小知间间(gān)[⑤]；大言炎炎(yān或者 tán）[⑥]，小言詹詹（dān）[⑦]。"也是朗朗上口，顺畅平稳。

由此可见，徽人说闲如"寒"的岁月悠长。

(三)说回如"围"

王力《汉语音韵》第八章《古音·上古的声母系统》："喻三归匣这是曾运乾的研究结果。他把喻母三等称为于母。他的例子是：古读营如环，……古读围如回，古读员如魂等等。"

徽语则读回如"围"，严格地说，是发声如围（淳安、建德）。如说"回头"、"回礼"、"回代"（回复交代的缩语）、"茴香"、"洄游"等如"围头、围礼、围代、围香、围游"。

明朗瑛《七修类稿》卷二十七《正音注差》："'少小离家老大回，乡音不改鬓老衰。[⑧] 儿童相见不相识，笑问君以何处来。'此贺知章诗也，注曰：'衰字出四支韵。'殊不知此诗乃用古韵。……回字与危、为同协，皆四支韵之诗也。"[⑨]

《尔雅·释训》："儚儚 [⑩]、洄洄、溃溃，惛 [⑪] 也。"胡奇光注："(洄洄）或作襛襛，[⑫]

---

① 嗹(lán)哰(láo)：语不可解。徽语称自言自语式地唠叨。

② 謰謱(lián lǒu)：徽语称东拉西扯地啰唆。又称謰謰謱謱。

③ 拏(ná)：这里指言语拉拉扯扯，繁乱不清。

④ 知(zhì)：通"智"。大知闲闲：闲闲，《释文》注："李云无所容貌。简文云广博之貌。"句意为"拥有大智慧的人，显露出见识广博的样子"。

⑤ 小知间间：间间，《释文》注："有所间别也。"句意为：只有小智慧的人，对事物作精细的分别。

⑥ 大言炎炎：《释文》注："(炎)于廉、于凡二反，又音谈。李作淡，徒滥反。李颐云同是非也。简文云美盛貌。"句意为"高谈阔论的人气势旺盛"。

⑦ 小言詹詹：詹詹(zhān)，话多，没完没了的样子。句意为"小心申辩的人语言细碎，声音细小，说得没完没了"。

⑧ 衰(cuī)：稀疏。

⑨ 四支韵之诗：诗用的是四支韵，支韵在平水韵中列上平声第四。

⑩ 儚(méng)儚：昏昧糊涂，徽语讥人悟解不敏为"老梦"。

⑪ 惛(hūn)：神志不清，糊涂。

⑫ 襛(wéi)襛：《说文》："重衣貌。从衣围声。"

均为‘佪佪’之假借。心中不明白。《玉篇》：‘佪佪，惛也。’《潜夫论·救边》：‘佪佪溃溃，当何终极。’”《释文》注：“(洄洄）沈音回，郭音韦。音义云：本或作帼，音韦。”(附注：今《尔雅》“溃溃”一词系胡奇光补入。现录原［按语］:《说文》“帼”篆引《尔雅》“襕襕襀襀”，[①] 今本《尔雅》无此文。段注谓《潜夫论·救边》云“佪佪溃溃”,盖用《尔雅》文。据《潜夫论》则《尔雅》故有“溃溃”字。郝疏亦云：“《尔雅》当有‘溃溃’二字，今脱去之。”现据段、郝之说补入“溃溃”二字）

王符《潜夫论》卷五《救边》:“佪佪溃溃,当何终极！”汪继培《笺》:“《尔雅·释训》云:‘儚儚、洄洄，惛也。’《释文》:‘洄洄本作襕襕。’按《玉篇》作‘佪佪’，与此合。《说文》衣部又引‘襕襕襀襀’。《说文》无‘襀’字，当依此作‘溃’。”

佪、洄都是形声字，佪、洄读如“韦”，可推知古“回”亦读如“韦”(围)。

《诗·大雅·大明》:“厥德不回，以受方国。”《毛传》:“回，违也。”《大雅·常武》:“徐方不回，王曰还归。”黄淬伯诂:“《笺》:回，犹违也。”《马释》:“《说文》:‘褢,[②] 衺 [③] 也。’又曰:‘湋,[④] 回也。’经传中多借违作回,盖以叠韵相假借。《大明》‘厥德不回’,《传》:‘回，违也。’…… ”

郑权中《通萃·3030违回》:“《论衡·恢国》引《书·尧典》:‘静言庸违’[⑤] 作‘庸回’。《说文》:‘回,转也。’段注:‘毛诗《传》曰:回,邪也。言回为褱之假借也。又曰:回,违也。亦谓假借也。褱,衺也,见交部。’按此盖今文《尚书》与古文《尚书》之异,‘违’训‘邪僻’，是‘违’、‘回’均为“褱”之借字。又，喻母三等字（於）古声同匣母。微、灰古韵同部（脂部)，‘违’‘回’两字古音声韵均同，故相通借。”

《诗·小雅·小旻》:“谋犹回遹，[⑥] 何日斯沮？”[⑦] 黄淬伯诂:“《陈疏》:回，邪。遹，辟。……《马释》:‘《说文》:褱，衺也；衺，褱也。回即褱之假借。’”

《诗·大雅·旱麓》:“岂弟君子，求福不回。”黄淬伯诂“回”:“《笺》:‘不回者，不违先祖之道。’《马释》:‘《说文》:“褢，衺也。’《小旻》:‘谋猷回遹。’《传》:‘回，

---

① 襀(Kuì)襀:《说文·襕》段注:“据《潜夫论》则《尔雅》故有‘溃溃’字。许所见溃作襀。”《王篇·襀》:“纽也。”

② 褢:《说文》作“褱”,篆作“褢”。段注:“衣部衺下曰褱也。二篆为转注。经典段(古假字)回字为之。”《大字典》作“褢”。同“襕”。

③ 衺(xié):同“邪”,邪恶,不正。《说文》:“衺,褢也。褱(褢)今字作回,衺今字作邪。”

④ 湋(wéi):水流回旋。

⑤ 静言庸违:静,通“靖”,善。靖言,漂亮话。庸,用。违,邪僻。意即说得漂亮,做得邪恶。

⑥ 谋犹回遹:犹,借为猷,谋划,回遹(yù),邪僻。句意为:(高高在上的人)谋略太邪僻鄙陋。

⑦ 斯沮:斯,才。沮(jǔ),《王力字典》释义为“败坏”。

邪也。'《尚书》'静言庸违'，《吴志·陆抗传》引作'静言庸回'，《晏子春秋》：'今婴且可以回而求福乎？'《吕氏春秋·知分篇》载晏子引《诗》'求福不回'，《高注》：'求福不以邪道'。正训回为褢衺之褢。"

从以上诸例，知古读回如"违"、如"围"，即古读回如wéi。这应是今徽语读法的根源。

(四)说匣如"哈(hā)"

徽语说匣状物，无论何种材质、有盖或无，小至装火柴，大至薄皮棺材，凡可装物的方形容器均称"哈"（歙县 [Xa³²]）。

读匣如"哈"，也是传承自上古。

《大词典·匣》："《尚书·禹贡》'包匦菁茅'，① 孔传：'匦，匣也。'孔颖达疏：'匣是匮之别名，匮之小者。'"《释文》："（匣）胡甲反，又音甲。"古读甲如ga入，胡甲反得音如ha入，今徽语转阴平成一方之音。

《列子·汤问·来丹谋报父仇》②："孔周曰：'吾有三剑，唯子所择。……此三宝者，传之十三世矣，而无施于世。匣而藏之，未尝启封。'"

匣钵残件。"匣"，徽城说hā

① 包匦(guǐ)菁(jīng)茅：匦，匣。菁茅，《释文》注："郑云：'茅有毛刺曰菁茅。'"包匦菁茅，用匣子盛装菁茅。
② 来丹谋报父仇：这个小标题系笔者所加。来丹，人名。

《后汉书·梁统列传·子竦》:“遣中谒者①与嫕及扈,②备礼西迎竦丧,诣京师改殡,赐东园③画棺、玉匣、衣衾,建茔于恭怀皇后④陵旁。”李贤注:“‘匣’字或作‘柙’也。”

典籍“匣”多作“柙”。

《史记·刺客列传·荆轲》:“荆轲奉⑤樊於期⑥头函,而秦武阳奉地图柙,以次进。”唐司马贞索隐:“(柙)户甲反。柙亦函也。”

《论语·季氏》:“虎兕⑦出于柙,龟玉毁于椟中,是谁之过与?”《释文》“于柙”作“于匣”,注:“户甲反,本今作柙。”

《庄子·刻意》:“夫有干越之剑⑧者,柙而藏之不敢轻用也,宝之至也。”《释文》注:“(柙)户甲反。”

《大词典·柙》:“《商君书·定分》:‘主法令之吏谨藏其右券⑨木柙,以室藏之,封以法令之长印。’高亨注:‘柙惜为匣。’”

匣、柙《广韵》同音胡甲切,《集韵》同音辖甲切,中古时仍同音ha入,故常相通借。

(五)说下如“哈(hà)”

徽语读下如“哈”(hà,徽城),各处韵调⑩不同,但都发声自h。

《周易·益·象》:“自上下下,其道大光。”《释文》:“(下下)上遐嫁反,下如字,注同。”这里“如字”读什么音呢?

《周礼·秋官·大行人》:“凡诸侯之卿,其礼各下其君二等,以下及其大夫、士皆如之。”《释文》:“(各下)户嫁反,注同。”

---

① 中谒者:谒者,官名。《古词》:“秦汉谒者掌管接待宾客及赞礼。”中谒者,由宫廷派遣的谒者。

② 嫕(yì)及扈(hù):嫕、扈都是人名。嫕是梁竦之女,扈是梁竦之侄。

③ 东园:据李贤注:“东园,署名,主知棺椁。”

④ 恭怀皇后:汉和帝生母,梁竦之女。

⑤ 奉:捧。

⑥ 樊於(wū)期(jī):或作“樊于其”。本是秦将,因得罪秦王,逃亡至燕。燕太子丹派荆轲刺杀秦王,游说他自杀。

⑦ 兕(sì):犀牛一类的野兽。或说母犀牛。

⑧ 干越之剑:干、越都是古国名。《大字典·干(gān)⒀》:“古干国,在今安徽省风阳县东南。《淮南子·道应》:‘荆有佽非,得宝剑于干队。’高诱注:‘干国在临淮,出宝剑。’”干越之剑,泛称宝剑。《越绝书·外传记宝剑》记有毫曹、湛卢、纯钧、胜邪、鱼肠、巨阙等宝剑名。

⑨ 右券(quàn):《商君书》张觉注:券,又称“契”,此指上、下文之符。古代符契的左右券分存有一定的习惯,一般都是将右券收藏于施事者(制作券契的一方,即发令、放债之人),左券收藏于受事者(受令、借债之人)。

⑩ 孟庆惠《徽州方言》拟音:华阳镇[xo^{213}]、徽城镇[xa^{35}]、许村[xo^{35}]、屯溪[xɔ^{24}]、黟县[xɔe^{53}]、婺源[xo^{31}]、浮梁[xo^{22}]、旌德[xɔ^{213}]、淳安[xo^{55}]、建德[xo^{213}]等。

《王力字典·下·〈按〉》:“下字用作名词、形容词时，读上声；用作动词时，读去声。今普通话无别，一律读去声。”

《诗·小雅·天保·序》:“君能下下以成其政。”《毛传》:“下下，谓《鹿鸣》至《伐木》，皆君能以下臣也。”陆德明注：“下下，俱户嫁反。”南宋孙奕《履斋》卷三《经说·天保》提出异议：“‘君能下下以成其政’，陆音‘下下，俱户嫁反’，非。上‘下’字，依旧音。下‘下’字，亥雅反。”这就与王力所说一致了。从中也可窥知南宋时“下”有如hà、hǎ两音。今徽语无论何种情形，都只读一音。

明陈弟《毛诗古音考》:“下音虎。陆德明云：‘当读如户。’[①]魏了翁[②]云：‘《六经》[③]凡下皆音虎。舍亦音暑。’不特六经，古音皆然。”

兹录陈弟引证若干：

本证：

《殷其雷》[④]：“殷其雷，在南山之下。何斯违斯，莫或遑处。”[⑤]（下、处协韵）

《凯风》[⑥]：“爰有寒泉，在浚[⑦]之下。有子七人，母氏劳苦。”（下、苦协韵）

《宛丘》[⑧]：“坎其击鼓，宛丘之下。”（鼓、下协韵）

《北山》[⑨]：“溥天之下，莫非王土。”（下、土协韵）

旁证：

《礼运》[⑩]：“粢醍在堂，澄酒在下，陈其牺牲，备其鼎俎。”[⑪]（下、俎协韵）

《九歌·湘君》:“朝骋骛兮江皋，夕弭节兮北渚，鸟次兮屋上，水周兮堂下。”[⑫]（渚、

---

① 语见《诗·风·召南·采蘋》“宗室牖下”《释文》:“（下）如字，协韵则音户，后皆放此。”（放，通“倣”）

② 魏了翁：宋邛州蒲江人，著有《九经要义》等。

③ 六经：指《诗经》《尚书》《礼记》《乐经》《周易》《春秋》。

④《殷其雷》:《诗径·风·召南》中的篇名。殷，雷声。

⑤ 何斯违斯，莫或遑处：《毛传》:“何，此君子也。斯，此。违，去。遑，暇也。”郑《笺》:“何乎此君子适居此，复去此，转行远从事于王所命之方，无敢或闲暇时。”

⑥《凯风》:《诗·邶风》中的篇名，凯风，南风。

⑦ 浚：《毛传》:“卫邑地。”

⑧《宛丘》:《诗·陈风》中的篇名。

⑨《北山》:《诗·小雅》中的篇名。

⑩《礼运》:《礼记》中的篇名。

⑪“粢醍在堂”一句：杨天宇注：“‘粢’是‘齐’字之误。醍，音tǐ，即缇齐，一种浅红色清酒。澄酒，即沈齐，是一种有糟滓沉在下面的红赤色而稍清澄的酒。”附注：“齐”读zī时，“齐”“粢”通。“缇齐”之“齐”音jì，今作“剂”。

⑫《九歌·湘君》一句：《九歌》，屈原所作的九篇祭神歌舞辞。湘君，湘水之神，男性。骋骛(wù)，车马急驰。江皋(gāo)，江边。皋，水岸边。弭(mǐ)节，停止。节，马鞭。次，止息。周，周流。

下协韵）

中古时“下”分化出两读。《玉篇·下》：“何雅切。《易》曰：‘化成天下。’下者，对上之称也。《说文》曰：‘底也。’《诗》云：‘下武维周。’[①]《笺》云：‘下犹后也。’……又何稼切。行下也。《易》曰‘以贵下贱’是也。”则南北朝时读 hǎ、hà 两音。《经典释文》注有“遐嫁反”“户嫁反”两音，只有 hà 一读。

《礼记·表记》：“彰人之善，美人之功，以求下贤。”《释文》：“（下）户嫁反。”

《左传·桓公八年》：“季梁请下之。”《释文》：“（下）遐嫁反，注同。”

《左传·僖公七年》：“请下齐以救国。”《释文》：“（下）户嫁反。”

《左传·宣公十二年》：“王曰：‘其君能下人，必能信用其民矣。庸可几乎？’”[②]《释文》：“（下）遐嫁反。”

《左传·襄公三十年》：“伯有侈而愎，[③]子皙[④]好在人上，莫能相下也。”《释文》：“（下）户嫁反。”

《释文·礼记·曲礼第一·汗》：“（汗）下半反。”汗、下发声相同。

《释文·仪礼·燕礼·下贤》：“（下）迴嫁反。”下、迴发声相同。

以“下”作反切上字，音值同“迴”，亦可说明古读“下”发声于 h。

(六)说辖如“哈(hā)”

《王力字典·辖》：“插入轴端孔穴、固定车轮和车轴的销钉。也作舝、鎋。”徽语读辖如“哈（hā）”，方言“辖”“瞎”同音。

《玉篇·辖》：“胡瞎切，车键也。”胡瞎切，读如哈。如同胡岡切，读行伍之“行”，发声为 h。行伍，今仍读 háng 伍。

《诗·小雅·节南山》：“尹氏大师，维周之氐。”郑《笺》：“氐，当作‘桎鎋’之桎。”陆德明音释：“‘鎋’字，又作‘鎋’，胡瞎反。”

《诗·小雅·车舝·序》：“《车舝》，大夫刺幽王也。”《释文》：“舝，胡瞎反，车轴头铁也。”

《释文·周礼·考工记·匠人》：“金辖”，“胡瞎反”。

---

① 下武维周：《诗·大雅·下武》开篇句。下，后。武，继承。

② 庸可几乎：庸，岂，怎么。几，通“羁”，捆绑束缚。

③ 伯有侈而愎(bì)：伯有，郑大夫良霄的字。侈，夸大讲排场。愎，专断，任性执拗。

④ 子皙：孔子弟子曾点的字。

《释文·仪礼·既夕礼》："为鎋"，（鎋）"户瞎反"。

《左传·哀公三年》："校人[①]乘马，巾车脂辖。"《释文》："（辖）户瞎反，本又作鎋，同。"

《左传·昭公二十五年》："昭子[②]赋《车辖》。"《释文》："（辖）本又作舝，胡瞎反。"

《左传·襄公三十一年》："诸侯宾至，甸[③]设庭燎[④]，仆人巡官，车马有所，宾从有代，巾车脂辖，隶人、牧、圉[⑤]各瞻其事，百官之属各展其物。"《释文》："巾车，掌车官也。（辖），户瞎反。"《康熙字典》："巾车，车官。涂脂其辖以利转也。"

按《广韵》，"胡瞎、户瞎"反都读为ha（[xat]）入，今徽语转为平声。

（七）说夏如"哈（hā）"

徽语读夏如"哈"（hā，徽城），各地发声相同。

古读夏同"虎"，与"下"同音。明陈弟《毛诗古音考·夏》："音虎。《史记索隐》音户。本证：《四月》[⑥]：'四月维夏，六月徂[⑦]暑。'旁证：《穆天子传》：'予还东土，和理诸夏，万民均平，吾顾见汝。'吴《鼓吹曲》：'摅[⑧]武师，斩黄祖，[⑨]攘夷[⑩]凶族，革平西夏，炎炎火烈震天下。'……韩愈《元和圣德诗》：'维是元年，有盗在夏，欲覆其州，以踵近武。'"

郑权中《通萃·例释2300》："《春秋》僖公二年：'虞师、晋师灭下阳。'《公羊传》《谷梁传》'下'均作'夏'。"此例在《通萃》中古同音通借之列，知陈弟所说无误。

《尚书·禹贡》："羽畎夏翟。"[⑪]《释文》："（夏）行雅反。"

《诗·秦风·权舆》："夏屋渠渠。"[⑫]《释文》："（夏）胡雅反，大也。"

---

① 校人：马官之长。

② 昭子：即叔孙婼（chuò），（?～前517年）春秋时鲁国人。

③ 甸：古代管理柴薪的官。

④ 庭燎：古代庭中照明用的火炬。

⑤ 隶人、牧、圉（yǔ）：春秋时对奴隶的三种称呼。

⑥《四月》：《诗·小雅》中篇名。

⑦ 徂（cú）：往。

⑧ 摅（shū）：腾跃。

⑨ 黄祖：原指三国魏的国运，借称凶暴的敌国。

⑩ 攘夷：攘，排除，驱逐。夷，荡平。

⑪ 羽畎夏翟：李民注："羽，羽山，在今江苏赣榆县西南。畎，山谷。夏翟，有五种颜色的羽毛，五色曰夏，山雉尾长者叫翟。"

⑫ 渠渠（qú qú）：高广宏深的样子。

《诗 · 陈风 · 株林》① ：“胡为乎株林？从夏南。” ② 《释文》：“（夏）户雅反。”

《礼记 · 王制》：“天子、诸侯宗庙之祭，春曰礿，③ 夏曰禘，④ 秋曰尝，冬曰烝。”又“春秋教以《礼》《乐》，冬夏教以《诗》《书》”。《释文》均注 ：“（夏）户嫁反。”

《尔雅 · 释天》：“夏为昊天。” ⑤ 《释文》：“（夏）胡驾反”

《尔雅 · 释畜》：“夏羊。”《释文》：“（夏）户雅反，黑羖 ⑥ 羊也。”

“行雅、胡雅、户雅”三切按《广韵》读为 hǎ，户嫁反、胡驾反读为 hà。今徽语转阴平（徽城）。

《客方言 · 释宫 · 正堂曰堂夏》：“《楚辞 · 哀郢》：“曾不知夏之为邱兮。”《注》：“夏，大殿也。是夏犹堂也，客语合言之曰堂夏。堂读正音，转阴平（如正音汤）。夏之合声为呵阿。” 知客方言今读夏如 h ā，与徽语何其相似乃尔！

(八)说鞋如“哈(hā)”

徽语读鞋如“哈”（hā，徽城），各地韵调有所差异。⑦

《说文 · 鞎》⑧ ：“鞎，履也。” 蔡梦麒《说音研（下）辩证第五》：“徐铉乎加切。……《广韵》胡加切……李贺《秦宫诗》：‘秃衿 ⑨ 小袖调鹦鹉，紫绣麻鞎踏哮虎。斫桂烧金待晓筵，白鹿青苏夜半煮。’王琦注 ：‘鞎，履也。’这里的‘鞎’字处于平声位置，似乎与‘鞎’字徒玩切 ⑩ 不同，当音乎加切。”

《广韵》“鞎”、“加”同在麻韵，徽语（徽城）今读“麻”为 mā，对应的“鞋（鞎）”就读成 hā 了。

又《辩证第十三 · 扉》：“(《说文》：“扉，履也。一曰青丝头履也。”）其中郭璞

① 株林：潘啸龙注：“株，陈国邑名，在今河南西华县夏亭镇西北。林，郊野。”附注：《尔雅 · 释地》：“邑外谓之牧，牧外谓之野，野外谓之林，林外谓之坰(jiōng)。”

② 夏南：《毛传》：“夏南，夏徵舒也。”又“徵舒字子南”。

③ 礿(yuè)：祭名。《说文》说是夏祭。字亦作“禴”。

④ 禘(dì)：祭名。

⑤ 昊(hào)天：广大的天。

⑥ 羖(gǔ)：原指黑色公羊。方言统称公羊。

⑦ 孟庆惠《徽言》拟音：华阳镇[$xɔ^{44}$]，徽城镇[xa^{44}]、屯溪[xa^{42}]黟县[$xα^{44}$]、婺源[$Xɔ^{11}$]，祁门[xa^{55}]、浮梁[xa^{35}]、旌德[xa^{42}]、淳安[$xα^{45}$]、建德[$xα^{34}$]等。

⑧ 鞎(x i a)：《王力字典 · 鞎》：“鞋。按，《说文》大徐本有‘鞎’、‘鞎’二篆，云：‘鞎，履也。’‘鞎，履后帖也。’段玉裁疑‘鞎’篆为后人妄增，乃删之。”

⑨ 衿(jīn)：衣领。

⑩ 引文原文前有“又同部：‘鞎，履后帖也。从韦段声。缎，鞎或从系。’徐铉徒玩切”语。

下瓦反、《广韵》胡瓦切（家）、《玉篇》乎瓦切、《玉篇残卷》胡瓦反、曹宪乎马反（家）、《集韵》户瓦切是一个读音，今读 huà。”其发声亦与今徽语相同。

今人说鞋，古人说屦（jù）、说履。《王力字典·屦·[辩]》：“屦，履，鞋（鞵）。屦、履、鞋是同一物，时代不同，名称并异。”以上所述，这中间还有“鞮”“家”等插曲。

编草鞋，俗称“打草哈”（[xa^{44}]徽城），新安话说“鞋”从喉音，谚语“舍不得孩子套不着狼”，孩是鞋之讹（孔建祥 摄）

随着时代的变迁，人们已将“鞋子”误解为“孩子”。如俗语“舍不得孩子套不了狼”，其实是舍不得鞋子。鞋的古音在徽语中也能寻觅它的残迹。

（九）说项如“红”

徽语读项如“红”（威坪），虽然各地韵调差异很大，但发声都近于 h。①

《诗·小雅·节南山》：“驾彼四牡，②四牡项领。”黄淬伯诂：“《传》：‘项，大也。’《马释》：‘《说文》：雁，鸟肥大雁雁然也。《传》盖以项为雁之假借，故训为大。’”

“雁”借为“项”，必是音同或音近。《说文·雁》：“从隹，工声。”徐铉户工切。段玉裁《说文解字注》：“诗《传》云：‘大曰鸿，小曰雁。’当作此雁字，谓雁之肥大者也。”又《说文·鳿》：“雁或从鸟。”段注：“玄应③曰：‘鳿，古文雁。’声类以为鸿鹄之或字。”唐作藩《上古音》“项”“鸿”都在东部，王力《同源字典》拟“项”音 [heong]，“鸿”音 [hong]，可认为上古读“项”如“鸿”。

《玉篇·项》：“胡讲切。颈后也。”

《左传·僖公十七年经：“夏，灭项。”《释文》：“（项）胡讲反。国名，鲁灭之也。”

《左传·成公十六年》：“王召养由基，④与之两矢，使射吕锜。中项，伏韬。”⑤《释文》：“（项）户讲反。”

《公羊传》《谷梁传》“僖公十七年”：“夏，灭项。”《释文》注“项”均音户讲反。

---

① 孟庆惠《徽言》拟音：华阳镇[xō^{22}]、徽城镇[xa^{22}]、许村[xo^{35}]、黄山[xɔ^{213}]、屯溪[xau^{24}]、黟县[xɔŋ^{53}]、浮梁[xaŋ^{22}]、淳安[xã^{55}]等。威坪读如[xɔŋ^{34}]。

② 四牡：郑《笺》：“四牡者，人君所乘驾。今但养大其领，不肯为用，喻大臣自恣，王不能使也。”

③ 玄应：唐时僧人，《一切经音义》作者。

④ 养由基：春秋时楚国人。善射，百步外射柳叶，百发百中。

⑤ 韬（tāo）：弓套。

胡讲反、户讲反同音。按《广韵》读如hǒng。

南宋孙奕《履斋》卷二十《字说·字同而音异》:"'子路行行如也'音项,《诗》'寘[①]彼周行'音航,《诗》'有觉德行'音幸。"行行,今读hàng hàng,《集韵》下浪切,仍是中古音。

郑权中《通萃·候屋东对转例释·项》:"《淮南子·说林》:'项讬[②]使婴儿矜[③]。'注:'项讬年七岁,穷难[④]孔子,而为之作师。'《史记·甘茂传》作'项橐',汉《童子逢碑》作'后橐'。涂[⑤]按:'项''后'二字(上古'项'在东韵,'后'在侯韵),为东侯阳阴对转,亦为同纽[⑥]双声。"如以上古读项如"鸿"审视之,则"项""后"发声都为h。反过来,"后"借为"项",是因为它们声部相同。按郑权中先生的分类,也可归为双声通借字。

如此看来,威坪方言读项如"红"是原汁原味的上古音。

(十)说巷如"哈(hā)"

徽语读巷如"哈"(徽城),方言"巷""夏"同音。各地韵、调差异较大,声纽却都相同。淳安、建德等地称"弄"。

古读巷如hàng,今普通话表坑道之义的"巷道"之"巷"仍承此音。

《说文·巷》:"里中道也。"徐铉胡绛切。段玉裁注:"里中之道曰巷。古文作'䢽',《尔雅》作'衖',引申之凡夹而长者皆曰巷。宫中衖谓之壸[⑦]是也。十七史[⑧]言'弄'者,皆即'巷'字,语言之异也。今江苏俗尚云'弄'。"

《尔雅·释宫》:"衖门谓之闳。"[⑨]《释文》:"(衖)户绛反。《广雅》云:'道也。'声类犹以为巷字。"

《周易·睽》:"遇主于巷。"《释文》:"(巷)户绛反。《说文》云:'里中道也。'《广

---

① 寘(zhì):放置。

② 讬(tuō):现简化为"托"。

③ 矜(jīn):尊重,崇尚。句意为"儿童以项讬为骄傲"。

④ 穷难:难,辩驳论理。穷难,诘问得理屈词穷。

⑤ 涂:指《通萃》整理者涂宗涛。

⑥ 同纽:"项"读xiàng仍是匣纽,与"后"同纽。

⑦ 壸(kǔn):宫中小巷。

⑧ 十七史:宋以后称《史记》《汉书》《后汉书》《三国志》《晋书》《宋书》《南齐书》《梁书》《陈书》《后魏书》《北齐书》《周书》《隋书》《南史》《北史》《新唐书》《新五代史》为十七史(见《汉语大词典》)。

⑨ 闳(hóng):门。

吆喝声在幽深的巷子里回荡，是那熟悉又撩人的乡音。巷，徽城说为hā，淳建说为“弄”（施兴华 摄）

雅》云：‘居也。’字书作衖。”

《诗·郑风·叔于田》：“叔于田，巷无居人。”《释文》：“（巷）学绛反。里涂也。”黄谇伯诂引《陈疏》：“二十五家为里。涂，道也。”

《诗·大雅·生民》：“诞寘之陋巷，牛羊腓字[①]之。”《释文》：“（巷）户降反。”

《礼记·缁衣》：“子曰：‘好贤如《缁衣》，[②]恶恶如《巷伯》，[③]则爵不渎而民作愿，[④]刑不试[⑤]而民咸服。’”《释文》：“（巷）户降反。”

《论语·雍也》：“子曰：‘贤哉，回也！一箪食，一瓢饮，在陋巷。人不堪其忧，回也不改其乐。贤哉回也！’”《释文》：“（巷）户降反，注同。”

古读学如“豁（huo）人”，读绛、降如杠（gàng）（《集韵》“绛”“降”同在绛韵，

① 腓(féi)字：朱渊清注：“腓，庇护。字，哺育。”附注：《毛传》：“腓，辟。字，爱也。”黄淬伯诂引《马释》：“腓读同厞隐之厞，谓隐蔽之也。蔽亦芘(bì)荫之意。《说文》：‘字，乳也。’字、乳、育三字同义，《广雅》并训为生是也。”《王力字典·厞féi》：“屋角隐蔽之处。”《诗·小雅·采微》：“君子所依，小人所腓。”郑《笺》：“‘腓’当作‘芘’。此言戎车者，将率之所依乘，戍役之所芘倚。”《释文》：“符非反。郑作‘芘’，必寐反，倚也。”上古无轻唇音，中古读féi，上古读pī（唐作藩《上古音》）。《客方言·释宫，数门多少曰一皮两皮》：“皮者，扉之古音。《说文》：扉，户扇也。孙音甫微切，古甫入重唇（今俗读犹然），则甫微之合声即皮。”亦可佐证。今徽语读皮如bī，与《毛传》“腓，辟”之辟发声相同，并非巧合。从上可知，‘辟’乃“芘”之借。芘bì，通“庇”。孙，指孙愐，《唐韵》著者。

②《缁衣》：《诗经·郑风》中的篇名。

③《巷伯》：《诗徑·小雅》中的篇名。

④ 作愿：作，酝酿，兴起。愿，《王力字典》：“诚谨，善良。”作愿，兴起诚实和善的风气。

⑤ 试：用。

同列古巷切），因此胡绛切、户绛切、学绛切、户降切同音，都读 hàng。

《康熙字典·巷》:“《唐韵》胡绛切,《集韵》《正韵》户降切,并‘学’去声。……又叶[①]胡贡切,红去声。”则读为 huò 或 hòng。今歙北富堨以里读为 huō 仅是去声转为阴平。

(十一)说杏如hǎng

徽语说杏音如 hǎng([xaŋ²¹³],杭上声,威坪),与《唐·上古音》“匣纽、阳部、上声”一致。

《说文·杏》:“从木，向省声。”段注 :“向各本作可，误。今正。莕以杏为声，亦作荇，从行声。则知杏、莕字古皆在十部[②]也。今何梗切。”

李恩江注《说文》以为段说是。依段注则许慎时读杏如“向”，或与“向”同韵。“向”也是阳部字，今“晌午“之晌读 shǎng 可见一斑。

古读向如“尚”。《说文》:“(尚）从八，向声。”《通萃·例释 8097》:“《汉书·古今人表》‘尚毋’，即晋叔‘向毋’。(整理者涂补 :向子平，东汉朝歌人，亦简称向平，成语‘向平愿了’[③]即指此人而言。而《文选·(谢灵运)初去郡诗》注引嵇康《高士传》作尚长，字子平，故‘向平愿了’亦作‘尚平愿了’)。”《同源字典·阳部》:“(饷)字亦作‘鮹’。《后汉书·章帝纪》:‘为雇耕佣，赁种鮹。’注 :‘鮹，粮也，古饷字。’”

这就告诉我们“鮹”是“饷”的古体。《说文》:“(饷）从食，向声。”从而“向、尚”音同。

段注杏、莕(同“荇”)、荇(今作“荇”)同音,从行声。上古“行”亦在阳部。《释文》注“行”有“胡浪。下孟、户刚、户庚、户郎“等诸多反切,或直音“衡”。《论语·先进》:“子路，行行如也。”注 :“胡浪反，刚貌。或户郎反。”这里“行”读 hàng（今仍读此音），与“向”“尚”韵同。

《说文》:“(行）人之步趋[④]也。”《诗·邶风·北风》:“北风其凉，雨雪其雱。[⑤]惠而好我,携手同行。”这里“凉、雱、行”协韵。《释文》:“(行）音衡,道也。”“行、衡”

① 叶(xiē):同“协”。
② 十部:段玉裁分古韵为十七部,阳部居第十。
③ 向平愿了:子女婚嫁事为“向平之愿”,子女婚嫁事毕为“向平愿了”。
④ 步趋:步,指慢走。趋,指快走。
⑤ 雱(pāng):雨雪疾速密集的样子。

上古同属匣纽、阳部、平声，是同音字。今威坪说行走之“行”为háng，歙南说如hān应是从此而来。《诗·郑风·大叔于田》：“两骖[①]雁行。”《释文》：“（行）户郎反。注同。”这个音就读为háng。如此等等，说明段注“从行声”，中上古的声母如h。

千年银杏。银杏，俗称白果、鸭脚（歙、休、淳语），“杏”威坪音hǎng，休宁五城音hàng

从《释文》注“杏”“莕”“荇”均可得出hǎng音：

《诗·周南·关雎》：“参差荇菜，左右流[②]之。”注：“（荇）衡猛反，本亦作‘莕’。”“衡”，匣纽。“猛”，阳部上声（据《唐·上古音》，下同）。

《左传·庄公十三年》：“会于北杏。”注：“（杏）户猛反。”

《尔雅·释草》：“莕，接余。”胡奇光注：“莕，同荇。荇菜。”《释文》：“（莕）音杏。本亦作荇。《诗》云‘参差荇菜’，《说文》作‘莕’。”

以“杏”作反切下字仍得阳部字：

《左传·昭公十年》：“秋七月，平子伐莒，[③]取郠。”[④]注：“（郠）古杏反。”郠，《广韵》归上声梗韵，《王力字典》归阳部上声。据《同源字典》音［keang］，今威坪话“打更”之“更”与此音平声同。

《周礼·考工记·轮人》：“视其绠，欲其蚤[⑤]之正也。”注：“（绠）依注音饼。

① 骖（cān）：驾车时辕马两旁的马。
② 流：求。
③ 莒（jǔ）：古国名。在今山东境内。
④ 郠（gěng）：古邑名。春秋莒邑，后属鲁。故地在今山东沂水县境。
⑤ 蚤（zhǎo）：车辐入辋的榫头。

李方善反，又姑杏反。”绠，阳部上声。绠亦在《广韵·梗韵》，读同“梗”（[$kaŋ^{24}$]）。

(十二)说狭如哈(hā)

徽语读狭各处韵调大相径庭，但声母都从 h，以徽城音如 hā 与古音最近。①

《尚书·咸有一德》:“无自广以狭人”,② 匹夫匹妇不获自尽,③ 民主罔与成厥功。”④《释文》:“(狭) 户夹反。”

《尔雅·释山》:“峦山，堕。”《释文》:“(堕) 汤果反。狭而长也。”续注：“狭，乎夹反。”

《尔雅·释水·马颊》:“李、孙、郭⑤ 并云河势上广下狭状如马颊⑥ 也。”续注：“狭，胡夹反。”

古读夹同“甲”。《尔雅·释言》:“褊，⑦ 急也。”《释文》注：“(褊)《广雅》云：‘徧，⑧ 狭陋也。’”续注：“狭，户甲反。”如此，户夹、乎夹、胡夹、户甲相切得音 ha 入声（《广韵》“夹”在洽韵，“甲”在狎韵，两韵同用，同在入声）。入声字今大多转平声，徽语今读 hā 符合这一规律。

王力《汉语音韵·韵书》:“现存的完整的韵书，最古的一部是《广韵》。《广韵》的语音系统基本上是根据《唐韵》的,《唐韵》的语音系统则又基本上是根据《切韵》的。”陆德明《释文》采录的音切，绝大部分来自《切韵》成书前的注家，虽然“狎”、“洽”分韵，但还是有混用的例子。

《诗·卫风·考槃》⑨ :“考槃在涧，⑩ 硕人之宽。”⑪《毛传》:“山夹水曰涧。”陆德明注：

---

① 王力《同源字典》:“狭陜(陿峡)。”定音[heap]。孟庆惠《徽州方言》拟音华阳镇[$xɔʔ^{21}$]、徽城镇[xa^{22}]、屯溪[$xɔ^{33}$]、婺源[$xɔ^{51}$]、浮梁[xo^{22}]、旌德[xa^{55}]、淳安[$xαʔ^{13}$]等。

② 无自广以狭人：自广，自高自大。狭人，小视民众。

③ 匹夫匹妇不获自尽：自尽，尽自己智慧、力量(的机会)。句意为：普通民众没有为国效力的机会，不尽心尽力。

④ 民主罔与成厥功：民主，民众的领袖，指君主。罔，无，不能。厥，其。李民注引《孔疏》:“则人主无与成其功也。”又引蔡沈《书集传》:“苟自大而狭人，匹夫匹妇有一不得自尽于上，则一善不备，而民主亦无与成厥功矣。”

⑤ 李、孙、郭：按《释文·序录》所载，李指李巡，孙指孙炎，郭指郭璞。

⑥ 马颊：马的脸颊。前一“马颊”是河名。

⑦ 褊(biǎn)：衣服狭小。

⑧ 徧(biàn)：同“遍”。

⑨ 槃(pán)：今简化作“盘”。

⑩ 考槃在涧：考槃，陈铭释题引朱熹《诗集传》:“考，扣也；槃，器名。盖扣之以节歌，如鼓盆拊缶之为乐也。”又引黄㸌《诗解》说：“考槃者，犹考击其乐以自乐也。”古读敲如“考”，与此说相符。“考槃”作为一个词，《大词典》释义为“成德乐道”。后世比喻隐居。

⑪ 硕人之宽：郑《笺》:“硕，大也。有穷处成乐在于此涧者，形貌大人而宽然有虚乏之色。”可理解为虽有饥乏之色也不妨碍(隐居者)高大的形象和宽广的胸怀。

“夹，古洽反。”王力《汉语音韵 · 韵书》中，论述第七世纪（隋代及唐初）的汉语标准音位，洽、甲的韵部读 [aP]。所以，陆德明的“户夹反”与“户甲反”按《广韵》读就没有区别了。

《释文》更大量的是以“音洽”直注“狭”，例如：

《诗 · 卫风 · 河广》：“谁谓河[①]广？一苇杭[②]之。”郑《笺》：“谁谓河水广与？一苇加之，则可以渡之。喻狭也。”陆注：“狭，音洽。”

《诗 · 魏风 · 葛屦序》：“魏地陿隘。”陆注：“陿，音洽。本或作‘狭’，依字应作‘陜’。”[③]

《诗 · 小雅 · 巷伯》：“哆兮侈[④]兮，成是南箕。”[⑤]郑《笺》：“箕星哆然，踵狭而舌广。”陆注：“狭，音洽。”

《礼记 · 乐记》：“广则容奸，狭则思欲。”[⑥]《释文》：“（狭）音洽。注同。”

《广韵》“洽、狭”同音“侯夹切”。今徽语说“狭、洽”同音如“哈（hā）”，仅声调有所转变。

（十三）说陷如“咳（hāi）”

徽语说“陷阱“如“hāi 井”（[xɛi³³] 徽城），歙西歙北则如“哈（hā）”，说“陷进去”如“哈进启”。声部同上古，韵部各处不同。

《王力字典》：“（陷 · 备考）通‘含（hán）’。《孙膑兵法 · 势备》：‘夫陷齿戴角，前蚤[⑦]后锯。’[⑧]《淮南子 · 兵略》作‘含牙带[⑨]角，前爪后距’。”陷，通“含”，说明上古陷、含音同或音近，则陷音如 hán。

《说文》：“（陷）高下也。一曰陊[⑩]也。从阜、从臽，[⑪]臽亦声。”

---

① 河：指黄河。
② 杭：《毛传》：“杭，渡也。”
③ 陿、陜：《王力字典 · 陜》：“陜、峡、狭、夹、陿，五字同音，均为狭隘义。”
④ 哆（chǐ）、侈：哆，张口的样子。侈，张大。
⑤ 南箕：《毛传》：“南箕，箕星也。”孔颖达疏：“箕四星，二为踵，二为舌。”踵，后跟。舌，开口。
⑥ 广则容奸，狭则思欲：杨天宇注：“广，谓声缓。狭，谓声急。”
⑦ 蚤（zhǎo）：通“爪”。指甲或趾甲。
⑧ 锯：“距”的借字，禽类足上方像脚趾的坚硬突出物。
⑨ 带：借为“戴”。
⑩ 陊（duò）：坠落。
⑪ 臽（xiàn）：小坑。

《同源字典》:"《说文》(依小徐本):'臽,小阱也,从人在臼上。舂地坎,[①]可臽人。'徐锴曰:'若今人作坑以臽虎也,《广雅·释水》:'臽,坑也。'按:臽、陷实同一词,'陷'是'臽'的絫[②]增字。许慎以'陷'为动词,以'臽'为名词,是强生分别。"

臽、陷《广韵》同音"户韽[③]切",徐铉都为户猎[④]切。《广韵·陷韵》"韽、猎"又同音"於陷切",以今音读就是音àn,"户韽切"则得音hàn。

另一方面,《广韵·覃韵》"韽"又有"乌含切"一音,"陷韵"音下又有"乙咸切"音,参照徐弦注《说文》"猎"为乙咸切,则"户猎切""户韽切"可得音hán,与《王力字典》指出的"陷通含"契合。由此可知,中古读陷如hán,上古读如hàn。

《说文》"(瞮)[⑤]目陷也。从目,咸声。"段注:"《广雅》:'瞮,陷也。'引申为凡陷之称。"古读咸如函,"从目咸声"即音如函,也即音如含。今人说人大病一场两目深陷,徽语则说"hāi进去两个窞",本应是"瞮"字,今写为"陷",也可证古"瞮、陷"音同hán。

(十四)说汇、会如"谓"

繁体"匯""彙"今并简化为"汇",匯属匣,彙属喻三,因曾运乾已有喻三归匣的结论,且彙也有聚合之义,故同汇一体讨论。

徽语读汇、会如"谓"(威坪),亦有根可寻。

《说文·汇》段注:"《禹贡》[⑥]曰:'东汇泽为彭蠡。'[⑦]又曰:'北会于汇。'旧说'汇者,回也'。此汇之别一义。……今按:'汇'之言'围'也。大泽外必有陂[⑧]围之,如器之围物。古人说淮水曰:'淮,围也。'汇从淮,则亦围也。《尚书》'东汇泽为彭蠡',谓东有围受众水之彭蠡,非谓汉水回而泽也。"

段玉裁这段话,从声训的角度阐释了"汇"的含义。换句话说,就是古读汇如"围"

---

① 舂(chōng)地坎:古人在地上挖坎,拍打结实,用于舂物加工粮食。
② 絫(lěi):同"累"。
③ 韽(ān):声音微弱。
④ 猎(yān):狗叫声。
⑤ 瞮(qià):瞎眼。
⑥《禹贡》:《尚书》中的篇名。
⑦ 彭蠡(lǐ):李民注:"注家多以为是今长江南岸的鄱阳湖。误也。……《史记·武帝本纪》与《封禅书》载汉武帝'自寻阳出枞阳过彭蠡'。枞阳,今安徽枞阳县,在江北。可见彭蠡当在今湖北东部、安徽西部一带的长江北岸,《汉书·地理志》所说的彭泽与彭蠡非一地之名。"
⑧ 陂(bēi):《王力字典·陂bēi㈡》:"堤岸。……又为水之涯……《尚书传》云:'泽障曰陂,停水曰池。'"

或如“回”。已证古读回如“围”，所以“汇，回也”与“汇之言围也”在语音上是一样的。

《尔雅·释木》:“栎，① 其实梂。”②《释文》:“(梂)《字林》音求。舍人云:‘栎实名梂也。’孙③云:‘栎实,橡也,有梂彚自裹。’”续注:“彚,音谓。”又“朴,枹④者谓”。《释文》:“(谓)舍人本作彚，同。”胡奇光注:“谓，王引之《述闻》引钱大昕曰:“谓当从舍人本作汇。’”

《尔雅·释兽》:“彚，毛刺。”《释文》:“(彚)本或作猬，又作蝟，亦作蝟，同音谓。”胡奇光注:“彚，即刺猬。”

《周易·泰》:“拔茅茹以其彚，⑤征吉。”《释文》:“(彚)音胃。类也。”

《诗·召南·摽有梅》:“求我庶士，迨其谓之。”⑥黄淬伯诂:“《传》:‘不待备礼也。三十之男，二十之女，礼未备则不待礼，会而行之者，所以蕃育民人也。’”又“谓、会通假。《传》本《周札·媒氏》‘仲春令会男女’，以‘谓’为会之假。彚与谓同从胃声，故谓可训彚。彚、会义近，故亦相假。”

《说文·彚》段注:“《释兽》曰:‘彚，毛刺。’其字俗作蝟、作猬。《周易》‘拔茅茹以其彚’，郑云‘勤也’，以为谓之假借也。王弼云‘类也’，以为会之假借也。”

按假借必音同或音近的原理，知威坪今读“汇”“会”如“谓”乃是上古遗音。

(十五)说厚如“秀”

“厚”字之音,《玉篇》胡苛切,《唐韵》《正韵》《广韵》胡口切,《集韵》《韵会》很口切,《释文》多注“户豆反”。今普通话读hòu，回到《释文》之音。

---

① 栎(lì):徽语称麻栎。

② 梂(qíu);《大字典·梂①》:“栎树的果实。……郝懿行义疏:‘栎实外有裹橐,形如彚(猬)毛,状类毬子。’”附注:橐(tuó),原意是口袋,这里指橡实蒂部的碗状物。毬(qíu):今作“球”。

③ 孙:指孙炎。三国魏人,撰有《尔雅音义》等著作。

④ 枹(bāo):树名。威坪称继木为“枹杞”,音如“包司”。

⑤ 拔茅茹以其彚:茹(rú),根相牵连。彚,类。拔茅时带出了根相连的株体。

⑥ 求我庶士,迨其谓之;庶,众多。迨(dài),及,趁。句意从表面看,相当直白:众多的小伙子,有心求我,就赶快开口吧！由于“谓、会”通假,就成了一语双关,有更深层的含意。《毛传》(见黄诂引文,略)“不待备礼”,郑《笺》:“谓,勤也。女年二十而无嫁端,则有勤望之忧。不待礼会而行之者,谓明年仲春,不待以礼会之也。时礼虽不备,相奔不禁。”孔颖达疏:“《笺》‘不待’至‘不禁’:《传》意三十之男,二十之女,其年仲春即不待礼会而行之。故郑易之,言不待礼会而行之,谓明年仲春,如不待礼会之也。又称不待礼者,礼虽不备,相奔不禁。即《周礼》仲春之月,令会男女于是时也。相奔者不禁是也。”如此,句意就可理解为:有心求我的小伙子,赶快开口吧！到了明年仲春,就不定是谁了！

但徽语却有读如“秀”（歙北上丰、屯溪、休宁、婺源），① 有何根源？

先看《释文》若干注音：

《礼记·杂记》：“《赞大行》② 曰：‘圭，公九寸，侯、伯七寸，子、男五寸。博 ③ 三寸，厚半寸，剡上 ④ 左右各半寸，玉也。”《释文》：“（厚）户豆反。”

《左传·襄公十四年》：“公使厚成叔吊于卫。”《释文》：“本或作郈，音同。”

《释文·左传哀公元年》：“（厚）户豆反。”

郑权中《通萃·例释 2303 厚、後》引：“《庄子·列御寇》：‘劳动多怨。’注：“怯而静乃厚其身耳。’《释文》：‘元嘉本厚作後。’”“後”今简为“后”，后、郈今均读 hòu。

《释文·〈尔雅·释木〉》“皮厚”注：“（厚）尸豆反，又如字。”这里“如字”当指“户豆反”，那么“尸豆反”是什么音呢？

“尸”属审三，中古审三纽相当于今汉语拼音的声母 x，与徽语今读法相同。

“豆”，今徽语有各种读法。歙县大部分读如 diū，徽城、屯溪等地读如 tiū。威坪读如 tòu，与《广韵》“田候切”相符。就声母讲，“diū”的“d”是定纽之音，“tiū”则是透纽之音，透、定旁纽姑且不说；就韵母讲，“iu”与“ou”是幽、侯旁转，一些字的韵部雅言早已转为侯部，而徽语却停滞不变，“豆”也在其列。

再以去声读“尸豆反”可得音如 xiù。

五、晓纽

先看几个实例：

“许”，今读 xǔ，古读 hǔ。《诗·小雅·伐木》：“伐木许许，⑤ 酾酒有藇。”⑥《释文》：“（许）沈呼古反。柹貌。”《大雅·绵》：“古公亶父，⑦ 来朝走马，⑧ 率 ⑨ 西水浒，至于岐下。”

---

① 孟庆惠《徽言》拟音：屯溪[ɕiu^{24}]、海阳镇[ɕiau^{24}]、溪口[ɕiu^{35}]、婺源[ɕia^{31}]、祁门[ɕie^{42}]、德兴[ɕiau^{24}]等。

②《赞大行》：杨天宇原注：“古礼书篇名。”

③ 博：宽。

④ 剡(yǎn)上：剡，削，削之使锐。圭的形状下部为一等腰梯形，上部为一等腰三角形，尖头在上。

⑤ 许许(hǔ hǔ)：依《释文》所注”柹(fèi)貌”，则指砍伐时生成的木片、木屑飞溅的声音。也可理解为抡动斧头的呼呼声，或这两种声音的统称。

⑥ 酾(shī)酒有藇(xū)：酾，滤酒。藇，《王力字典》：“美好的样子。《玉篇》：‘藇，酒之美也。’”句意为：有清纯醇厚的美酒。

⑦ 古公亶父：据赵逵夫所述，古公亶文是周王族十三世祖。《毛传》：“古公，豳公也。古言久也。亶父，字。”《史记·周本纪》周王族自始祖后稷至古公亶父共十三世。古公亶父因不愿与薰育戎狄交战，率族迁徙于岐下立国。

⑧ 来朝(zhāo)走马：来朝，其来在清早之时。走马，疾行其马。

⑨ 率：沿着。

《释文》:“(浒)呼五反。水涯。”

由“呼古反”“呼五反”都得音hǔ。“浒”以“许”为声，浒读hǔ，则许亦读hǔ。

明陈弟《毛诗古音考·许》:“许音甫，与蒲为韵。”列本证:《扬之水》①:“扬之水，不流束蒲。②彼其之子，不与我戍许。”③旁证:魏明帝《善哉行》:“行行日远，西背京许。遊弗淹旬，④遂届扬土。”

这里“蒲、许”协韵、“许、土”协韵。古时虽然u、ü不分，但是显然“许”应读ǔ韵。清翟灏《通俗编·语辞·邪许》:“《吕氏春秋》:举大木者，前呼与謣，⑤后亦应之。《淮南子·道应训》作邪许，邪亨遮反，许读若虎，今举挽重物，群同作力辞也。《南史·曹景宗传》:腊月于宅中使人作邪呼逐除，呼去声，与邪许通。”

又如《周易·大有》:“公用亨于天子。”《释文》:“(亨)许庚反，通也。下同众家并香两反。”“许庚反”得音如hēng，“香两反”得音xiǎng，今只读hēng。

再如“荤”，《庄子·人世间》:“颜回曰:‘回之家贫，唯不饮酒不茹荤者数月矣。’”《释文》:“(荤)徐许云反。”《礼记·玉藻》:“膳于君，有荤、桃、茢。”⑥《释文》:“(荤)许云反。注焄⑦同。”又《仪礼·士相见礼》“膳荤”,《释文》:“(荤)香云反。”

“许云反”“香云反”得音xūn,与“焄(xūn)”同音。今表示肉食“开荤”“荤油”读为hūn。

诸例说明晓纽字同样存在古今读音迥异现象。兹就孑遗于徽语中的若干古音作一探寻。

(一)说孝如豪

徽语读“孝”有文白之分，说孝顺、孝子贤孙、孝敬等音xiǎo。而说孝衣、披麻戴孝、除孝等则音如háo(徽城)。威坪则读如hào。

“孝”,《韵镜》外转第二十五与“耗”同音。

孟庆惠《徽州方言·文化底蕴·古音·孝(歙)》:“‘孝’读$xɔ^{324}$，保留着古喉

---

①《扬之水》:《诗·王风》中的篇名。

② 束蒲:束，捆扎。蒲，蒲柳枝。束蒲，成捆的蒲柳枝。

③ 戍许:戍，守卫。许，许国。陈铭注:“许国在今河南许昌。”

④ 淹旬:满旬，经过十天。

⑤ 与謣(xū):当作舆謣。《王力字典·謣(xū):“[舆謣]劳动号子。”

⑥ 膳于君，有荤、桃、茢(liè):膳于君，献美食给君王。荤，姜、蒜等有辛辣香气的调味品。桃，桃枝。茢，苕帚。向君王献美食，还要附带葱姜等调味品，以及桃枝、扫帚。

⑦ 焄(hūn):“荤”的异体字。

音 x 声母的读法。'孝'上古读：晓母、幽韵、去声调。中古音义为：《广韵》：去声效韵，孝、呼教切，孝顺。"

晓母、幽韵、去声调，得音如"秀"。

陈弟《毛诗古音考·孝》："音臭。《礼记》：'孝者，畜也。顺於道，不逆於伦，是之谓畜。畜读臭。'"《王力字典·臭·[辨]》："今日臭有二音：读 chòu，代替了"殠"；读 xiù，表示气味。"

去声、效韵、呼教切，得音如 hào。

《广韵》《唐韵》《玉篇》都注"孝"音呼教切，说明六朝时已读此音。古读教如"告"，教、孝同在《广韵·效韵》，切"孝"的"呼教"二字，上字"呼"为合口一等，下字"教"为开口二等，所以"孝"也是开口二等（即同"教"的韵部 ào）。

从徽言现行读音看，《广韵·效韵》"古孝切"所列十一字中，"教、窖、校（较，检验义）、酵、觉"均读如 gǎo，"胶、铰"读如 gāo，只是声调转为平声；"呼教切"所列六字中，"哮"，得哮喘病的人，威坪称"hāo 子"；咳嗽不停，歙县说"háo 得不歇"；"嗃（xiào）"（大声呼叫），若小孩大声叫唤，大人会责怪"hāo 什么！"也是声调转平之例。

由此看来，徽语读孝如"豪"（孟庆惠拟 [xɔ³²⁴]）乃中古遗音，而以威坪较近上古。

(二)说瞎如"哈(há)"

徽语读瞎如 há，亦中古之遗音。

清翟灏《通俗编》卷七《文学·纥字不识》："《嬾真子》①：臧武仲名纥，音恨发切，唐时有误读为核者。萧颖士曰：汝纥字也不识耶。俗言瞎字不识，又纥字之讹。"

恨发切读如 ha 入。《释文》注《周礼·秋官·司盟》及《礼记·曲礼下》"臧纥"都为"恨发反"，可见唐时读"纥"为 ha 入是通音。萧颖士少年得志，唐玄宗开元二十三年（735）19 岁中进士，性又急躁，有此责语也无怪乎其然。

罗翙云《客方言·释言（上）·下劣曰瞎慉》："《方言》：'遒，② 恶也。'郭璞音遒。章炳麟说：杭州谓下劣曰慉。今俗骂人曰瞎慉。下，从双声转为瞎。下慉、下贱，其语例一也。"

---

① 嬾(lǎn)："懒"的古体。

② 慉(qiú)：恶，傲慢。徽语讥嘲人轻狂之态为"一股臭劲"，应是此字。

徽言亦有此语。当某人出一馊主意，或做一低劣表演，遭众人反感时便斥为“瞎惛”。徽语“下”“瞎”音近，这点与客家话一致。

《玉篇·瞎》:“火辖切，一目合也。”古读辖如ha入声，火辖切得音如ha入（[xat]）。

《广韵·鎋韵·瞎》：“一目盲，亦作暍。许鎋切。”《集韵》“瞎、暍”并列：“许辖切，目盲也，或从曷。”

“瞎、暍”应都是形声字。我们来考察它们的声部。

《说文·曷》:“何也，从曰，匃[1]声。”徐铉胡葛切。段注：“双声也。《诗》有言曷者，如‘曷不肃雝’,[2]《笺》云：‘曷，何也。’有言害者，如‘害瀚害不’,[3]《传》云：‘害，何也。’害者，曷之假借字。《诗》《书》多以害为曷。……《释言》曰：‘曷，盍也。’此亦假借。凡言何不者，急言之但云曷也。”

王力《同源字典》“害”作“曷”的异体看，上古必同音；“曷”[hat]、“盍”[hap]为月盍通转，只有韵尾不同，且韵尾今已消失，“曷、盍”上古音近，今则同音。

《广韵·曷韵·曷》:“何也。胡葛切。”同韵《葛》:“葛藟，[4]古达切。”得《广韵》读曷为ha入声（[hat]）；《广韵·盍韵·盍》:“何不也。胡腊切。”则《广韵》读盍亦为ha入[hap]。《广韵》注“曷”的“胡葛切”与徐铉同。《广韵》成书与徐铉注《说文》只间隔二十多年，这个“胡葛切”读音应相同。

《释文·礼记·月令·孟冬》“为軷”[5]注：“（軷）步曷反。”说明“曷”与“軷”韵部相同。《春秋公羊传·僖公十四年》:“曷为不言徐、莒[6]胁之，为桓公讳也。”《释文》:“（曷）火葛反。”这里“葛”从曷声，“曷”从匃（匄）声，“軷”从犮声，匄声、犮声与“害”的丯[7]声同在月部。

由此可知，瞎（暍）中古仍读为ha入，徽语今读如há，仅声调的转变。今歙北、歙西说“害”音如[xa^{31}]，淳西威坪说“曷以”，表”何以”之意。如《蜀阜志》

---

① 匃(gài)：匄的异体，今作“丐”。

② 曷不肃雝(yōng)：《诗·召南·何彼秾(nōng)矣》中的句子。肃，庄重肃敬。雝，和，雍容安详。秾，花木繁盛的样子。

③ 害澣(huàn)害不(fǒu)：《诗·周南·葛覃》中的句子。澣，今作“浣”，洗涤衣物。不，古否字。意为：哪些衣物需要洗。哪些不用洗。

④ 葛藟(lěi)：葛和藟。藟，今称野葡萄。

⑤ 軷(bá)：古代出行前祭路神。

⑥ 徐、莒：徐国和莒国。

⑦ 丯(jiè)：草芥。害从丯声。

记民谣“月亮娘娘哈依上天格”，其“哈依”也是这个“曷以”。

(三)说閜[①]如“哈(hā)”

下列情形之一，徽语（徽城）都说“哈”或“哈开”；

晒稻谷摊开扒翻，说“哈开”“哈几遍”；

烤火时拨开炉灰翻起底下炭火说“哈火”；

杀猪羊开膛破肚，说“哈开”肚皮，“哈开”背脊；

考古时拨去覆盖在器物上的泥土，说“哈开表土”；

动手术开一大创口，说“哈”一刀。

诸如此类，这些语意是“划”表达不出来的。划是线状的，而“哈”是面上的；划是浅表的，“哈”是深层的。

这个“哈”应是“閜”。《玉篇》:“閜，呼雅切。大也。《说文》曰：‘大开也。’”《说文·閜》：“大开也。”徐铉火下切。中古读下如 hà 或 hǎ，火下切、呼雅切都可得音如 hǎ。《康熙字典·閜》:“《唐韵》火下切。……《广韵》:‘大裂。’《博雅》:‘閜，开也。’《史记·司马相如传》:‘谽呀豁閜。’[②]注：‘閜，呼下反。’……《释文》:‘呼雅切。’”

徽语的“哈”与《博雅》的释义一致。“哈开”即閜开，是“开”的重言。

罗翙云《客方言·释言上·开曰閕[③]开》：“閕，当为閜。《说文》无閕有閜，閜下云‘大开也’。……《唐韵》：‘閜，火下切。’今谓物之开者曰閜开，音转平为虚雅切。”“閜”的“开”义客家话做形容词用，徽语则做动词用。声调从上声转为阴平。

古紫阳书院坊。院，徽城音[Ve³¹]

六、喻纽

普通话读“遗”，yí 音，表丢失、遗失义；wèi 音，表给予、馈赠义。至今双声并存。再如“圆”，《大字典·圆》：“围。《晋书·阮咸传》：‘咸至，宗人间共集，不复用杯觞斟酌，以大盆盛酒，圆坐相向，大酌更饮。’按《世说新语·任诞》作‘围坐’。”

① 閜(xiǎ)：大开，大裂。
② 谽(hān)呀豁閜：谽呀，亦作“谽谺”，山谷空阔险峻的样子。豁閜，大而空的样子。
③ 閕(xiǎ)：同“閜”。

此义项申明的是“圆”有“围”义。联系徽语读圆如“微”的实际，是否可以联想《晋书》的“圆”是“围”之借？

事实上，一批喻纽字如“员、圆、园、远、院、援、媛、袁、猿、曰、越、缘”等声母徽语均读如“W”（歙北）。其中“员、圆、园、援、媛、缘”与“微”（正音）相同。

(一)说王如“呀”

孟庆惠《徽州方言·文化底蕴》:“歙县话‘王村’‘汪王庙’‘大王头’（孩子王）等词中的“王”读[ia44](与‘羊’、‘爷’同音)，这些读音也是符合古今语音演变规律的。……‘王’中古音是云母、阳韵、平声字,故歙县话‘筐’读[tɕ‘ia31],‘王’读[ia44]，都是符合古音读法的。”

这里向我们揭示了徽语中存留着读“王”字时声母如y的现象。各处大抵与“杨、阳、羊”的方音相同。

《玉篇·王》:“禹方切。”《说文》、徐铉雨方切。《广韵》《集韵》并雨方切，说明有相当长一段时期读王如“央”。

“王”有“大”义。《尔雅·释虫》:“不蜩,① 王蚥。”② 胡奇光注引刘师培《〈尔雅〉虫名今释》:“翟晴江以‘不’当为‘丕’,③ 即大蜩。其说近是。王蚥即大蜩之异名。”《广雅·释诂》:“王，大也。”《王力字典·王㈢》:“物之大者。《周礼·天官·渔人》:‘春献王鲔。’④ 郑玄注:‘王鲔，鲔之大者。’《楚辞·大招》:‘王虺⑤ 骞只。’王逸《注》:‘王虺,大蛇也。’”《大字典》:“(钺)清朱骏声《说文通训定声·泰部》:‘《字林》:钺，王斧也。按，王者，大也。’”

歙北富堨王川汪氏贞节坊。王川,俗呼“杨家宅”,杨乃“王”的古音遗存

徽语读“王”如“杨”（方音），仅限于不多的特定词。如村庄“王家宅”说为“杨家宅”，汪氏宗祠

① 蜩(tiáo):蝉。
② 蚥(fù):蝉类。
③ 丕(pī):大。
④ 鲔(wěi):今称鲟(xún)鱼。
⑤ 虺(huǐ):毒蛇

前的一片地说“杨家塌拉”[①]（均在歙县富堨）。清康熙三十八年纂《徽州府志》卷一《厢隅乡都·十四都》载“洽舍、呈坎、王干、容溪”等村，王干今称“杨干”。晒物的大竹簟称“阳簟”，当是“王簟”，其构词形式与“王鲔”“王虺”“王斧”相同。威坪称孩子王为“阳印头”，度之以义，应是“王胤[②]头”。圆柱形的长豇豆称“羊角”，也应是“王角”，意即豆角中最长最大的。

（二）说远如“谓”

徽语读远如“谓”（[wei231]，歙北）。

《〈诗·曹风·候人〉序》：“《候人》，刺近小人也。共公远君子而好近小人焉。”陆德明注：“远，于万反”。

《礼记·郊特牲》：“不知神之所在，于彼乎？予此乎？或诸远人乎？”[③]《释文》：“（远）于万反。”

《礼记·中庸》：“是故君子动而世为天下道，行而世为天下法，言而世为天下则，远之则有望，[④]近之则不厌。”《释文》：“（远）如字，又于万反。”

《礼记·表记》：“子曰：‘君子慎以辟[⑤]祸，笃以不揜，[⑥]恭以远耻。’”《释文》：“（远）于万反。”

《春秋公羊传·桓公四年》：“何讥尔？远也。”《释文》：“（远）于万反。”

这里“于万反”是个什么音呢？

先看反切下字“万”。《王力字典·万》：“1.wàn 同‘萬’。古书中罕见。2.mò 莫北切，音墨，入，德韵，明。”据此，可推得两点：1.“古书中罕见”启示我们，反切用字不会罕见，故“于万反”的“万”不读 wàn。2.“莫北切”得不出 mò 音，今音“墨”与德韵不符。

《广韵·德韵》所列“德、得、则、勒、肋、忒、黑、墨、万贼、北”等，今普通话中“得、勒、肋、忒、黑、贼、北”的韵母都是 ei（或有 ei 韵的音），其中“德、得”同音“多则切”，“则”音“子德切”，“勒”音“庐则切”。今“得”有 děi 音，“勒”

① 塌拉：塌，《大字典》：“（塌㈡dā，旧读tā）处；地方。”拉，语助词。塌拉，方言表“那一片地方”的意思。
② 胤（yìn）：后代。
③ 或诸远人乎：或者在远离人的地方。诸，代指地方。
④ 远之则有望：（人们）远离君子则心生向望（往）。
⑤ 辟：通“避”，避开。
⑥ 笃以不揜（yǎn）：揜，困迫。（君子）以坚定地走自己的路而不陷入窘迫。

有 lēi 音，德韵为入声韵，可推知《广韵》中“勒”读 lei 入（[lək]）（权且记为 lèi，其他类似），得、德读如 dèi，则读如 zèi。“北”音“博墨切”读如 bèi。“黑”音“呼北切”读如 hèi，“墨”与“万”音“莫北切”读如 mèi(妹)。

于是“于万反”得音 wei（[ɣiək]）入，今徽音先平后入，仅声调有变迁。

《说文新附》:“(蒍）草也。《左氏传》:‘楚大夫蒍子冯。’从艸,远声。”徐铉韦委切。“韦委切”昔 wěi。

《王力字典·蒍 1.wěi》:“朱骏声《说文通训定声·随部》:‘蔿，艸也，从艸，为声。字亦作蒍。为、蒍一声之转。’”《广韵·纸韵》为、蒍均音韦委切。

至此，《释文》“远”的“于万反”与《说文新附》“蒍”的“从艸，远声”就只是声调的不同了。

七、影纽

《广韵·感韵·晻》:“晻蔼，暗也，冥也。乌感切。”这里晻读 ǎn。又《琰韵·衣俭切》:“(晻）晻晻日无光。”这里晻读 yǎn。今两音并存，都属影纽。

《释文《尔雅·释鱼》》:“鸭，於甲反。”又《释鸟·鷪》:“字又作鸭，一甲反。”

《说文·鸭》:“从鸟，甲声。”《广韵·狎韵》:“鸭，乌甲切。”按唐作藩《上古音》，上古读甲如噶（gā）入，徽语今转为阳平，故徽人称鸭如 á（歙县)，是循从影组发音的结果。

(一)说蕴如“温”

徽语说“底蕴深厚”的“蕴”音如“温”。

《说文》有“薀”[①] 无“蕴”。崔志远（《通萃》整理者之一）指出“‘薀’‘蕴’为同字异构”，故古时音义同。

《广韵·问韵·薀》:“习也，俗作蕴。”这里“习”是温习之意，即“薀”通“温”，从而“蕴”通“温”。

《左传·昭公二十五年》:“众怒不可蓄[②] 也，蓄而弗治，将薀。”[③]《释文》:“(薀）本亦作蕴，纡粉反。”《诗·桧风·素冠》:“我心蕴结[④] 兮，聊与子如一兮。”《释文》:

① 薀:《王力字典》:1.wēn水草名。2.yùn通“蕴”。

② 蓄:养,保存。

③ 将薀:蕴,积聚。众怒不及时化解,积聚到后来要爆发出事。

④ 蕴结:郁结。

“(蕴) 纡粉反。”可见，“薀、蕴”音同。

《左传·隐公六年》:“为国家者，见恶如农夫之务去草焉，芟夷薀崇[1]之，绝其本根，勿使能殖，则善者信矣。”《释文》:“(薀) 积也。”《玉篇·蕴》:“积也，聚也，蓄也，聚草以爇[2]火也。”可见，“薀、蕴”义同。《左传·隐公三年》:“蘋[3]、蘩[4]、薀藻之菜。”《释文》:“(薀) 聚也。”今徽语犹称水里或岸边丛生的水草为“薀草”。

《说文》“温、缊”同音。《温》“从水，𥁕声”，《缊》“从系，𥁕声”。其实𥁕是温的古字，徐铉乌浑切。依《广韵》读为wēn。上古典籍读“缊”为“温”，例如：

《礼记·玉藻》:“一命缊韨，[5]幽衡。”[6]《释文》:“(缊)音温。赤黄间色。”杨天宇注：“一命，谓士。缊，音wēn，赤黄色。”又“士佩瓀玟[7]而缊组绶”。[8]《释文》:“(缊)音温。”

《释文〈庄子·中北游〉·絪缊》:“(缊) 於云反。本亦作煴，音同。”

郑权中《通萃·例释11047》:“《诗·大雅·云汉》:‘薀隆虫虫。’[9]《释文》:‘薀(蕴)，本又作煴。’[10]《毛诗传笺通释》:‘《说文》有薀无蕴，蕴即薀之俗字。薀、煴、温古同声……故通用。’”

《广韵·魂韵》“𥁕、温、薀、缊”同音乌浑切，韵调同“昆”，都读wēn。《集韵》收“蕴”入魂韵，因此徽语读蕴如“温”。

(二)说怨如委

《诗·小雅·谷风》:“习习谷风，维山崔嵬。无草不死，无木不萎。忘我大德，思我小怨。”黄淬伯诂引《马释》:“《说文》:‘眢，[11]读如委。’眢、怨同声，古读怨亦当如委。又《国语》‘人皆集于苑’，一本作萎，亦怨、萎音同之证。”

《左传·宣公十二年》:“目于眢井而拯之。”《释文》:“(眢) 乌九反。眢井，废井也。《字林》云：‘井无水也。’一皮反。”

---

① 芟(shān)夷蕴崇：芟夷，割，除草。蕴崇，堆积起来，使其腐熟。
② 爇(ruò)：烧，燃。
③ 蘋(pín)：水草名。徽语称四叶萍。
④ 蘩(fán)：今称白蒿。
⑤ 韨(fú)：这里指祭祀时系的蔽膝。缊韨，赤黄色的蔽膝。
⑥ 幽衡：幽，通“黝”。衡，杨天宇注：“亦作‘珩’，佩玉上部的横杠可系处。”
⑦ 瓀(ruǎn)玟(mín)：都是似玉，但次于玉的美石。
⑧ 组绶：丝带，绶带。
⑨ 薀隆虫虫：薀隆，诗中指暑气郁积燠热。虫虫，暑气熏蒸酷闷的气候。
⑩ 煴(yūn)：没有火苗的火。
⑪ 眢(yuān)：目无明，引申为井枯无水。

古读九如“鬼”(《礼记·明堂位》“脯鬼侯”,[①]《史记·殷本纪》作“九侯”),乌九反得音如委。

郑权中《通萃·例释4227》:“《荀子·哀公》:‘富有天下而无怨财。’注:‘怨读为蕴。言虽富有天下,而无蕴蓄私财也。’”已证古读蕴如“温”,温、委亦是双声。其实训“怨”为“委”也未尝不可。

明陈弟《毛诗古音考·怨》:“似宜音威,与嵬、萎为韵。”就是针对《谷风》诗而言。《说文·怨》:“恚也,从心,夗声。”又《智》:“从目,夗声。读若委”。马瑞辰所说的“智、怨同声”根于此。段注:“《左传·音义》乌丸反。引《字林》:‘智井,无水也。一皮反。’一皮即委之平声,古读如此。《集韵》五支[②]‘邕危切’,即一皮也。”

徽语读怨如“委”,保留着的是《诗经》时代之音。附带说一句,徽语说“苑林”“花苑”也是说如“委林、花委(均歙县)”,其理相同。

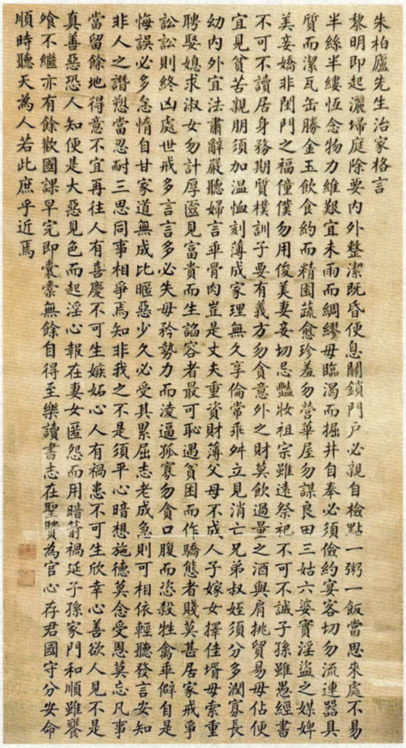

王茂荫书《朱子家训》。“匿怨”,怨,方音[Ve[31]](歙县)

(三)说晏如“昂”

晚上睡得迟,或早晨起得晚,徽语说“睡昂了”“起来得昂”(歙北,徽城音如[ŋɛ[23]])。开会人到得迟迟早早是“早早昂昂不齐”。这个“昂”其实是“晏”。

《小尔雅·广言》:“旰[③]、晏,晚也。”

《王力字典·晏㈤》:“晚。《论语·子路》:‘冉有退朝,子曰:何晏也?’《吕氏春秋·制乐》:‘于是早朝晏退,问疾吊丧,务镇抚[④]百姓。’”

古籍多以“晏”表“晚”。

---

① 脯鬼侯:把鬼侯做成肉干。《史记·殷本纪》:“九侯有好女,入之纣。九侯女不憙淫,纣怒,杀之,而醢九侯。鄂侯争之强,辨之疾,并脯鄂侯。”

② 五支:《支韵》排在《集韵》平声卷一第五。

③ 旰(gàn):晚。

④ 镇抚:安抚。

《墨子·尚贤中》："贤者之治国也，蚤[①]朝晏退。"《礼记·礼器》："质明[②]而始行事，晏朝而退。"《礼记·内则》："孺子早寝晏起，唯所欲。"《汉书·严助传》："边境之民为之早闭晏开，鼂[③]不及夕，臣安窍为陛下重之。"

明黄淳耀《甲申日记》："崇祯十七年甲申正月三日。晏起，是一过。"清蒲松龄《聊斋志异》卷九《细柳》："由是率奴辈耕作，一朝晏起，则诟[④]骂从之。"

古读晏如"安"。

《尚书·尧典》："钦明文思安安。"[⑤]李民注："安安，通晏晏。《尔雅·释训》：'晏晏，柔也。'温和的意思。"

郑权中《通萃·例释 0238》："《书·尧典》'文思安安'，《后汉书·第五伦传》注引作'晏晏'。《左传》哀公六年'安孺子'，《汉书·古今人表》作'晏孺子'。《史记·十二诸侯年表》亦作'晏孺子'。"

《说文·晏》："从日，安声。"徐铉乌谏切。由此知宋时仍读如"安"。《礼记·表记》："《国风》[⑥]曰：'言笑晏晏，[⑦]信誓旦旦。不思其反，[⑧]反是不思，[⑨]亦已焉哉！'"[⑩]《释文》："（晏）於谏反。"与徐铉音同。《说文·晏》段注："晏之言安也。古晏安通用，故今《尧典》'晏晏'，古文作'安安'；《左传》'安孺子'，故今人表作'晏孺子'。"则上古时读"晏"为"安"。由此看来，徽城话的"晏"离上古音更近一些。

八、疑纽

民谚："衙门八字开，有理无钱莫进来。"徽语读"衙"如 ā([ŋa³³]，徽城)、如 wō([ŋɔ³²]，歙北、威坪）等。

《释文〈周礼·夏官·田仆〉·逆衙》[⑪]："（衙）本又作御，同五嫁反。"

---

① 蚤(zǎo)：通"早"。早晨。

② 质明：天刚亮的时候。

③ 鼂(zhāo)：通"朝(zhāo)"，早晨。

④ 诟(gòu)：辱骂。

⑤ 钦明文思安安：李民注："钦，郑玄注曰：'敬事节用谓之钦。'即处事严肃恭谨且节用。明，明达。文，文雅。思，谋虑。"

⑥《国风》：指《诗·卫风·氓》。

⑦ 言笑晏晏：《毛传》："晏晏，和柔也。"

⑧ 不思其反：郑《笺》："反，复。今老而使我怨！曾不复念其前言。"

⑨ 反是不思：孔颖达疏："我反复是君子不思前言之事。"

⑩ 亦已焉哉：郑《笺》：已焉哉，谓此无可奈何。死生自决之辞。

⑪ 逆衙：迎接。

"五嫁反"是个什么音呢?

姑且以徽音切之。徽语读五为 [$ŋn^{314}$]（威坪)、为 [$ŋn^{41}$] 休宁)，粗听似 ň、ǹ 。读嫁如 gá 等，相切得音为 [ŋa]、[ŋɔ]（各处声调、韵不同)。

王力《同源字典》拟"五"音 [nga]，即 [ŋa]，徽音与之相比，声部相同。

《礼记·曲礼上》:"君命召虽贱人,大夫、士必自御①之。"《释文》:"(御) 依注音讶，五嫁反，迎也。"

"讶"与"御"今普通话只有声调不同。

《王力字典·御 2·yà》:"《集韵》鱼驾切，音讶……(八)迎。《诗·召南·鹊巢》:'之子于归，百两御之。'《释文》:'御，五嫁反。本作讶，又作迓。'"

徽语"御"的 [ŋa] 与普通话的 yá 是疑纽双声的现象。下面就此类似情形摭取若干做一勾沉。

(一)说牙如"啊(ā)"

徽语读牙，各地同方音"御"。

《周易·大畜》:"豮豕之牙，②吉。"《释文》"(牙) 徐五加反"与"御，五嫁反"只有声调不同。按唐作藩《上古音》同属疑纽、鱼部、平声，是同音字。

《周礼·考工记·轮人》:"牙也者,以为固抱③也。"《释文》:"(牙) 音讶。"又《车人》:"六分其轮崇,④以其一为之牙围。"⑤《释文》:"(牙)五嫁反。李⑥五家反,或作迓。"

《尔雅·释畜》:"駮，⑦如马，倨牙，⑧食虎豹。"《释文》:"(牙) 五加反。"

但《释文》也注"牙、御"同音。郑权中《通萃·例释 2067》:"(御、牙均五加切)《公羊传》文公二年'战于彭御'，《释文》:'御，本或作牙。'"

---

① 御(yà):迎。

② 豮(fén)豕之牙:豮豕,阉割后的猪。郑权中《通萃·例释9022·涂注》:"高亨《周易大传今注》:'豮。割去豕之生殖器。之亦犹有也。牙借为枑,栏也,即今语所谓猪圈。'则《易》以'牙'为'枑'之借字。……《汉书》'宗族磐互',师古曰:'磐结而交互也。字或作牙,谓若犬牙相交入之意也。'则作'牙'或'互'于义均通,不分正借。又,'牙、互、枑'三字,古韵同在鱼部。"附注:枑(hù),木头交叉构成的器物,状如徽人所称木匠使用的"斫马"。

③ 固抱:牢固地箍住。古代木制车轮外层的框叫牙(yà)。

④ 轮崇:轮子的直径。

⑤ 牙围:牙的周长。

⑥ 李:指李轨。

⑦ 駮(bō):传说中的兽名。

⑧ 倨牙:牙弯曲。

徽州府衙前门。“衙”，各地同方音“牙”，徽城音[ŋa[33]]

王力《同源字典》“牙、迓、御、讶”均音［ngea］（即［ŋea］），徽语今读牙为［ŋa[33]］（粗听似音“啊”）可称上古之遗（徽城，歙东）。

(二)说颜如“安”

徽语读颜如“安［ŋɛ[44]］”（徽城），歙北则迤入阳韵如 āng[ŋaŋ[45]]。

唐作藩《上古音》归为疑纽、元部、平声，王力《同源字典》刊为［ngean］，徽城音与之最接近。

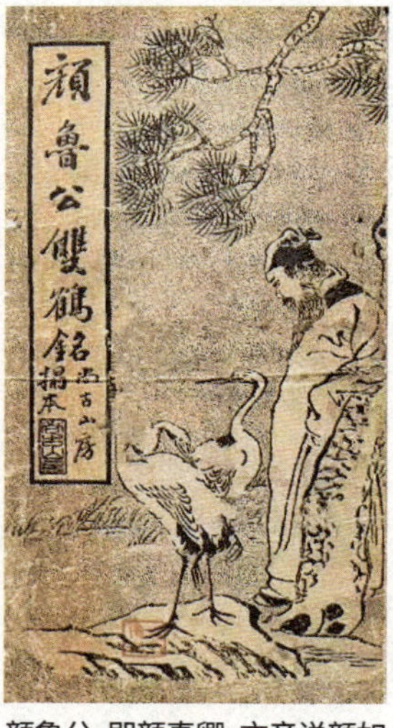

颜鲁公，即颜真卿。方音说颜如安[ŋɛ[44]](徽城)(淩家智 供稿)

《说文·颜》：“从页，彦声。”徐铉五奸切。《说文新附·彦》：“从彣，[①]厂声。”“厂”今读hǎn。又作为“厰”的简化字，读chǎng。《说文·新附·厂》：“山石之厓岩，人可居。象形。”李恩江按：“厂又读ān，同‘庵’。”这样“彦”的‘厂声’应是ān，从而“颜”的‘彦声’读ān，即“五奸切”之音。

罗翙云《客方言·自序》：“读颜如岸，平声（《史记·晋世家》‘屠岸价’，《汉书·古今人表》作屠颜贾，是颜、岸古同音），亦古音也。”

李新魁《中古音·中古时的韵书》：“温庭筠的《送人

① 彣(wén字亦作“彣”)：同“文”，文彩。

东游》[①] 诗：‘荒戍[②] 落黄叶，浩然归[③] 故关。高风汉阳渡，[④] 初日郢门山。[⑤] 江上几人在，天涯孤棹[⑥] 还。何当重相见，樽酒慰离颜。’这首诗入韵的字是关 [uan]、山 [an]、还 [uan]、颜 [an]（颜字在唐时尚未产生 [i] 介音），它们因为韵腹和韵尾 [an] 相同，便可以在一起押韵。”颜字属疑纽，没有介音“i”则读 [ŋan]，徽语今音只是韵部稍有流变。

同客家话一样，徽语读颜如“安”也是上古之音遗。

(三)说雁如“安”

《说文·雁》：“从隹，从人，厂声。读若鴈。”又《鴈》：“从鸟、人，厂声。”可见雁、鴈同音。古读厂为 ān，则古读雁、鴈如“安”。

新安程氏内科七世传人程雁宾医名亦盛。“雁”，方音 [ŋaŋ^{21}]（歙北）（程富资 供稿）

《说文·鴈》李恩江按：“雁、鴈本为异体字，造字取义相同，后用为家鹅的专字。”

王力《同源字典》注“鴈、雁”音为 [ngean]，今歙北读法与之相符。又说：“《说文》：‘雁，鸟也。’字又作‘鴈’。……《诗·小雅·鸿鴈》：‘鸿鴈于飞。’传：‘大曰鸿，小曰鴈。’按：‘鴈、雁’实同一词。”

古代卿大夫相见和婚仪都以“雁”（今称鹅）为贽见礼。可知“雁”是常用字，故《释文》往往以“鴈”字注音。

《周礼·天官·司裘·干五》：“（干）五旦反。刘音鴈，本又作犴。”这里五旦反读如 àn（[ŋean^{51}]），与“犴”“鴈”之音相同。同则《鳱》：“音干，刘音鴈，一音岸。”《大词典·鳱（三）》：“同‘鴈’。”

《仪礼·聘礼·青豻》：“（豻）五旦反。胡地野犬也。刘音鴈。”

---

① 《送人东游》：上海辞书出版社《唐诗鉴赏辞典》为《送人东归》。
② 荒戍：戍，代指边防驻守的关卡。荒戍，荒凉的古堡。
③ 归：作“离”。
④ 汉阳渡：赵庆培释：“长江渡口，在今湖北省武汉市。”
⑤ 郢门山：赵庆培释：“位于湖北宜都县西北长江南岸。”
⑥ 棹（zhào）：船桨。孤棹，孤零零的一条船。棹代指船。

《周礼·夏官·司弓矢》:“夹弓、庾弓[1]以授射豻侯[2]、鸟兽者”《释文》:“(豻)音岸,又音鴈。”又《夏官·射人》:“士以三耦,[3]射鴈侯。”《释文》:“(鴈)五旦反。刘音鴈。注同。”

《唐·上古音》“岸、豻、雁、鴈”都读疑纽、元部、去声,上古是同音字。今徽语转为平声。

(四)说岩如“安”

歙县话称领悟慢、顽劣愚鲁者为“僫鬼”,小孩再三训诫而依然故我便斥为“臭僫”。《大字典·僫(一)án》:“不慧。……《荀子·不苟》:‘通则骄而偏,[4]穷则弃而僫。’王先谦集解引郝懿行曰:‘《玉篇》……僫,不慧也。’”

佛寺法器,小南海星岩寺已荡然无存。方言说岩如“安”(吴永辉 供稿)

表达此意歙县话近于音“恩”,《尚书》则用‘喦’。《召诰》:“用顾畏于民喦,[5]王来绍上帝,[6]自伏于土中。”[7]《释文》:“(喦)五咸反。”“喦”即古“岩”字。“民喦”即愚笨顽陋的民众,表意与“僫”同。

按徽语读五如 ň、ǹ(威坪、休宁),准确一点为 [ŋň] 或 [ŋ ǹ],读咸如“含”([Xea],歙北),五咸切可得音 [ŋea],与“安”音近。

王力《同源字典》注“喦”音为 [ngeam](即 ŋeam),其“五”为 [nga],“咸”为 [heam]。其 m 尾大部分汉语区今已不存,因此歙北话读岩为 [ŋea] 可称上古之遗。

《同源字典》:“《说文》:‘喦,山巖也。’按:‘巖喦’实同一词。字又作‘岩’。”

---

① 夹弓、庾弓:杨天宇注:“两种弓体类似的弓。郑《注》曰:‘往体多,来体寡,曰夹、庾。’案这是六弓中较弱的两种弓,据郑《注》,主要用于近射。”附注:往体、来体:杨天宇引孙诒让曰:“往体,谓引体外挠(曲);来体,谓弓体内向。六弓,同则内记载还有王弓、弧弓、唐弓、大弓。”

② 豻侯:侯是射箭的靶,侯的中央设一正方形,这个正方形图案叫侯中。侯中的侧边饰以虎皮、熊皮、豹皮、豻皮,就分别称为虎侯、熊侯、豹侯、豻侯。(此解释是综合了杨天宇的有关注释)

③ 三耦:耦,指射耦,其义同“耦耕”。射箭比赛时两人一组为对手,称一耦;三耦即三对。

④ 偏:梁启雄诂:“刘师培曰:‘偏当作褊。《尔雅·释言》:‘褊,急也。’《广雅·释诂》:‘褊,陋也。’是褊即局量褊浅之义。器小易盈,故褊者必骄。此荀子所由骄褊并言也。”

⑤ 用顾畏于民喦:李民注:“用,以。顾、畏同义。这里的民,指殷顽民。”

⑥ 王来绍上帝:李民注:绍,曾运乾《尚节正读》说:“读为卲,卜问也。”句意为:王前往卜问上帝。来训往。《诗·大雅、文王有声》:“匪棘其欲,遹追来孝。”王引之述闻:“来,往也。”(见《大字典》)卲音shào。

⑦ 自伏于土中:李民注:自,用。服治。土中,即中土、中国,当时的洛邑一带居天下之中,故称土中。

《春秋公羊传·哀公十三年》："春，郑轩达帅师，取宋师于嵒。"《释文》："(嵒)五咸反。"

《尔雅·释山》："崒[①]者，厜㕒。"[②]胡奇光引郭注："谓山峰头巉岩。"《释文》："(嵒)五咸反。本又作巖。《字林》云：'巉巖，山貌也'。"

《庄子·在宥》："故贤者伏处大山嵁巖[③]之下，而万乘之君忧慄乎庙堂之上。"《释文》："(巖)音嵒，语咸反。"

《玉篇·巖》："午衫切，积石皃也，峰也。"又《嵒》："宜咸切，山巖也。"

按《同源字典》，上古读"语"为[ngia]、读"午"为[nga]、读"宜"为[ngiai]、读岸为[ngan]，"语咸、午衫、宜咸"切均可得读岩如"岸"。

《说文·巖》："巖，岸也。"（段注本作"厓也"）段注："各本作岸也。今依《太平御览》所引正。厂部曰：'厓者，山边也。'厓亦谓之巖。故厂下云：'山石之厓巖，人可居也。'《战国策》[④]'巖下有贯珠者'《汉书》[⑤]'遊于巖廊之上'，皆谓殿下小屋，如厓巖之下可居也。"可见厂、嵒、巖、岩、岸、厓之间音、义都有紧密联系，这也是徽语（歙北）读岩如"安"的根源。

方言"岸、安"同音。

(五)说艾如āng

《释文》注"艾"有三音：

《诗·王风·采葛》："彼采艾兮，一日不见，如三岁兮！""(艾)五盖反。"

《诗·鲁颂·閟宫》："戎狄[⑥]是膺，荆舒[⑦]是惩。"郑《笺》："惩，艾也。僖公与齐桓举义兵，北当戎与狄，南艾荆及群舒，天下无敢御也。""(艾)音刈。"

《礼记·曲礼》："五十曰艾，服官政。"[⑧]"(艾)五盖反，老也，谓苍艾色也。一音刈，治也。"

---

①崒(zú)：山顶。
②厜㕒(zuī wēi)：《大字典·厜㕒》："山巅。即'嵯峨'。"
③嵁巖(kān yán)：即嵁岩。高峻的山岩。
④引自《战国策·齐策六》。
⑤引自《汉书·董仲舒传》。
⑥戎狄：古代泛称我国西部的少数民族为戎，北部的少数民族为狄。
⑦荆舒：古代称楚国为荆。舒，舒国，《大字典》指出故城在今安徽庐江县西。
⑧服官政：为官主政。

《春秋左传 · 昭公元年》："一世无道，国未艾也。"[①]"（艾）鱼废反，注同。"

《春秋公羊传 · 宣公十二年 · 艾草》："（艾）鱼废反。"

今普通话存两音；五盖反演变为 ài，鱼废反（《广韵》为鱼肺反）演变为 yì，同"音刈"。上古"鱼废反"另有读音。

先看反切下字"废"：

《说文 · 废》："从广，发声。""发"又读何声？

《客方言 · 释言（下）· 蓄积曰顿》："《史记 · 货殖传》'废著鬻财'[②]《汉书》作'发贮'。"

《诗 · 齐风 · 东方之日》："履我发兮。"[③]黄淬伯诂引《马释》："发当为跋之假借。《诗 · 载驰》：'草行曰跋。'凡行亦通谓之跋。跋借作发，犹墢通作坺也。"

《诗 · 秦风 · 驷驖》[④]："舍拔则获。"[⑤]黄淬伯诂引《陈疏》、《马释》："《说文》：'发，射发也。'发、拔古通用。"

"发"借为"跋"，通作"拔"，知古读发如"跋"、如"拔"。

发读如"拔"，则废也读如"拔"。

再看以"发"为声符的一些字：

《国语 · 周语上》："王耕一墢，班三之。"[⑥]"墢"今有 bā 音，简化作"坺"。

《客方言 · 释服用 · 其编簿竹以承尘者曰筏子》："古废、伐皆读重唇，簸[⑦]即筏也。伐、发同声通用，若筏之作橃[⑧]（《通俗文》）、作橃[⑨]（《集韵》），伐之作发（《诗》[⑩]'骏

---

① 一世无道，国未艾也：艾，止，尽。治国的君主一世无道，国家的势运没有终结。

② 废著鬻财：废著，《大词典 · 废著》："废居，贱买贵卖。著，买进，囤积。"鬻（yù）财，鬻通"育"，生养。经商生财，积累财富。

③ 履我发兮：《毛传》："履，礼也。"又"发，行也。"郑《笺》："以礼来，则我行而与之去。"黄淬伯认为：发通"跋"，跋也是行之义。

④ 驖（tiě）：赤黑色的马。

⑤ 舍拔则获：按《马释》，拔通"发"，舍拔即松弦发射。句意为：松弦放箭，猎物应声而倒。

⑥ 王耕一坺，班三之：坺（bā），《大字典 · 坺》："耕地时一耦所翻起的土。……《耒耜经》：'耕之土曰坺。坺，犹块也。'班，依次。韦昭注：'班，次也。王耕一坺，一耦之发也。耜广五寸，二耜为耦，一耦之发，广尺深尺。三之，下各三其上也。王一坺、公三、卿九、大夫二十七也。'

⑦ 簸（fèi）：粗竹席。

⑧ 橃（fá）：《大字典》有两义：1. 同"橃"，海中大船。2. 同"筏"。

⑨ 橃：fá音，义同"橃"。

⑩《诗》：引句出自《诗 · 周颂 · 噫嘻》。

发尔私'，[1]《笺》云'发，伐也'）、作坺矣（《周语》'王耕一坺'，即《考工记》'一耦之伐'）。"

这里"伐、发"通用，说明上古俱读如拔。

《同源字典》"筏、茷、橃、艜"同音［biuat］："《方言》九：'泭[2]谓之簰，簰谓之筏。'注：'木曰簰，竹曰筏，小筏曰泭。'字亦作'茷'。[3]……字又作'橃、艜'。《一切经音义》三引《通俗文》：'筏，作艜。'又引《韵集》：'筏，作橃。'"

"簰"（pái），《大字典》作箄，竹木编的渡水具。通称竹排、木排、竹筏、木筏，徽语（歙县）简称 bā，淳安称 pā，仍承"拔"音古韵。

再以"鱼"古读［ŋia］切"鱼废反"得音［ŋa］，与徽语（歙北）的 āng 音就很接近了。

事实上，《同源字典》注"艾"音［ngat］。只是上古有入声尾，徽语今已转平声，也就不存在了。

(六)说眼如"爱"

《说文·眼》："目也，从目皀[4]声。"段注："《释名》：'眼，限也。瞳子限限[5]而出也。'"

"皀"即"艮"字。《说文·艮》："很也。从匕[6]、目。匕目，犹目相比不相下也。《易》曰：'艮其限。'匕目为艮，匕目[7]为真[8]也。"段注："《释名》曰：'艮，限也。'目相匕，即目相比，谓若怒目相视也。独引'艮其限'者，以限与艮音义皆同也。"

《说文》："限：从阜、皀声。"又"很：从彳、皀声。"

《释名》以音训为旨，刘熙与许慎时代相去不远，《说文》"眼、限、很"俱从艮声，可推知"眼、限、很、艮"东汉时仍同音。

郑玄注《周礼》留下了"眼、限"同音的痕迹：

---

① 骏发尔私：《毛传》："私，民田也。言上欲富其民而让于下，欲民之大发其私田耳。"郑《笺》："骏，疾也。发，伐也。"附注：古井田制，中间一块百亩为公田，周围八块为私田。句意为：田官号召民众抓紧农时，先大力耕种私田。

② 泭(fū)：竹筏，木筏。

③ 茷(fá)：草叶茂盛。

④ 皀：今读gèn时，义同"艮"；读yǎn时，义同"眼"。

⑤ 限限：形容人眨眼瞳子明亮的样子。

⑥ 匕(bǐ)："比"字的古体。这里作比较讲。

⑦ 匕(huà)：古"化"字，变化。

⑧ 化目为真：真字古体为"眞"。《说文·真》："仙人变形而登天也。从匕，从目、从乚；八，所乘载也。"李恩江译述："会意字，从匕、从目，表示变化形体，形体各部分皆可变，以目为代表，传说偓佺方眼，即为变化之证；从乚，乚音隐，义亦同，表示仙人能隐身于无形；八为丌之省，表示仙人飞升的乘载之具，即如草鞋之类。"

《释文 · 考工记 · 轮人 · 其眼》："（眼）鱼恳反。" 同则《限切》："（限）鱼恳反。" 这已是特定语词的读音[⑨]了。

以上古 "鱼" 音 [ŋia]、"恳" 音 [k ʻən] 相切得 "眼" 音 [ŋən]，与唐作藩《上古音》所拟疑纽、文部、上声相符。

中古 "眼" 的 "目也" 之义，读为 [ŋan]：

《玉篇 · 眼》："五简切，目也。《易》曰：'其于人也，多为白眼。'" 徐铉、《广韵》作 "五限切"。"五简切" 与 "五限切" 同音（《广韵 · 产韵》"限，胡简切"，读为 hǎn；"简，古限切"，读为 gǎn）。

《集韵 · 产韵》"眼" 读 "语限切"，确立了 yǎn 音。但仍保留了 "鱼恳切" 之音，用于表特定义：

《集韵 · 混韵 · 限》："鱼恳切。限切，急意。" 又《混韵 · 眼》："出大貌。《周礼》：'望其毂，欲其眼也。' 郑康成读。" 这里 "限、眼" 同音。"限" 今读 wěn（《大字典》），"眼" 今读 èn（《王力字典》）或 wěn（《大字典》）。

徽语今读眼为 [$ŋɛ^{35}$]（徽城）、[$ŋɛ^{31}$]（屯溪）、[$ŋɛ^{213}$]（建德）等，均据《徽州方言》。富堨则读为 [$ŋaŋ^{314}$]、威坪读为 [$ŋuŋ^{213}$]，仍以牙音发声。

（七）说砚台如 "威爱"

徽州是歙砚之乡，历来尊儒崇文，砚台乃日常所见、文房必备之物。称砚或如 "niēn"（歙北），或如 "砚 ǒng"（威坪），或如 "威爱"（徽城）。

说砚如 niēn 是宋以后之音。《集韵 · 霰韵》"砚、研" 同音倪甸切。"砚 ǒng" 则是 "砚瓦" 的音转。方言 "眼" 与 "瓦" 同音。

砚瓦是唐语。

五代孙光宪《北梦琐言》卷六《白太傅[⑩]墓铭 · 卢郑二相[⑪]附》："郑文公畋，与卢相携亲表也。阀阅[⑫]相齐，词学相均。同在中书，因公事不叶，[⑬]挥霍[⑭]间言语相挤

⑨ 义见下文所引《集韵》文。其中 "急意" 是绷紧的意思，"出大貌" 是突出的意思。
⑩ 白太傅：指白居易。
⑪ 卢郑二相：指卢携、郑畋两人，唐僖宗时同居相位。
⑫ 阀阅：门第、家世。
⑬ 不叶（xié）：叶，通 "协"。意见不统一。
⑭ 挥霍：指手画脚的样子。

诟，[1] 不觉砚瓦翻泼。”

清刘廷玑《在园杂志》卷四《砚》：“《瑯环记》[2] 云：‘砚神曰淬妃。’考砚之制，古今不一。而唐人呼曰砚瓦，盖谓砚形凸起如瓦，非以瓦为砚也。用久则平，又久则凹矣。剑南诗：‘古砚微凹聚墨多。”今人呼砚曰砚台，亦曰砚瓦。”

清郑燮《郑板桥集·范县署中寄舍弟墨第二书》：“其内茅屋二间，一间坐客，一间作书房，贮图书史籍笔墨砚瓦酒董[3] 茶具其中，为良朋好友后生小子论文赋诗之所。”

清翟灏《通俗编·器用·砚瓦》：“邵伯温[4]《闻见后录》：‘砚瓦者，唐人语也。非谓以瓦为砚，盖砚之中心隆起如瓦状，以不留墨为贵。’米芾[5]《画史》：‘晋唐皆凤池砚，[6] 中心如瓦凹，故曰砚瓦。笔因凹势锋圆，故其书画背圆。’按：二说相反，未知孰是。李咸用[7] 有《谢人遗端溪砚瓦》诗，信其为唐人语也。或云，古初砚实用陶瓦，观昌黎[8]《毛颖传》[9]，称砚为陶泓[10] 可见。理亦有之。”

陶砚史上确实有之，但据米芾《砚史·陶砚》“相州[11] 土人自制陶砚，在铜雀上。”（《大词典》）之语，则“非谓以瓦为砚”就值得商榷了。米芾的意见是：相州人自制的陶砚，质量在铜雀台瓦所做的砚之上。

十八足辟雍青瓷砚台

宋洪迈《容斋随笔·续笔》卷十二《铜雀灌砚》：“相州，古邺都，魏太祖铜雀台在其处，今遗址仿佛尚存。瓦绝大，艾城[12] 王文叔得其

① 挤诟：抵触、斥责。
②《瑯环记》：瑯，同“琅”。琅环，传说中的仙境名。《瑯环记》，元伊世珍著。
③ 酒董：酒具的总称。
④ 邵伯温：宋范阳人。著有《邵氏闻见录》《邵氏闻见后录》等。
⑤ 米芾（fú）：宋代画家、书法家，有《书史》《画史》等著作。
⑥ 凤池砚：砚的一种形制，形状像凤字。
⑦ 李咸用：唐人。工诗，不第。
⑧ 昌黎：韩昌黎，即韩愈。
⑨《毛颖传》：“颖”是“颖”的讹变字。《毛颖传》是韩愈以纪传体形式写成的寓言散文。
⑩ 陶泓（hóng）：陶制的砚。泓，指砚中的积水。
⑪ 相州：北魏相州在今河北临漳西，唐相州在今河南安阳西。
⑫ 艾城：汉置艾县，在今江西修水县西。

一，以为砚，饷黄鲁直，东坡所为作铭者也。……赣州雩都县，故有灌婴[①]庙，今不复存。相传左地尝为池，耕人往往于其中耕出古瓦，可窾[②]为砚。”

清王士禛《池北偶谈》卷十二《羽阳宫瓦》：“《老学丛谈》云：铜雀瓦皆阳字，纪建安十三年造。尝闻其土著人云，瓦甚大，一片可为四砚。”卷十四《灌婴庙瓦》：“吉水李梅公侍郎元鼎有砚，五瓣如梅花状，质如黄玉，杂翡翠丹砂之色，累累坟起，云是灌婴庙瓦。”卷十六《铜雀砚辨》：“崔后渠《彰德府志》‘辨砚’云：‘世传邺城古瓦砚，皆曰曹魏铜雀砖砚，皆曰冰井。[③]盖恂名[④]而未审其实。’……《邺中记》云：‘……又有砖筒者，花纹年号如砖，内圆外方，用承檐溜，[⑤]亦可为砚。’”卷二十五《击砚图》：“吴匏庵尝蓄一铜雀瓦砚，甚珍之。一日，出示其友，某公恶曹瞒，拔剑击之，立碎。匏庵懊惜。时沈石田在座，乃援笔于便面[⑥]作《击砚图》，匏庵大喜。”

可见，铜雀台瓦砚影响之大、流传之久。显然，“砚瓦”一词的来源并不那么简单。

至于“威爱”，以笔者之意度之，则是“宛研”一词的遗音。上古读“怨、智”如“委”。《说文》“怨、智、宛、苑”皆从夗声，读智如“委”，则读宛亦如“委”。

陈奕禧书娄元颖《泰阶六符赋》。闲，新安语读喉音[x]

《孔子家语 · 五仪解》：“富则天下无宛财，施则天下不病贫。”王国轩注：“《荀子 · 哀公》作怨财，……王（肃）注：‘宛，积也。’”

“宛财”，即“委财”。《大词典 · 委财》：“积贮的财货。《淮南子 · 齐俗训》：‘无天下之委财，而欲徧[⑦]赡万民，利不能足也。’”

---

① 灌婴：西汉人。助刘邦立汉，与周勃、陈平共诛诸吕，拥立文帝，代周勃为丞相，卒谥懿。

② 窾（kuǎn）：剜刻使空。

③ 冰井：冰井台的简称。魏武帝建于邺城西北，用于藏冰的处所。

④ 恂（xūn）名：恂，信，相信。因名声而相信。

⑤ 檐溜（liù）：溜，通“霤”，瓦沟滴水。檐溜，即屋檐水。

⑥ 便面：古代用于遮面的物品，如团扇、折扇。

⑦ 徧（biàn）：同“遍”。

就积贮财货的意义讲，《孔子》家谱说“宛财”，《荀子》说“怨财”，《淮南子》说“委财”，表意相同，其原因是上古“宛、怨、委”读音相同。王肃注“宛，积也”，说明王肃也是读“宛”为“委”的。

《说文 · 夗》：“转卧也。”段注 ：“凡夗声、宛声字皆取委曲意。”又《宛》：“屈草自覆[①]也。”段注 ：“屈草自覆者，宛之本义也，引申为夗曲、宛转。如《尔雅》‘宛中宛丘’、《周礼》‘琬圭’[②]皆宛曲之义也。……故《方言》曰 ：‘宛，蓄也。’……”

《尔雅 · 释丘》：“宛中，宛丘。”胡奇光注 ：“宛 ：低洼，凹入。”《释文》：“孙[③]云‘谓中央汙[④]也’，郭谓‘蕴聚隆高也’。”

《诗 · 陈风 · 宛丘》：“子之汤[⑤]兮，宛丘之上兮。”《毛传》：“四方高、中央下，曰宛丘。”

以上诸条释“宛”之义，与砚池的表状相符 ：浅盆状，微凹，研墨之汁汇聚蓄积于洼处。

再说“研”音义。

《说文》：“研，磨也。”《王力字典 · 研 · [同源字]》：“研，砚。二字双声叠韵，意义相因。研的本义为磨，砚亦取义于研磨(见《释名 · 释书契》)，‘砚’也可写作‘研’，二字同源。”

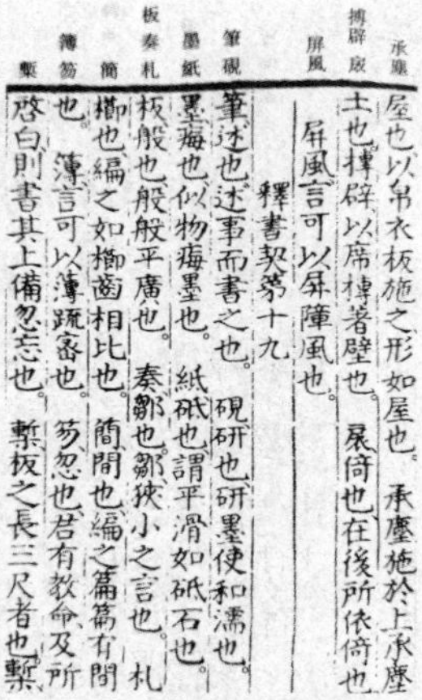
屋也以帛衣板施之形如屋也。承塵施於上承塵土也。搏辟以席搏著壁也。扆倚也在後所依倚也。屛風言可以屛障風也。

釋書契第十九

筆述也述事而書之也。硯研也研墨使和濡也。墨痗也似物痗墨也。紙砥也謂平滑如砥石也。板般也般般平廣也。奏鄒也鄒狹小之言也。札櫛也編之如櫛齒相比也。簡間也編之篇篇有間也。簿言可以簿疏密也。笏忽也君有教命及所啓白則書其上備忽忘也。槧板之長三尺者也槧

《释名 · 释书契》“砚，研也”

《说文 · 砚》：“石滑也。”段注 ：“谓石性滑利也。《江赋》[⑥]曰 ：‘绿苔鬖髿[⑦]乎研上。’李注 ：‘研与砚同。’按字之本义谓石滑不涩，今人研墨曰砚，其引申之义也。”《同源字典》：“《广韵》：‘砚，笔砚。’《释名 · 释书契》：‘砚，研也，研墨使和濡也。’字本作‘研’。”可见称研墨的用具，“研”在前，“砚”在后。

古人称砚为“研”的不乏其例 ：

宋何薳《春渚纪闻》卷九《纪砚》有《吕老煅研》《澄泥研》《南皮二台遗瓦研》《端石莲叶研》《风字晋研》《乌铜提研》《古斗样铁护研》《李端叔铭僧研》《涵星研》

---

① 屈草自覆 ：李恩江译述 ：“指古时屋宇茅茨不剪之状，任其屈曲下垂，以为覆蔽。”

② 琬(wǎn)圭 ：上端圆形的圭。

③ 孙 ：指孙炎，三国魏乐安人。为《毛诗》《礼记》《春秋三传》《国语》《尔雅》作注。所撰《尔雅音义》，为用反切注音之最早者。

④ 汙(wū)：低下。

⑤ 汤(dàng)：通“荡”，游荡。

⑥《江赋》：晋郭璞撰。

⑦ 鬖髿(sān shā)：头发散乱的样子，李善注 ：“《通俗文》曰 ：‘发乱，曰鬖髿。’”

《郑魁铭研诗》等十几篇记述有关砚的形制、史实、轶闻、雅事的文章。其《铜雀台瓦》："相州，魏武故都。所筑铜雀台，其瓦初用铅丹杂胡桃油[①]捣治火之，取其不渗，雨过即干耳。后人于其故基，掘地得之，镵以为研，虽易得墨而终乏温润，好事者但取其高古也。"其《雷斧研铭》[②]："余经霅川，[③]偶得数雷斧于耕夫，虽小大不等而体皆如玉，因择其厚者窪而为研。肤里锐泽，[④]取墨磨研而墨光可鉴。但恨其大而薄者，不容窪治，则以铁为周郭，[⑤]如青州提研[⑥]所制，亦几案间一尤物也。因铭之曰：'石化陨星，龙雨刀槊。是从震霆，散坠风雹。形实斧也，其质玉璧。窪而为砚，以资锐泽。与翰墨而周旋，诛奸谀[⑦]之死魄。'"

南宋张世南《游宦纪闻》卷六《沙随先生》："后又得张无垢遗樊茂实研，后刻诗曰：'端溪石砚天下奇，紫光夜半吐虹霓。……'"

清王士禛《分甘余话》卷二《先人古镜端研》："公故物惟此镜与端溪小研一，光洁如白玉，亦有刻字，曰王子廓家珍藏。端研无铭。"

可见，称砚为"研"仍是中古习语。

《说文·研》："从石，幵[⑧]声。"又《幵》段注："幵从二干，古音仍读如干，何以证之？籀文栞[⑨]读若刊，小篆作栞，然则干幵同音可知。……凡刑[⑩]声幷[⑪]声之字尽失古音，得吾说存之，而后大略可证。"这样，我们以疑纽 [ŋ(i)] 与"干"相切，得上古读研如 [ŋian]，即音如"安"。

《同源字典》"研、砚"都音[ngian]，唐作藩定为疑纽、元部、平声。徽语读为[ŋɛ³⁵]（参照《徽言·徽诚·眼》），只是韵部变为近于"爱"而已。

---

① 胡桃油：胡桃，今称核桃。用胡桃煎制的油。

② 雷斧：传说中雷神用以发霹雳的工具。

③ 霅(zhá)川：即霅溪，在今浙江湖州市。

④ 锐泽：光洁细润。

⑤ 以铁为周郭：郭，同"廓"。用铁包镶。

⑥ 青州提研：青州，在今山东省。何薳《春渚纪闻·记砚》中《赵安定提研制》记载，"《研谱》称唐人最重端溪石，每得一佳石，必梳而为数板，用精铁为周郭。青州人作此，至有名家者"即指此。

⑦ 奸谀：善于谄媚的奸邪之徒。

⑧ 幵(jiān)：汉时羌族的别种名。《说文》："幵，平也。"

⑨ 栞(kān)：同"栞(kān)"。栞同"刊"。

⑩ 刑：同"刑"。

⑪ 幷：今作"并"。

第二章　轻重之痕

王力《汉语音韵 · 上古的声母系统》:“钱大昕首先提出了古无轻唇音的说法。他提出了古读负如背，古读附如部，古读佛如弼，古读逢如蓬，古读文如门……等例子。”

孟庆惠《徽州方言 · 文化底蕴 · 古音》:“古无轻唇音是清代人钱大昕发现的重大古音韵学理论。他告诉我们上古音没 f、v 等读轻唇（即唇齿音）的声母。他还说现代读轻唇音 f、v 声音的字，在上古音应该是读重唇音(即双唇音 P、P‘、m 等声母的)。”孟先生对徽语今非组字仍读重唇的，列出了读甫如普 [p‘u^{35}]（歙)、读吠如披 [p‘i^{33}]（休)、读枫如旁 [p‘aŋ^{21}]（黟)、读晚如卖 [mɛ^{35}]（歙）等 22 例。

徽州府城一隅(吴永辉 摄)

先说说笔者浅显的认识。

比如“方”。

钱大昕 :“方羊 [①] 即旁羊。”又“吕忱《字林》反‘镳’为方遥,反‘襮’为方沃,反‘邶’ [②] 为方代，‘镳、襮、邶’皆重唇，则‘方’之为重唇可知也。”

《尚书 · 尧典》:“共工方鸠僝功。”李民注 :“方，读如旁。”

---

① 方羊 :《大词典 · 方羊》:“亦作方佯、方洋,即徜徉。①徘徊,不自安貌。②翱翔 ;腾飞。”

② 穮、襮、邶 : 穮(biāo),耘田除草。襮(bó),绣有花纹的衣领。邶,据《大字典》,用作动词,音bì,同“弼”,辅助 ;用作地名,音bèi,同“邶”,古国名。周武王封殷纣王之子武庚于此,约相当于今河南省淇县以北、汤阴县东南一带地方。

《诗·小雅·天保》:“如川之方至，以莫不增。”[1] 黄淬伯诂 :“《笺》:‘读方为旁。’”

《诗·秦风·蒹葭》:“所谓伊人，在水一方。”黄谇伯诂 :“《马释》:‘方、旁古通用，一方即一旁也。’《尧典》:“共工方鸠僝功。’《史记》‘旁’,《说文》‘魴，䲳 :鰟。’”[2]

《诗·大雅·大明》:“厥德不回，[3] 以受方国。”《马释》:“方与旁古声义并同，旁亦大也。方有大义，方国犹言大国也。”

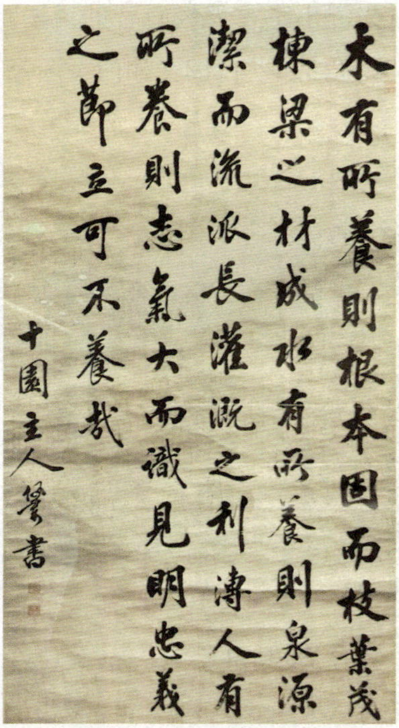

汪佩兰墨宝。“灌溉之利溥”，溥的分布义音fū，方音入重唇，例：浓雾pū过来，对面不见人。说的是“溥”字

《诗·商颂·玄鸟》:“方命厥后，奄有九有。”[4]《马释》:“按，方、旁古通，《易·系辞》‘旁形而不流’,《淮南·主术篇》作‘方行’，方犹旁也。旁之言溥也，偏[5] 也。……此诗‘方命厥后’就《晋语》曰‘乃使旁告於诸侯’。”(均引自《覈诂》)

《庄子·逍遥游》:“吾为其无用而掊[6] 之。”《释文》:“(掊)徐方垢反。司马云‘击破也’。”

以上“方读如旁”“读方为旁”“方、旁古通用”“方与旁古声义并同”，都说明上古读方是重唇音。又“掊(pǒu)”是重唇音，则“方垢反”的“方”必是重唇音。

《客方言》卷七《释服用·盛酒器曰甏》[7] :“方声、甏声同部。《诗》‘祝祭于祊’[8],《说文》引作甏，[9] 甏读补盲切，是其证也。《考工记》‘旊人[10] 为簋’，[11] 郑音方往反。古读方如旁，则旁往正切得傍(正音)。”又卷十《释草木·笨箕笃》:“防己，药名，

---

① 如川之方至，以莫不增：像河水大涨一样，一切都增多。
② 魴(fáng)、鰟(páng):魴，今称鳊鱼。鰟，是魴的或体。
③ 回:《毛传》:“回，违也。”(文王)不违背祖先之德。
④ 奄有九有：奄，包括。九有，九州。
⑤ 偏(biàn):同“遍”。
⑥ 掊(pǒu):击破，打击。
⑦ 甏(bèng):瓮。
⑧ 祊(bēng):古时称在宗庙门内祭祖，也指这个祭祖的地方。
⑨ 甏:同“祊”。
⑩ 旊(fǎng)人：制作瓦器的工人。
⑪ 簋(gǔi):古代礼器，也用作盛物。

客语谓之‘笨箕笃’。古无轻唇，读方如丙，故方声与丙声通。《隐九年》‘公会齐侯于防’，《公羊传》防作邴。邴、笨双声，笨箕即防己之音转。”可见，上古读方既有发声于 b，又有发声于 p。

《启颜录·姓房人》：“唐有姓房人，好矜门地，[1] 但有姓房为官，必认云亲属。知识疾其如此，乃谓之曰：‘丰邑公相（丰邑坊在上都，是凶肆，出方相[2]也）是君何亲？’曰：‘是某乙再从[3]伯父。’人大笑曰：‘君既是方相侄儿，只堪吓鬼。’”故事正是利用“方、房（páng）”同音而揶揄喜攀附矜夸的人。

再如“甫”。

方言说诗圣杜甫音如“图布”（威坪）、“都布”（歙北）。钱大昕说：“甫方扶房武分诸字本重唇”。《诗·小雅·车攻》：“东有甫草，驾言行狩。”[4] 陆德明音释：“甫，毛如字，大也。郑音补，谓圃田，郑薮也。……甫田，旧音晡。十薮，[5] 郑有圃田。”

《说文·甫》：“从用、父，父亦声。”明陈弟《毛诗古音考·父》：“父音甫。今渔父、农父亦读甫。至父母之父，读户。古皆上声。”按陈弟之意，父音“甫”，即音“补”。

《客方言》卷三《释亲属·呼父曰阿爸》：“《释名》：父，甫也；甫，始也，始生己也。古无轻唇，读父如补（《周语》：蔡公谋父，旧音，父音甫、音补）。”《礼记·檀弓下》：“叔誉曰：‘其阳处父乎？’”《释文》：“（父）音甫，注同。”《释文·周礼·大宗伯·彪》：“甫休[6]反。”钱大昕“封域即邦域”。《礼记·檀弓上》“县棺而封”，《释文》：“（封）依注作窆，彼验反。下棺也。徐又甫邓反。”这里“邦、彪、窆（biǎn）”读重唇，则“封”读重唇，可推得“甫”必读重唇。

《说文》依“甫声”的字今大多仍读重唇，如哺、捕、匍、浦、晡、脯、铺、痡等。补由“補”简化而来，也在其列。普通话转为轻唇的如“辅”，徽语照旧读重唇“pu”（歙县［p‘u^{35}］、威坪［p‘u^{41}］）。

明陈弟《毛诗古音考·辅》：“音甫。《说文》：‘从车甫声’。”这里“音甫”应

---

① 好矜（jīn）门地：矜，自夸。门地，同“门第”。

② 方相：上古传说中驱除疫鬼和山川精怪的神灵。后演变成以人扮演，或用竹、纸扎制其形状，用于驱鬼避邪。如徽俗流传的“跳钟馗”。

③ 从（zòng）：同宗的。

④ 东有甫草，驾言行狩：甫草，丰茂的草。言，语气助词。行狩，出行打猎。

⑤ 十薮（sǒu）：大泽、湖泽称薮。十薮，指《尔雅·释地》所载的十大湖泽。它们分别是鲁（大野）、晋（大陆）、秦（杨陓yū）、宋（孟诸）、楚（云梦）、吴越（具区）、齐（海隅）、燕（昭余祁）、郑（圃田）、周（焦护）。

⑥ 休：据《大字典》，为“休”的讹字。

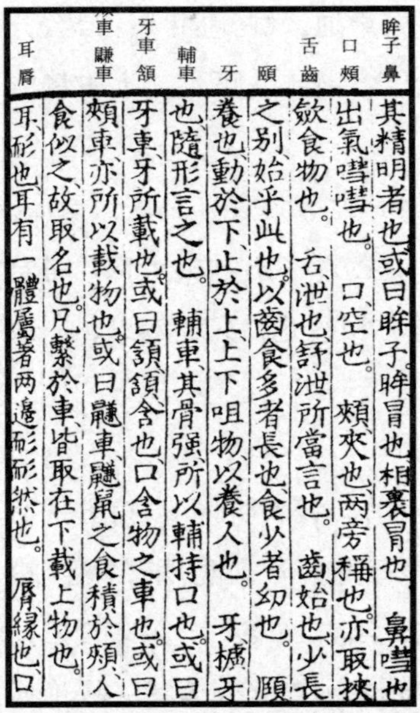
其精明者也或曰眸子眸冒也相裹冒也 鼻嘒也
出氣嘒嘒也 口空也 頰夾也两旁稱也亦取挾
斂食物也 舌泄也舒泄所當言也 齒始也少長
之别始乎此也以齒食多者長也食少者幼也 頤
養也動於下止於上上下咀物以養人也 牙樝牙
也隨形言之也 輔車其骨强所以輔持口也或曰
牙車牙所載也或曰頷頷含也口含物之車也或曰
頰車亦所以載物也或曰鼸車鼸鼠之食積於頰人
食似之故取名也凡繫於車皆取在下載上物也
耳耏也耳有一體屬著两邊耏耏然也 脣緣也口

《释名》选读。“辅”,新安语说人脸为“面pū”,即“辅”的古音

是指音同“补”。

《王力字典 · 辅㈡》:“面颊。也作酺。”《客方言》卷四《释形体 · 面曰面部》:“部当为酺声之转也。……古读酺入重唇如补。”读酺如补,即读辅如“补”。故徽语说辅导、相辅相成如“瀑导”“相瀑相成”。

《说文 · 尃》:“从寸,甫声。”知《说文》读尃为“补”。从而推知《说文》从尃声的字也读如补、如敷:

《说文 · 敷》:“从攴,尃声。”李恩江译述:“敷即施行,传布。同‘尃’,后一般写作‘敷’。”

《诗 · 大雅 · 烝民》:“赋政于外,四方爰发。”[①] 黄淬伯诂:“《笺》:‘以布政于畿外。’《马释》:……赋与敷音近通用,《皋陶谟》‘赋纳以言’,[②]《汉书 · 叙传》述《中宗纪》引作‘傅纳’,傅即敷之借也。敷又与布通,《商颂》‘敷政优优’,[③]《左传》引作布政优优’。”《诗 · 周颂 · 赉》[④]:“敷时绎思,我徂维求定。”[⑤] 黄淬伯诂引《马释》:“宣十二年《左传》引《诗》‘铺时绎思’。……敷时绎思,谓布是文王之德泽而引申之,以及于无穷,思为语词。”

《客方言 · 释言(下)· 陈列曰摆》:“《周语》之布戎,《曲礼》之布席,《聘礼》之布幂,皆谓陈列,义同敷。《顾命》[⑥]‘敷重篾席’。《穆天子传》‘敷筵几。敷亦训陈。’古读敷如铺(《诗》‘铺敦淮濆’,[⑦]《韩诗》作敷),如辅(《书》‘敬敷五教’,[⑧]《王莽传》作敬辅),又如布(《诗》‘敷政优优’,《左传》作布政)……”

《释文 · 仪礼 · 特牲馈食礼 · 敷席》:“(敷)音孚。[⑨] 本又作铺,普吴反,后同。”

---

① 赋政于外,四方爰发:赋,同“敷”,发布。四方,指四方诸侯。爰,于是……都。发,响应。

② 赋纳以言:今《尚书 · 益稷》作“敷纳以言”。敷,出外宣告王的政令。纳,诸侯执行的情况、建言等汇报于王。

③ 敷政优优:《诗 · 商颂 · 长发》篇中的句子。优优,温和宽厚。徽语表“迁就”的意思说“优着点”含有此意。

④ 赉(lài):赐予。

⑤ 徂(cú)维求定:徂,往。维,只。求定,求取安定太平。

⑥《顾命》:《尚书 · 周书》中篇名。

⑦ 铺敦(tún)淮濆(fén):敦,通“屯”,屯聚。濆,水边,岸高。

⑧ 语在今《尚书 · 舜典》。

⑨ 孚:《说文》徐铉音芳无切。古读方入重唇,则读芳也入重唇,故孚读如“甫”。

不管是“通铺、通辅、通布”，都是因为敷从尃声的原因，而尃声是以甫为声的。

以敷作反切上字可得同样的结果。

《左传·哀公十二年》：“长木之毙，无不摽[①]也”《释文》：“（摽）敷萧反，又普交反，击也。”

歙北沙溪元建掇秧亭西门楣额题“瞻蒲”。方音“蒲”如bū、boū(歙北)，如pū(威坪)

《礼记·祭义》：“曾子曰：‘夫孝，置之而塞乎天地，溥之而横乎四海”[②]《释文》：“（溥）本亦作敷。同芳于反。”

这里摽读重唇，则敷必读重唇；溥今仍有 pǔ 音。芳，《说文》：“从艸，方声。”读方为“旁”，则读芳亦如“旁”。

又如芦菔（fú）一物，今称萝卜，这是怎样的一个演变过程呢？

《说文》：“芦，芦菔也。”李恩江译述：“芦菔一名，即萝卜。”汉王符《潜夫论·思贤》：“治疾当得真人参，反得支罗服。”清汪继培《笺》：“《意林》及《御览》七百卅九、九百九十一‘罗服’字，皆从艸作，无‘支’字。《御览》九百八十引《正论》[③]云：

---

① 摽(piào)：击，撞击。

② 置之而塞乎天地，溥之而横乎四海：塞，充满。溥，传布。横，遍及。句意为：拿(孝)放在天地之间，它就充满天地；传布(孝)，它就遍及四海之内。

③《正论》：东汉崔寔著，今名《政论》。

‘理世不得真贤，犹治病无真药。当用人参，反得萝菔根。’‘支萝菔’即“萝菔根’也。”

《齐民要术》卷三《蔓菁》：“《方言》曰：‘芜菁，紫花者谓之芦菔。’按：芦菔根实粗大，其角及根叶，并可生食，非芜菁也。”又“《广志》曰：‘芦菔，一名雹突。”

宋黄朝英《缃素》补辑《芦菔》：“芦菔，江东人谓之菘菜。”吴企明《校勘记》：“此条据袁文《瓮牖闲评》卷六辑录。袁文接云：‘芦菔乃是今之萝葡，与松菜全不相类。江东人无缘以为一物，岂亦《缃素》不详审而强名之也。’”

南宋周密《癸辛杂识》前集《菟》[①]：“今成都面店中呼萝葡为菟子，虽曰市井语，然亦有谓。按《尔雅》曰：‘菟，芦菔也。’郭璞以葩为菔，俗呼雹菟，先北反。或作葡，释曰：‘紫花松也，一名菟，盖其性能消食、解面毒。”《谈苑》云：‘江东居民岁课艺，[②]初年种芋三十亩，计省米三十斛；次年种萝菔三十亩，计益米三十斛，可见其能消食。”

元大司农《农桑辑要》卷五《瓜菜·萝卜》：“《齐民要术》：种菘、芦菔（蒲北切）法，与蔓菁同。”又“《四时类要》：种萝卜，宜沙糯地。[③]马宗申注：“萝卜，又叫莱菔、芦菔。”

芦菔、萝菔、萝葡、莱菔、萝卜，实即一物，只是说法不同。其“芦、萝、莱”同属来纽，可姑且不论，其“菔（葩）、葡、卜”的读音是关键。

《说文·菔》：“从艸服声。”徐铉蒲北切。王力《汉语音韵学》：“钱大昕：‘扶服即匍匐，伯服即伯犕。’”《客方言·释服用·棉袄曰袄婆》：“古服读重唇如备，《说文》引《易》：‘犕牛乘马。’犕牛即服牛，《左传》‘王使伯服’，《史记·郑世家》作伯犕。”同卷《蒲赢》[④]：“卢，赢声转，芦菔之为罗匐，其例也。”

《尔雅·释草》：“菟，芦葩。”《释文》：“（葩）郭音菔，蒲北反。”胡奇光注引郭注：“‘葩’宜为‘菔’。芦菔、芜菁属，繁花大根，俗呼雹菟。”又引邢疏[⑤]：“今谓之萝卜是也。”

这就是说，汉、晋时“菔、葩（féi）”同音“蒲北反”。

上古读北如“必”。明陈弟《古音考·北》：“北音必，本证：《桑中》：‘爰[⑥]采麦矣，

---

① 菟(tū)：即萝卜。
② 课艺：种植。
③ 沙糯地：马宗申注“糯”殿本作“輭”。輭(ruǎn)，同“软”。
④ 赢(luó)：《说文》：“锉赢也。”古又称“鍑fù”。
⑤ 邢疏：指北宋邢昺著的《尔雅疏》。
⑥ 爰：于何处，在哪里。

沬[1]之北矣。云谁之思，[2]美孟弋矣。'"[3]蒲从浦声，浦又从甫声，甫读如补，可得"蒲北反"读为bì。

《说文·匐》："伏地也。从勹，[4]畐[5]声。"徐铉蒲北切。陈弟《考》："匐音必。'匍匐救之'，《礼记》作'扶服救之'。扬雄《解嘲》：'范雎扶服入橐。'服古音必。匍古音扶，是字异而音同也。畐古读必，故福、楅[6]、幅、辐、偪[7]、葍之类悉从此音。"

《诗·大雅·生民》："诞实匍匐，克岐克嶷。"[8]《释文》："(匍)音蒲，又音符，本亦作扶。(匐)蒲北反，又音服。本又作服。"

《诗·邶风·谷风》："凡民有丧，[9]匍匐[10]救之。"《释文》："(匍)音蒲，又音符，(匐)蒲北反。一音服。郑云：'匍匐，尽力。'"

《礼记·檀弓下》："孔子闻之曰：善哉觇[11]国乎！《诗》云：'凡民有丧，扶服救之。'虽微晋而已，天下其孰能当之！"

这个"葡、匐、"怎么又转为"卜"呢？

蔡梦麒《说音研·辩证第三·暑》："'暑'字《广韵》有蒲角、匹角二切，《大字典》《说文今释》取《广韵》匹角注音pó。按当取蒲角切注音bó。……《汉书·东方朔传》：'上令倡监[12]榜[13]舍人，[14]舍人不胜痛，呼暑。'服虔曰：'暑音暴。'邓展曰：'暑音瓜瓟[15]之瓟。'颜师古曰：'邓音是也。痛切而叫呼也。与《田蚡传》呼服音义皆同。''瓟'音蒲角切。'呼暑'亦作'滹服''呼瓟'，读音同。《汉书·田蚡传》：'春，蚡疾，一身尽痛，若有击者，謼服谢罪。'晋灼曰：'服音瓟。关西俗谓得杖呼及小

① 沬(mèi)：据《王力字典》，沬即牧野，在今河南淇县。
② 云谁之思：思念的人是谁。云，语助词。
③ 美孟弋矣：美丽动人的弋氏长女。孟，子女当长者。弋，姓。
④ 勹(bāo)："包"本字。
⑤ 畐：bī音之义为满，特指肠满。fú音之义为"幅"的省借。
⑥ 楅(bī)：捆在牛角上的横木。
⑦ 偪(bī)：迫近，狭窄。
⑧ 诞实匍匐，克岐克嶷：《毛传》："岐，知意也。嶷，识也。"郑《笺》："能匍匐，则岐岐然意有所知也，其貌嶷嶷然有所识别也。"诞，语气词。
⑨ 丧：指凶祸之事。
⑩ 匍匐：本指爬行，这里比喻竭尽全力。
⑪ 觇(chān)：探察。
⑫ 倡监：倡指歌舞艺人。倡监，职官名。
⑬ 榜(péng)：《王力字典》："古代的一种刑罚，捶击，或者鞭打。"
⑭ 舍人：古官名。
⑮ 瓟(bó)：小瓜。

儿啼为呼脆。'颜师古曰：'謼，古呼字。若谓啼为滹服，则滹音火交反，服音平卓反。'平卓反即《广韵》蒲角切。"

"蒲角切"音 bó。今普通话转轻音 bo。徽语歙西与之相近，歙县大部、淳西则近于 pū、bū 或 pō。

再如徽语说"问政山"为"门政山"，晚老子、晚姆（音ḿ，即晚娘，继父、继母之意）为"蛮老子、蛮姆"（徽城音 [mɛ35]、威坪音 [muŋ324]），"蚊子"为"门虫"等，也是因为"古无轻唇"的缘故。

王力《汉语音韵学》："钱大昕'古读文如门''汶山即岷山''芜菁即蔓菁'。"

罗翙云《客方言·释言上·谓人勤动曰敉[①]母》："据《水经注·汉水篇》文水即门水，知古音读文如门也。"

《周礼·秋官、大司寇》："以嘉石平罢民。"杨天宇注："据郑《注》，嘉石即纹石（有纹理的石头），置于外朝门左；平，成也，成之使善。贾《疏》[②]曰：'使罢民思其文理，以改悔自修。'罢，音 pí。"《释文》："（文）如字，刘音问。"

这里"刘音问"的"刘"，按《释文·序录》指刘昌宗。《说文·问》："从口门声。"刘昌宗是东晋人，去汉未远。这个"问"当如《说文》读为"门"，即读文如"门"。

《通萃·侧释 4151》："《书·禹责》'岷山'，《史记·夏纪》作'汶山'。段玉裁谓：'汉蜀有汶江道，元鼎六年置。汶山郡，亦作文山郡。'"

《左传·哀公十四年》："宣叔以晋师伐齐，取汶阳。"《释文》："（汶）音问。"

《通萃·侧释 5043》："《史记·六国年表》（周赧王二十年）'鲁文侯'，《集解》引徐广曰：'文，一作湣。'又《鲁世家》：文公，《索隐》曰'《系本》作湣公'。"

明陈弟《古音考·门》："门音民。《太玄·盛首》[③]：'小盛臣臣，大人之门。'[④]《聚首》：'宗高其年，群鬼之门。'[⑤]年，古音宁，一韵臣，一韵年，古音可知。"又《本证〈北门〉》："出自北门，忧心殷殷。"[⑥]

---

① 敉(mǐ)：安抚，安定。

② 贾《疏》：指唐贾公彦的《周礼义疏》。

③《太玄·盛首》：汉扬雄《太玄·盛》的起首部分。下《聚首》义同。

④ 小盛臣臣，大人之门：宋司马光注："臣臣，自卑贱之意也。君子当小盛之初，能自卑贱，承事仁贤，以致长盛。凡为大人者，未有不由此道而出也。故曰大人之门。"

⑤ 宗高其年，群鬼之门：原注此条缺。据下文"《测》曰：宗高其年。鬼待敬也"之意，句意或是为：年纪越高，离见祖宗的日子越近，祖先的亡灵都找上门来，等待着后辈（新鬼）来服侍孝敬。"宗，通"崇"，积聚。

⑥ 殷殷：忧伤深沉的样子。

今歙西方言读臣如 qīn，可信。

从释文 · 仪札 · 土丧礼 · 文竹》："(文) 如字，刘目真反。"

今歙西方言读真如 jīn，按此切"目真"可得音如"民 (mín)"。

《仪礼 · 聘礼》："束帛加书将命，[1] 百名以上书于策，不及百名书于方。"[2]《释文》："名谓文字也。"也就是说"名"通"文"。

如此，则文通"问"，问从门声，门音"民"，即上古"文"音 mín。故文又通"名"，通"岷"，通"湣"。

所以，就声纽的情况，上古读"文、问、晚"等微母字读为明母，是真切的历史痕迹。至于徽语说"蚊子"如"门虫"也是这个窠臼。

《说文 · 蚊》："俗蟁。从虫，从文。"李恩江释："虫为形符，文为声符。后多如此作。"

《尔雅 · 释鸟》："鷏，[3] 蚊母。"胡奇光注："郭注：'似乌 鸔[4]而大，黄白杂文，鸣如鸽声。今江东呼为蚊母。俗说此鸟常吐蚊，因以名云。' 实则夜鹰常予黄昏出动，在蚊虫聚集处张口食蚊虻。"《释文》："(蟁) 本或作䲰。郭云：'皆古蚊字，音文。' 案《说文》'蟁'，正字；'蚊'，俗字。或作蟁，《字林》'亡巾反'。"

《庄子 · 应帝王》："其于治天下也，犹涉海凿河，而使蚊负山也。"《释文》："(蚉) 音文，本亦作蟁，同。"

《庄子 · 人间世》："适有蚉虻仆缘，[5] 而拊[6]之不时，则缺衔毁首碎胸。"[7]《释文》："(蚉) 音文。或本作蟁，同。"

蚊从文声，读文如"门"，则读蚊亦如"门"。

至于"文、门"的韵母古读 in，今读 en，是韵部的"真、文"旁转的原因。

(一)说附着如"不倒"

钱大昕说"古读附如部"(王力《汉语音韵》)，徽语今仍然如此说 (特定词语)。

---

① 束帛加书将命：书简放在束帛上，捧着转达本国国君使命。

② 方：古代用于书写的木板。

③ 鷏(tián)：夜鹰别名。

④ 乌鸔(bǔ)：水鸟名。

⑤ 蚉虻仆缘：虻(mēng)，据《王力字典》《大字典》，是"蝱"的俗体，蝱，同"虻"，则虻即牛虻之"虻"。仆，附着。缘，攀爬。

⑥ 拊(fǔ)：轻击，这里有拍打之意。

⑦ 缺衔毁首碎胸：衔，马嚼子，牵住马嘴的用具。缺衔，咬断"衔"。毁首：毁坏笼头。碎胸，断裂了套在马胸前的皮带，这根皮带古称"鞅yāng"。

如许多人围观一新奇事，远处的人问旁人："那里'不倒'许多人在看什么？"男人天天上棋牌室，女人劝诫："一天到晚'不倒'麻将桌上，有什么出息？"附着之"附"，歙县音如"不 [pu^{41}]"，淳安音如"匍 [p ʻu^{213}]"。如"剩饭菜要罩好，防止苍蝇来'匍'"。究其根源，也是因为"古无轻唇"。

《礼记·曾子问》："殇①不附祭。"《释文》："附依注音备。本或作祔，②亦同。"

《礼记·杂记上》："大夫附于士，士不附于大夫，附于大夫之昆弟。"释文："依注作祔，音并同。"

"附、祔"《说文》同从付声，"付"上古读为 bǒu，故附、祔亦读为 bǒu。

这点从"附娄"也作"部娄""培缕"可得明证。《说文·附》："附娄，小土山也。《春秋传》③曰：'附娄无松柏。'"段注："依许则《传》文本作'附娄'。字从自，④其本义也。上蒲口反，下路口反。《玉篇》曰：'《说文》以坿⑤为坿益字，从土。此附作步口切，小土山也。'玉裁谓土部坿，益也。增益之义宜用之，迫近之义亦宜用之。今则尽用附。"

古"付、附"通。《尚书·梓材》："皇天既付中国民越⑥厥疆土于先王。"《释文》："（付）如字，马本作附。"《周礼·春官·大祝》："付、练、祥，掌国事。"⑦《释文》："（付）音附，出注。"

"付"又通"敷"。《礼记·内则》："为稻粉，糔溲⑧之以为酏，⑨以付豚。"⑩《释文》："徐音赋。"

古读敷如"布"，付通"敷"，则付亦读如"布"。古读赋亦如"布"。

《通萃·例释 10015》："《书·益稷》'敷纳以言'，《左传》僖公廿七年并引作'赋

---

① 殇：这里指未成年而死。

② 祔(fù)：《王力字典》："㈠祭名。奉新死者之神主祭于祖庙。㈡合葬。"

③《春秋传》：语出《左传·襄公二十四年》。

④ 自(fù)：《说文》："大陆，山无石者。象形。"今简化为"阜"。

⑤ 坿：fù音，通"附"。

⑥ 越：李民注："越，与。"

⑦ 付，即"祔"，见上注②。练、祥、掌国事：杨天宇注："练，即小祥祭，人死一周年举行的祭名。祥，谓大祥祭，人死两周年举行的祭名。掌国事，郑《注》曰：'辩护之。'所谓辩护之，据贾《疏》，谓大祝于祔、练、祥之时，供其祭物，相其礼仪。案祔、练、祥皆国事，而大祝辩护之，故曰掌国事。"

⑧ 糔(xǐu)溲(sǒu)：用水调粉面。这里指调稻米粉。

⑨ 酏(yí)：稀粥。这里指米粉糊。

⑩ 豚(tún)：这里指猪肉。付豚，涂在猪肉表面。

纳’。”《说文·𢼸》[1]：“𢼸，赋事也。”段注：“赋者，布也。《鲁语》曰：‘社而赋事，蒸而献功。’”[2] 这是以音训释义。刘勰《文心雕龙·诠赋》“赋者，铺也；铺采摛文，[3] 体物写志也”[4] 含有同样的意思。

总之，“付、附、祔”上古是读重唇的。

上古表“附着”之义，又读为“仆”。

《诗·小雅·正月》：“其车既载，乃弃尔辅。”[5]《马释》：“曾钊云：‘辅盖，伏兔别名。……伏兔，车轐也。形如屐，所以夹持车轴，故辅引申之义亦为夹持。……此诗取喻于辅者，辅为持轴之物，与贤者佐理同。古拟辅臣于秉轴，即其义矣。’按曾说是也。《说文》：‘轐、车伏兔也。’轐之言仆也；仆，附也。轐、辅、附，声义正相近耳。”

车轐，车架下长耳状构件，用于夹持车轮

《庄子·人间世》：“适有蚉虻仆缘。”顾长安注：“仆缘：附着。仆，附。缘，攀。”《释文》：“（仆）普木反，徐敷木反。向云：‘仆，仆然蚉虻缘马稠慨[6] 之貌。’”这里

① 𢼸(bān)：分配。

② 社而赋事，蒸而献功：语出《鲁语·公父文伯退朝》。韦昭注：“社，春分祭社也，事农桑之属也。冬祭曰蒸，蒸而献五谷，布帛之属也。”

③ 铺采摛(chī)文：铺陈辞藻，舒布文采。摛，舒展。

④ 体物写志：描摹事物的情态，寓托抒发情志。

⑤ 辅：即“轐”，安装于车架下用于固定车轮轴的构件。

⑥ 稠慨：同“稠穊(jì)”、稠密。《说文》“慨、穊”同从“既声”。

徐指徐邈，向指向秀。普木反音 pu 入，敷木反音 bu 入（上古读敷如“布”）。“仆然”就是蚕虫稠密地附在马身上的状态。

《说文·僕（仆)》段注 :“《大雅》‘景命有仆，’①《毛传》‘仆，附也’是其引申之义。《大雅》‘芃芃棫樸’，②毛曰‘樸，枹木也’，《考工记》‘樸属’，此皆取附着之义，字当作仆。《方言》作樸。”③

如此,“樸（朴）属”则可写为“仆属”。“朴属、仆属”同义,都表“附着”的意思。

古读属如“独”，读着如“嘟”。

《尚书·盘庚中》:“尔忱不属,惟胥以沈。”④《释文》:“(属）音独。注同,马⑤云：‘独也。’”

《客方言·释言（下)·谓蹲踞曰姑倒》:“倒者，著之古音，古无舌上音，读著如贮。《诗》‘俟我于著’，即俟我于贮。”“著、贮”今同归知纽，《广韵·语韵》同列丁吕切，则上古同读入端纽。罗前辈之论，信不差矣。

由此观来,徽语的“不倒”语根当在“仆属”。鉴于“附着”已起了承前启后的作用,故我们归入本章讨论。因此，“不倒”是“附着”的古音遗痕。

(二)说无为“蔑”

古有“亡、莫、篾、罔、秏、蔑、靡、勿、微、末”等表示“无（没有)”之义。其中“亡、罔、勿微”今已读入轻声。据唐作藩《上古音》，它们都归明纽，可见“无”古也是读重唇的。反映在今徽语里，以声母读如 m 为多，趋同于吴语的“呒（ḿ)”。其音如“牟”（[$məu^{41}$]，歙南洽河)、如“蔑”（[$miæ^{213}$]，绩溪）最能体现历史渊源。

亡通“蔑”。清桂馥《札朴》卷二《温经·亡》:“亡之,命也夫。⑥亡读如无。《汉书·宣元六王传》:‘夫子所痛，曰：蔑之，命也夫。’颜师古曰：‘蔑，无也。’”

无音同“瞀”。《列子·黄帝》:“列御寇为伯昏无人射。”景中注 :“伯昏无（mào）人，列子的朋友，与《天瑞篇》中的‘伯昏瞀人’同为一人。”

---

① 景命有仆 :郑《笺》:“成王女既有万年之寿,天之太命又附着于女,谓使为政教也。”句出《诗·大雅·既醉》。

② 芃(péng)芃棫(yù) 樸(朴):芃芃,草木茂盛。棫,一种小灌木。朴,丛生。

③ 樸(pú):表树木丛生“或”附着”义音义同朴(pú)。

④ 尔忱不属,惟胥以沈 :忱、沈同“沉”,沉没。属,独。惟,只有。胥,都,全部。句意为 :不光你们要沉没,而且我们都要沉没。

⑤ 马 :指马融。

⑥ 亡之,命也夫 :语出《论语·雍也》。

无音同“耗(máo)”。蔡梦麒《说音研·辩证七·耗》:“《汉书·高惠高后文功臣表》:‘讫于孝武后元之年，靡有孑遗，耗矣。’孟康[1]曰:‘耗音毛。无有毛米在者也。’师古曰:‘孟音是，而解非也。耗，尽也。今俗语犹谓无为耗，音毛。’段玉裁注:‘……孟意若今言无有一粒存者。《水经注》曰燕人谓无为毛。[2]故有用毛为无者。又有用耗者。’”

无同“莫”。《诗·魏风·硕鼠》:“三岁贯女，莫我肯顾。”[3]《客方言》卷一《释词·释无》:“汉人规模字作橅，[4]此古读无入重唇之证。今梅音谓无如磨，模之转语也。又转如毛，……《后汉书·冯衍传》‘饥者毛食’。”

无音同“牟”。《通萃·侧释5046》:“《春秋》宣公十五年‘仲孙蔑会齐高固于无娄’,《公羊传》‘无’作‘牟’。”

《小尔雅·广诂第一》:“勿、篾、微、曼、末、没，无也。”《通萃·例释5033》:“《论语·子罕》‘末由也已’，皇侃《疏》:‘末，无也。’《公羊传》隐公六年‘吾与郑人末有成[5]也’,何休《注》:‘末,无也。’”《论语·宪问》:“微管仲,吾其被发左衽[6]矣。”何晏《集解》引马融曰:“微，无也。”《诗·小雅·伐木》:“宁适不来，微我弗顾。”[7]《毛传》:“微，无也。”

古读微如“眉”。《客方言·释言(下)·私去曰摹走》:“摹者，微之音变。……古读微如眉，故与摹一声之转。”《诗·豳风·东山》:“勿士行枚。”[8]《毛传》:“士，事。枚，微也。”此亦以音训释义。

《说文·䁻》[9]:“从见微声。”《说音研·辩证八·䁻》:“《广雅·释诂》:‘䁻，覗[10]也。’曹宪音眉。”

---

① 孟康:三国魏安平人。注《汉书》。

② 语出《水经注·漯(lěi)水》。原句为:“漯水又东经无乡城北。《地理风俗记》曰:燕语呼毛为无,今改宜乡也。”意同。

③ 三岁贯女,莫我肯顾:《毛传》:“贯,事也。”女,通“汝”。郑《笺》:“我事女三岁矣,曾无教令恩德来顾眷我,又疾其不修政也。”

④ 规模字作橅(mó):规模,仿效。《玉篇·橅》:“莫奴切,法也,规也。”

⑤ 成:和解,签订和约。

⑥ 被(pī)发左衽:被,同“披”。被发,披散头发。左衽,衣襟左掩的衣服。语意指化外之人。

⑦ 宁适不来,微我弗顾:郑《笺》:“宁召之,适自不来,无使言我不顾也。”

⑧ 勿士行枚:行枚,行军征战。枚,古时行军时,士卒衔在口中的小棒。

⑨ 䁻(wéi):伺察,窥探。

⑩ 覗(sì):看,偷看。

由上可知，不同时代、不同地域读“无”之音虽不尽相同，但都依重唇发音。

典籍多用“蔑、靡”表“无”，《国语》多用“蔑”。

《晋语·里克[①]将杀奚齐[②]》：“荀息[③]曰：‘死吾君而杀其孤，吾有死而已，吾蔑从之矣！’”韦昭注：“蔑，无也。”又《楚成王伐宋》：“齐、秦不得其请，必属怨焉，然后用之，蔑不欲矣。”又《赵文子冠》：“始与善，善进善，不善蔑由至矣；始与不善，不善进不善，善亦蔑由至矣。”后两条韦注同。

《诗经》多用“靡”，如《唐风·鸨[④]羽》：“王事靡盬，[⑤]不能艺稷黍。”《秦风·晨风》：“未见君子，忧心靡乐。”《小雅·小弁》：“靡瞻匪父，靡依匪母。”[⑥]《小雅·祈父》：“靡所止居。”《小雅·采薇》：“靡室靡家，俨狁[⑦]之故。”《大雅·云汉》：“周余黎民，靡有孑遗。”《大雅·文王》：“侯服于周，天命靡常。”《商颂·玄鸟》：“武丁孙子，武王靡不胜。”等等。

于此也可见，绩溪说“无”为“蔑”历史底蕴的丰厚。

(三)说孵鸡为“哺鸡”

《说文·孚》：“卵即孚也。”段注：“即字依玄应书[⑧]补。……《方言》‘鸡卵伏而未孚’，于此可得孚之解矣。卵因伏而孚，学者因即呼伏为孚。凡伏卵曰抱，房奥反。”又“古文孚，从禾。[⑨]禾，古文保，保亦声。”段注：“古音孚、保同在三部。”

从这里我们至少可得出两点：1. 鸡（或禽类）伏卵即孵（孚）卵，说为“抱”；2、古“孚、保”同音。

《广韵·号韵》：“菢，[⑩]鸟伏卵也。”《王力字典》指出是后起字，与段玉裁“凡伏卵曰抱”相印证。元王祯《王氏农书·养鹅鸭》：“鹅、鸭，取一岁再伏[⑪]者为种。”自注：“伏，扶又切，菢子也。”

---

① 里克：晋大夫。
② 奚齐：骊姬所生。晋献公卒，奚齐立，里克杀之于丧次。
③ 荀息：晋大夫。晋献公命其辅佐太子奚齐。
④ 鸨(bǎo)：鸟名。
⑤ 王事靡盬(gǔ)：王事，王室的差役。盬，止息。王的差使没完没了。
⑥ 靡瞻匪父，靡依匪母：瞻，尊敬。依，依恋。匪，不是。句意为：无时无刻不尊敬、思恋父母。
⑦ 严(xiǎn)狁(yǔn)：我国古代北方少数民族。
⑧ 玄应书：唐僧人玄应所著《一切经音义》，又名《玄应音义》。
⑨ 禾(bǎo)：同“呆”，古文“保”字。下“保”同。
⑩ 菢(bào)：孵。
⑪ 一岁再伏：选取鹅、鸭一岁大时产的蛋，孵二窝出的雏为种。

颜真卿《双鹤铭》。“鸟”，严州泛称时说为[tiau²¹n]（凌家智 供稿）

古籍多以“伏”称孵卵。如《史记·乐书》：“羽者妪伏①毛者孕鬻。”②《汉书·五行志中（上）》：“元帝初元中，丞相府史家雌鸡伏子，渐化为雄，冠距鸣将。”③《淮南子·说林》：“乳狗之噬虎④也，伏鸡之捕狸⑤也，恩之所加，不量其力。”⑥宋范成大《桂海虞衡志·志禽》：“山凤凰。……伏卵时，雄者以木枝杂桃胶封其雌于巢。”

元杨瑀《山居新语》卷四《鸡祸》：“至正十七年三月，上海县十九保往字围李胜一家鸡伏七雏，一雏作大鸡状，鼓翼长鸣。余按《文献通考》，鸡祸无此鸣者，始识于此。”

明朗瑛《七修类稿》卷十七《家野禽》：“家禽雌抱伏而雄不抱伏，得阴气之多，故凝滞不飞。野禽雌雄皆抱伏，故飞。”

清周安士《安士全书·孝亲》：“余见母鸡之伏雏，而尝惕然自凛⑦也。”

古读伏如“包”。《周易·系辞下》：“古者包牺氏之王天下也。”《释文》：“包，本又作庖。白交切。……孟京作‘伏’。牺，孟京作‘戏’，云：‘伏，服也；戏化也。’”许慎《说文叙目》“古者庖牺氏之王天下”，李恩江注：“庖牺氏，亦作伏牺、宓⑧牺、牺皇，传说中的远古帝王，号太皞，⑨都于陈。”“包牺、庖牺、伏戏（又有伏羲、虙⑩戏、宓義等称呼）”是同一人，“包牺、伏戏”应同音。再则，孟喜、京房皆汉人，注经必力图依先古之音。

① 羽者妪（yǔ）伏：羽者，禽鸟类。妪，以体使温暖。伏，孵卵。
② 毛者孕鬻（yù）：毛者，家畜、兽类。孕鬻，胎生。
③ 冠距鸣将：冠距，像雄鸡一样的大冠和粗壮的距。距，鸡爪上方向后突出的坚硬物，像脚趾。鸣将，响亮地啼鸣。将（qiāng），象声词。
④ 噬虎：噬（shì），咬。与老虎撕咬。
⑤ 捕狸：与狐狸搏斗。
⑥ 恩之所加，不量其力。恩，保护后代的慈爱之心。句意为：全力投入到保护孩子的事情上，而不顾及自身的力量是否能承受。
⑦ 惕然自凛：惕然，敬慎。凛，严肃。顿生敬慎之心，严肃地自我反思。
⑧ 宓（mì）：安静，安宁。
⑨ 皞（hào）：白洁明亮。
⑩ 虙（fú）：通“伏”。

古“包、庖”同音。《说文 · 庖》：“从广，包声。”徐铉薄交切，仍读 bāo。《礼记 · 王制》：“天子、诸侯无事，则岁三田，[①] 一为乾豆，[②] 二为宾客，三为充君之庖。”《释文》：“（庖）步交反。”《通萃 · 例释 0183》：“《庄子 · 庚桑楚》：‘汤以胞人笼伊尹。’[③]《释文》：‘胞，本又作庖。’”这样“包牺、庖牺、伏戏”就一致了。

随着语音的演变，“伏”逐渐转为读如“仆”。这个转变与“莱菔”转读“萝卜”应是一样的。现再略加勾勒：

《左传 · 昭公十三年》：“司铎射怀锦，[④] 奉壶饮冰以蒲伏焉。”《释文》：“（蒲）本又作匍，同步都反。又音扶，本又作扶。（伏）本又作匐，同蒲北反，又音服。”《左传 · 昭公二十一年》：“扶伏而击之，折轸。”[⑤]《释文》：“上又音蒲，下又蒲北反。本或作匍匐，同。”

按陈弟“古读北如必”，则蒲北反得音 bì；钱大昕“伯服即伯犕”，按段注《说文 · 犕》：“（古音）故服犕皆扶逼反。”因此，所得读音相同。

《左传 · 庄公十年》：“夫大国难测也，惧有伏焉。”《释文》：“旧扶又切。”《礼记 · 乐记》：“羽者妪伏。”《释文》：“（伏）扶又反。”《庄子 · 庚桑楚》：“奔蜂[⑥] 不能化藿蠋，[⑦] 越鸡[⑧] 不能伏鹄卵。”[⑨]《释文》：“（伏）扶又反。”《说文 · 扶》徐铉防无切。防从方声，古读方如旁、如帮，则扶亦读重唇。“又”上古读上声，中古读去声，可得音如 pǒu、如 pòu，或如 bǒu、如 bòu。

《客方言 · 释言（下）· 小儿隐匿为戏》：“伏，读重唇声近仆，《诗》：‘景命有仆。’[⑩]《传》：‘仆，附也。’附、伏声同。伏之为仆，若附之为仆，其转变之例一也。”按罗翙云所说，则已转为 pū 或 bū 了。

徽语（歙县）今说母鸡孵蛋为“bū 鸡”，孵坊为“bū 坊”，孵鸡的母鸡为“bū 鸡壳”，

---

① 田：打猎。

② 乾（gān）豆：乾，干肉。豆，古代祭器。供作祭祀的干肉。

③ 汤以胞人笼伊尹：商汤以任用伊尹为庖人来笼络他。胞人，即庖人。笼，笼络，延聘任用。伊尹，汤时大臣，《史记 · 殷本纪》载名阿衡。

④ 司铎射怀锦：司铎射怀揣一块锦（准备用这块锦买通看守的士兵）。

⑤ 轸（zhěn）：古代木车车厢底部后面的横木，或统称底部四面的横木，也代指车。

⑥ 奔蜂：细腰土蜂。

⑦ 藿（huò）蠋（shǔ）：豆中的大青虫，藿，豆。蠋，蛾蝶幼虫。

⑧ 越鸡：越地的鸡。

⑨ 鹄（hú）卵：天鹅的卵。鹄，天鹅。

⑩ 景命有仆：《诗 · 大雅 · 既醉》篇中的句子。

应是“伏鸡”的古音。

(四)说热汽烰烰[①]如“泡泡”

徽语说烧煮物水大开为“普普滚”，蒸汽腾腾为“热气泡泡”(pāo 或 páo)，其意同古语“烰烰”。

《说文·烰》:“烝[②]也。从火，孚声。《诗》曰：‘烝之烰烰。’”

如前所述，古“孚、保”同声，知古读烰如“保”。

《客方言·释言(下)·水滚貌曰泡泡》:“泡泡，即《诗》之‘浮浮’。古孚入重唇，故孚声包声通。《生民诗》‘烝之浮浮’,《传》以为气也。盖谓蒸气上行。《说文》《尔雅》作烰，并云烝也。烰为本字，浮为借字，泡为通字。”

《说文·浮》:“从水，孚声。”《尔雅·释训》:“烰浮。烝也。”《释文》:“吕郭並音浮。又符彪反。”古读符入重唇(《说文·符》:“从竹，付声。”付读重唇，则符亦读重唇),“符彪”反也读如“包”(按唐作藩《上古音》“彪”在幽部)。《左传·隐公八年》:“公及莒人盟于浮来。”《公羊传》《谷梁传》均作“九月辛卯，公及莒人盟于包来”。于此可知，上古“烰、浮”同音如包。

《通萃·例释 3017》:“《吕氏春秋·本味》:‘令烰人养之。’注：‘烰，犹庖也。’按此以‘烰’为“庖”之借字。古声奉并两纽均读重唇，本无分别，尤、肴为邻韵，故‘烰’‘庖’古音近似，得以通借。”

事实上,古“庖、包”同音,“烰”又音同包,则“烰”“庖”可视为同音通借。“客方言》卷十一《释虫鱼·白翼子》:“孚声、包声古通，如烰人之为庖人，其例也。”

桂馥《札朴》卷一《温经·炰鳖》:“馥案：‘炰’[③]正作‘烰’。《说文》:‘烰,烝也。’‘烰’转为“炰”者,‘孚’‘包’声相近,“罦”或作‘罜’,[④]“捊”或作‘抱’,‘脬’或作‘胞’。《吕氏春秋》‘烰人’即‘庖人’,《公羊传》‘包来’,《左氏》作‘浮来’,《汉书》‘浮丘伯’,《盐铁论》[⑤]作‘包丘子’是也。”

正是由于上古称蒸汽升腾为“烰烰”，才有徽语称滚水大开为“普普、泡泡”(帮

---

① 烰(fú)烰：火气旺盛的样子。今徽语就说火势猛烈为“烰烰着(zháo)了”。

② 烝(zhēng)：在火气或热气上升的意义上同“蒸”。

③ 炰(fǒu)：蒸煮。

④ 罦(fú)、罜(fú)：两字音义相同,《说文》以罜为罦的或体。

⑤《蓝铁论》：西汉桓宽撰。

滂旁纽)。

(五)附则：说稃(fū)

《王力字典·稃》:“谷皮。……引申为草本植物子实的外壳。”

宋赵彦卫《云麓漫钞》卷二《五谷之名》:“黍稃有丹、黑、白三种，而米色无异”。元王祯《王氏农书·农器·筛谷箉》[①]:“农人扑禾后，同稃、穗、子粒，旋旋贮之于内，辄筛下之。上余穰稿，[②]逐节弃去。”;又《农器图谱·碌碡》:“及碾捍场圃间麦禾，即脱稃穗。”清《康熙几暇格物编》上之下《累黍》:“又古者论黍，以上党羊头山产者为贵，而犹疑岁有丰歉，则黍有大小，必求一稃二米者，是大不然。”《尔雅·释草》:“秠，[③]一稃二米。”胡奇光注：“稃：米粒的外壳。”

徽语则称凡高粱、粟、麦类（大麦、小麦、荞麦）等“稃”为bū或pú。

《说文·稃》:“从禾，孚声。”段注：“古借孚为稃。”“孚（孵）、烰、伏”转为bū或pū，则稃也在其例。

《释文·周礼·春官·叙官·一稃》:“(稃）音孚。”《尔雅·释草》:“秠，一稃二米。”《释文》:“(稃）音敷。”古读敷如布，则稃读如布。《诗·大雅·生民》:“维秬维秠。”[④]《毛传》:“秠，一稃二米也。”陆德明音释：“稃，芳于反。字书云：‘粗糠也。’”古读方入重唇，则读芳也入重唇。《尔雅·释草》:“华，荂也。”胡奇光引郭注：“今江东呼华为荂。[⑤]音敷。”《释文》:“(荂）芳于反。”古读敷如布、如铺，则“芳于反”亦音如布、如铺，因之“稃”也读如布、如铺。

由此徽语说稃如“晡”、如“铺（pū)”是沿袭古读重唇的习惯。

(六)说柎(fū)为“晡”

《玉篇》:“柎，花萼足也。凡草木房谓之柎。”《王力字典·柎》:“《山海经·西山经》:‘有木焉，员叶[⑥]而白柎。’郭璞注：‘今江东人呼草木子房为柎。’”又《王力字典·稃·[同源字]》:“徐锴曰：稃即米壳也。草木华房为柎，麦之皮为麸，音义皆同也。”

---

① 箉(dài):筛谷箉，功用相当于徽俗所称“风扇”。形制参见原著。

② 穰稿：脱粒时残留在籽粒中的茎、叶、穗枝等。

③ 秠(pī):按《说文》段注，秠与稃同义。按《王力字典》，秠为黑黍中一稃二米的特称。

④ 维秬(jù)维秠：维，语气词。秬，黑黍。有秬又有秠。

⑤ 荂：《大字典》音fū,《王力字典》音huā,以为华(huā)的异体。

⑥ 员叶：员，通“圆”,即圆。

“常棣之华，鄂不韡韡”。鄂，花萼；不，萼足。“不”演变为“柎”。柎，草木子房，今新安说柎如bū、如pú

《说文·柎》段注：“柎，鄂足也。鄂[①]足得华之光明则韡韡[②]然盛。古声不、柎同。《笺》意鄂承华者也，柎又在鄂之下，以华与鄂喻兄弟相依。郭璞云：‘江东呼草木子房为柎。’草木子房，如石榴房、莲房之类，与花下鄂一理也。”

这个“柎”就是包着诸如板栗、山核桃、油茶、乌柏、油桐、蓖麻、牵牛、茶、核桃、锦葵、棉花等籽实的外壳，通称子房。果实成熟，子房绽裂，籽粒掉落，草木完成一季繁殖任务。古读方如旁，房从方声，故“莲房”音如“莲旁”，音转为“莲蓬”，成为今天通行的说法。

照此类推，板栗籽之房，即栗房。声转即称“栗蓬”。有实录为证：

宋范成大《桂海虞衡志·志香》：“笺香。出海南。香如猬皮、栗蓬及渔蓑状。”

宋姚宽《西溪丛语》卷下《杜甫诗云》[③]：“杜甫诗云：‘尝果栗皱开。’……贯休云：‘新蝉避栗皱。’又云：‘栗不和皱落。’皱，栗蓬也。”

栗蓬，徽语称为“栗晡”，即栗柎的古音。

---

① 鄂：通“萼”，花萼。
② 韡(wěi)韡(wěi)：鲜明繁盛的样子。
③ 杜甫诗云：标题为撰者所加。

《仪礼·士冠礼》:“素积白屦,[1] 以魁柎之。”[2]《释文》:“(柎)方于反。”古读方如帮。《诗·小雅·頍弁》:“未见君子,忧心炳炳。”黄淬伯诂引《马释》:“丙,古读如方,因与方通用。《士冠礼》‘加柶[3] 面枋’,《注》:‘今文枋为柄。’《士昏礼》‘皆南枋’,《注》:‘今文枋作柄。’《少牢馈食礼》‘南枋’,《注》:‘古文柄为方。’”这里“枋”即“柄”,今淳西说刀柄、锄柄犹说为“蚌(bàng)”,仅有声调不同,亦可为证。据此,“方于反”可得音如 bū。

《说文·柎》:“从木,付声。”附从付声,古读如仆,则柎也读如“仆”。《康熙字典·柎》:“《唐韵》甫无切。《集韵》《正韵》芳无切,音敷。”古读敷如铺,则读柎如铺。

《诗·小雅·常棣》:“常棣之华,鄂不韡韡。”《释文》:“(不)毛如字,郑改作拊,方于反。拊,[4] 鄂足也。”郑《笺》:“古声不、拊同。”《释文》:“不音如字。又芳浮反。二声相近也。柎亦作跗,前注同。一云‘不’亦方于反。”

古读芳入重唇,可得芳浮反读如 bú。“拊”“跗”在器物的“把、柄、足部”的意义上与柎相同,都从付声。“古声不、拊同”,则古声“不、柎”亦同。上古“不”读平声,则读拊为 bū 已明;至于读如 pú,则是帮滂旁纽的结果。

(七)说打翻为“打仆”

《史记·苏秦列传》:“苏秦见燕王……燕王曰:‘若不忠信耳,岂有以忠信而得罪者乎?’苏秦曰:‘不然。臣闻客有远为吏而其妻私于人者,其夫将来,其私者忧之,妻曰:勿忧,吾已作药酒待之矣。’居三日,其夫果至,妻使妾举药酒进之。妾欲言酒之有药,则恐其逐主母也;欲勿言乎,则恐其杀主父也。于是乎详僵[5] 而弃酒。主父大怒,笞之五十。故妾一僵而覆酒,上存主父,下存主母。然而不免于笞,恶在乎忠信之无罪也夫?”

这个“覆”,即打翻在地。覆有反转,颠倒上下位置之义。成语“翻天覆地”“翻手为云,覆手为雨”依此意而来。徽语在某些场景下说“覆”为“仆”。如端着一碗菜,

---

① 素积白屦(jù):素积:腰间有褶皱的白缯裳。屦,鞋子。

② 以魁柎之:魁,蜃蛤,这里指用蜃蛤壳煅烧所得的灰粉。柎,通附。涂,用魁粉涂鞋帮。

③ 柶(sì):古代角质功用同杓子的礼器。

④ 拊(fǔ)、跗(fū):在表示器物的足部或柄的意义上相同。

⑤ 详僵:详(yáng),通“佯”,假装。僵,不灵活,僵硬。跌倒。

失手坠落，便称“打仆”了；反扣一盆子盖着物品，便称“仆䩞[①]盖好”；俯卧睡觉称为“仆䩞睡”等等。

《诗·大雅·瞻卬》[②]：“人有土田，女反有之。人有民人，女覆夺之。此宜无罪，女反收[③]之。彼宜有罪，女履说[④]之。”这里“覆”即反而之意。

《唐·上古音》定“覆”读滂纽、觉部、入声。《通萃·例释7014》：“《说文》：‘蘘荷，一名葍（fú）蒩（zū）。’《文选·子虚赋》作‘巴苴（jū）’，《史记·司马相如传》作‘猼（pó）且’，《汉书》作‘巴且’，《楚辞·九叹·王逸注》作‘蒪（pò）菹（zū）’，《名医别录》作‘覆葅（zū）’。”郑权中标明“覆”音匹北切。这应是录自《名医别录》的音。《名医别录》系南朝梁人陶弘景所著，说明南北朝时“覆”仍读入滂纽。

据此，《释文》所录注“覆”的反切上字均可读上古音。

《周易·鼎》：“鼎折足，覆公餗，[⑤]其形渥。”[⑥]“（覆）芳目反。”又《系辞下》“覆公餗”“（覆）芳六反”。古读芳如旁，“目、六”都在觉部，故“芳目、芳六”反切得音如pu入（《同源字典》音［phiuk］）。

《尔雅·释丘》：“如覆敦[⑦]者，敦丘。”“（覆）孚服反”。又《释水》：“覆鬴”。[⑧]“（覆）孚腹反”。又《释言》：“毙，踣[⑨]也。”胡奇光注：“踣，向前仆倒。郭注：‘前覆’。邢疏[⑩]：‘前却颠倒之名也。毙又谓之踣，皆前覆也。’”《释文》：“（覆）芳服反。”如同古读庖从báo转为páo，读孚亦帮滂旁纽。据《唐·上古音》，“腹”在觉部，又“腹、服”至《广韵》时已同属屋韵，故“孚服、孚腹、芳服”相切也可得音如pu入。

---

① 仆䩞(gǎn)：仆，是“覆”的古音。䩞，盖。“仆䩞”即反过来盖上。徽语读如“仆拱”。䩞，《广韵》作“䤗”，云：“覆头也，又音贡。”

② 卬(yǎng)：同“仰”。

③ 收：拘囚。

④ 说(tuō)：通“脱”，释放。

⑤ 餗(sù)：鼎中的食物。也泛称珍美的肴馔。

⑥ 渥(wò)：沾渍。

⑦ 敦(duì)：古代食器。上、下两部半球状，合成球状体。也可用于盛物。

⑧ 鬴(fǔ)：同“釜”，古代的一种锅。也用作量器、量词。

⑨ 踣(bó)：向前跌倒。

⑩ 邢疏：指北宋邢昺所作《尔雅疏》。

《尚书·吕刑》:“民兴胥渐,[①]泯泯棼棼,[②]罔中于信,[③]以覆诅盟。”[④]《释文》:“(覆)芳服反,徐敷目反。”古读敷如布、如铺,“目”在觉部,故敷目反得音也是pu入。

《左传·成公十六年》:“郑人覆之,败诸汋陵”[⑤]《释文》:“徐敷目反。一音扶又反,又芳又反。”古读扶如匍。《诗》“匍匐救之”,《礼记》作“扶服救之”。古读扶如补。《诗·郑风·山有扶苏》黄淬伯诂:“《传》:‘扶苏、扶胥,小木也。’《马释》:‘小木即木名。’《释木》:‘辅,小木。’钱大昕曰:‘扶、辅声义皆近,长言为扶苏,急言为辅。’其说是也。”古读辅如补,则读扶亦如补。补,匍帮并旁纽。如《左传·襄公八年》:“使王子伯骈告于晋”《释文》:“(骈)扶贤反又扶经反。”又“宣子赋《摽有梅》”《释文》:“(摽)徐扶妙反又扶表反,落也。”按《唐·上古音》“骈”属并纽,“摽”属帮纽。照此则扶又反、芳又反读如bǒu或pǒu(上古“又”读之部上声)。

再如《周礼·秋官·硩蔟氏》[⑥]:“硩蔟氏掌覆夭鸟[⑦]之巢。”杨天宇注引郑《注》曰:“覆,犹毁也。”《释文》:“(覆)芳复反。”

《礼记·中庸》:“故栽者培之,[⑧]倾者覆之。”《释文》:“(覆)芳伏反。”也可得读如pu入或pou入。

徽语今说“覆”如pú、如póu(歙西)、如pǔ(威坪),故篇中所叙之“打仆”“仆覊”应是“打覆”“覆覊”,是“覆”的古音。

(八)说缚如“哺”

古文中“缚”既表动词“捆绑”,又表名词“绳索”,如唐柳宗元《童区寄传》:“童微伺其睡,以缚背刃,力上下,得绝。”清丁柔克《柳弧》卷五《于成龙》:“鱼壳[⑨]曰:‘吾知之矣,请缚我可也。’捕稽首者再,遂命门外人入缚之。”

---

① 民兴胥渐:李民注:“兴,起。胥,相。渐(jiān奸),欺诈。”句意为:民众之间相互欺诈的风气逐渐兴起。

② 泯泯棼棼(fén fén):泯泯,紊乱的样子。棼棼,纷乱的样子。形容混乱。

③ 罔中于信:罔,无、没有。中,公平。于,与。信,诚信。没有公正和诚信。

④ 以覆诅盟:覆,反,违背。诅盟,李民注:“诅盟,誓约,大事曰盟,小事曰诅。”

⑤ 汋(què)陵:《大字典》:“春秋时宋国地名。……江永《地理考实》:‘今归德府宁陵县南二十五里有汋陵城。’”按《辞海·归德府》所载,今属河南商丘。

⑥ 硩(chè)蔟(cù)氏:硩,摘取。蔟,鸟巢。硩蔟氏,负责捣毁怪鸟巢的官员。

⑦ 夭(yāo)鸟:杨天宇注引郑《注》:“夭鸟,恶鸣之鸟。”

⑧ 栽者培之:栽,栽植。培,培育。

⑨ 鱼壳:人名。《于成龙》一文中的贼首。

又如《汉书》卷三十四《韩信传》:“信乃令军毋斩广武君，有生得之者，购千金。顷之，有缚而至戏下者，信解其缚，东乡坐，① 西乡对。而师事之。”前“缚”表捆绑，后“缚”表绳索。

再如宋王谠《唐语林校证》卷六《补遗 827》:“宪宗怒,命缚来杀之。既至京。……上命释缚，赐酒食，敕翰林学士段文昌别撰。”宋王铚②《默记卷下 · 世言》:“世言章申公③在睦州遇猴事，时方通④为守，突然也。云有大猿数十，遂使人擒而缚之。忽于乌龙山后突出数千大青猿，解缚夺而去之，人皆莫敢近。”皆如此类。

唐作藩《上古音》“缚”归并纽、铎部、入声，则上古读为 [b ‘ak]。

《说文 · 缚》:“从系，尃声。”尃从甫声，钱大昕“甫、方、扶、房、武、分诸字本重唇”，古读敷如布、如铺（详见本章导言），可推知古读缚也如布、如铺。

《左传 · 僖公六年》:“昔武王克殷，微子启如是，武王亲释其缚”《释文》:（缚）如字。旧扶卧反。”

《左传 · 昭公四年》:“成王克许，许僖公如是；王亲释其缚，受其璧，焚其榇。”⑤《释文》:“（缚）如字，旧扶卧反。”

古读扶如匍（参见本章导言及前篇）,《通萃 · 例释 5028》:“《诗 · 邶风 · 谷风》:‘凡民有丧,匍匐救之。’《礼记 · 檀弓》引作‘扶服救之’,《史记 · 苏秦传》:‘嫂委蛇蒲服。’⑥《文选 · 七发》:‘蒲伏连延。’‘蒲伏’亦与匍匐、扶服同。按……奉母古读重唇如并母，故‘匍’与‘扶’，‘匐’与‘服、伏’均古双声通借字。”

徽语对捆束物体有不同的说法：数量较多如柴草类称“豁（huō）”（歙北）；数量较少（约双手可抓起以下）称“把”（[ba⁴³] 歙东，buò 歙北），且说“把”专指就一端把物体扎束起来，如“把稻章”。淳西则对应地说为“服”、buó。

捆束物体的用品则说如“晡 [bu³²]”（歙北）、“铺 pù”（淳西）。这种用品非绳索类，一般指临时结束而成，因材料不同而分别冠名，如“茅草晡”“稻草晡”“藤晡”“藜檵晡”（威坪称枹杞 pù）、“桑枝晡”等，其所表达的都是这个“缚”。

---

① 乡(xiàng):面向,面对着。

② 铚(zhì):镰刀。引申为禾穗、收获等义。

③ 章申公:即章惇。宋徽宗立,封申国公。见《宋史》卷四百七十一。

④ 方通:宋兴化军莆田人。神宗熙宁六年(1073),以明经登第,后出知睦州。

⑤ 榇(chèn):棺材。

⑥ 委蛇(yí)蒲服:委蛇,随顺的样子。蒲服:匍匐于地。

再说“扶卧反”的反切下字“卧”。“卧”上古归歌部去声，故上古音为［pa］，与今徽城、歙东的“把稻草”之“把”音近。所以徽城、歙东话“把稻章”乃是“缚稻草”的上古音遗。“卧”中古读吾货切，若“扶”的上古声纽不变，则得音如 buò（《广韵“货”在过韵，去声）。又与歙西、歙北话相近。

(九)说柿[①]如“培”

《颜氏家训·书证》:“《后汉书·杨由传》云:‘风吹削肺。’此是削札牍之柿耳。……《诗》云:‘伐木浒浒。’《毛传》云:‘浒浒，柿貌也。’史家假借为肝肺字。”

这里颜之推明确地告诉我们:削札牍、伐木所产生的木片，称之为“柿”;古“柿、肺”通借。

柿又写作“杭、栋”等形。清顾禄《清嘉录》卷二《木杭柴》:“又以柳木片胶粘作小舫为小儿玩物,颇不耐弄。俗有‘乖乖乖。观音山买木杭柴’之谣。《案》:《晋书》:王濬[②]为益州刺史,‘造船,木杭蔽江而下’。又《魏书》:太祖‘营梓宫,[③]木杭尽生成林’。五代周显德四年，修永福殿，役徒有削杭为匕，以瓦啖饭[④]者。《集韵》《韵会》:‘杭，芳废切。’音肺。……吴语谓削木片曰木杭。”唐李商隐《南朝》诗:“敌国军营漂木栋，前朝神庙锁烟煤。”

《说文·柿》“削木札樸也”,段改作“削木朴也”。注云:“朴者,木皮也。玄应曰:‘江南名柿，[⑤]中国曰札，山东名朴豆。’《广韵·柿》注曰:‘斫木札。’然则‘札’非简牍之‘札’,乃柿之一名耳。……《小雅》‘伐木许许’,《许书》作‘所所’。毛云‘许许，柿貌’，泛谓伐木所斫之皮。许云削木，犹斫木也。……《晋书》王濬造船，‘木柿蔽江而下’，柿之证也。《汉书》‘中山靖王、刘向、田蚡传’多言肺附，谓斫木之柿札也。己于帝室亲近，犹柿札附於大木材也。此柿之假借字也。后汉《杨由传》‘风吹削肺’，亦柿之假借也。”又《说文》“从木，市声”，段注:“柿、肺、沛字皆从之，隶变作柿、肺、沛。”

段注不但透彻地说明了“柿”的含义，而且显示了古时“柿、肺”都音同“沛”。

---

① 柿(fèi):削木片。与柿(shì)不同。
② 濬(jùn):深。
③ 梓宫:帝、后的棺椁。
④ 以瓦啖(dàn)饭:用瓦片做吃饭的用具,啖,食(动词)。
⑤ 为简明起见,引文中凡柿、市的古体、异体,或用市的古体、异体作声旁的字,都改成“柿”“市”。

肺表动物的呼吸器官，今读 fèi，古音如何？

《周礼·秋官·大司寇》:“以肺石达穷民。”《释文》:“(肺) 芳废反。肺石,赤石也。”

《礼记·问丧》:“痛疾之意，伤肾、干肝、焦肺，水浆不入口。”《释文》:“(肺) 方废反。”

《礼记·大学》:“人之视己，如见其肺肝然，则何益矣！”《释文》:“(肺) 芳废反。”

古读方、芳如帮、如旁，则方废、芳废相切得音 bèt 或 pèi。

《诗·陈风·东门之杨》:“其叶肺肺。”《释文》:“(肺) 普贝反，又蒲贝反。”其普贝反音 pèi，蒲贝反音 bèi。此句潘啸龙注 :“肺 (pèi)肺，叶大而盛貌。”黄淬伯诂引《马释》:“《说文》:‘市，草木盛市市然。读如辈。’《广雅》:‘芾芾，茂也。’此诗‘其叶肺肺’,《大雅》‘荏菽旆旆’,[①]《小雅》‘萑苇淠淠’,《广雅》‘淠淠,[②]茂也’,并为‘市市’之假借。”

这里“旆”今仍读 pèi。“淠淠”今作“渒渒”，据《大字典》“渒”表众多茂盛貌读 pèi，与肺 (pèi) 同音。

再看“芾[③]芾”。

《通萃·倒释 0280》:“《诗·召南·甘棠》‘蔽芾甘棠’,《汉书·荡阳令张迁碑》‘芾’作‘沛’。”此句《释文》注音 :“(蔽) 必袂反，徐方四反，又方计反，沈又音必。(芾) 非贵反，徐方盖反。”这里徐指徐邈，既以方四切蔽，则方读如帮。如此方盖反切芾得音 bài。从“非贵反”可得音 bèi。

古读非如“彼”。《客方言·释言上·米不好曰歪米》:“古无轻唇,读非如彼。”《通萃·通论·什公叫谐声字》:‘悲、排、俳’都从非声，古读非、悲、俳、排都为重唇。’”徽语今说“排队”为“bā 队”可证。

《诗·曹风·候人》:“三百赤芾。”《释文》:“(芾) 音弗，毕[④]也。祭服谓之芾，沈又甫味反。”古读弗如弼,《诗·大雅·烝民》:“衮职有阙。”[⑤]黄淬伯诂引《马释》:“按弗字古与弼通。”桂馥《札朴》卷五《览古·佛拂》:“馥案 :佛、拂、弼声相近。《诗》:

① 荏菽旆旆 :出自《大雅·生民》。荏(rěn)菽，大豆。旆旆(pèi pèi)，茂盛的样子。

② 萑(huán)苇淠(pèi)淠 :出自《小雅·小弁》。萑苇，两种芦类植物。淠淠，茂盛貌。

③ 芾 :据《王力字典》:fú音，表蔽膝 ;fèi音，表草木茂盛之义。

④ 毕(bì):蔽膝义与芾(fú)同。

⑤ 衮(gǔn)职有阙、衮职 :据郑《笺》指君王的职事，据《马释》指君王的礼服。有阙，按郑《笺》指有缺失，按《马释》指有破损。

‘佛时仔肩。’[①]《论语》:‘佛肸。’[②]《孟子》:‘入则无法家拂士。’[③]皆读若弼。”

由此，芾又读如 bì。沈指沈重，古读甫如补，甫味反得音 bèi。于是帮谤旁纽便得读“芾”为 pèi 了。

《尔雅 · 释言》:“芾，小也。”胡奇光注 :“《易 · 丰》:‘丰其沛。’《释文》:“沛，子夏作芾。’”这里“芾”通“沛”亦可证芾音如“沛”。

《诗 · 小雅 · 伐木》:“伐木许许。”《毛传》:“许许，柿貌。”《释文》:“(柿)孚废反。”在读孚如哺的时期（或区域），读柿如 bèi ;在读孚如铺的时期（或区域），读柿如 pèi。

由此，上古“柿、芾、肺、沛”均为重唇音。徽语今称砍树、斫削而得木皮、木片说如“培”（[P‘ei^{243}]，淳西）、如“帕”（[p‘a^{42}]，歙北）、如“胚”（[p’ é^{55}]，休宁），可聆古音遗声。

(十)说藩如“播”

藩，今读 fān，古读如“播”。

《说文》:“(藩）从艸，潘声。”又《潘》:“从水，番声。”

故可推知，《说文》读藩为番。

古读番如“波”。

《尔雅 · 释训》:“番番，勇也。”胡奇光注 :“番番 bōbō : 勇武的样子。”《释文》:“(番番）布何反。”《玉篇》:“何，胡可切。”“可，口我切。”《广韵》:“我，五可切。”推得中古读何为 huǒ，则“布何反”读为 bǒ，只是声调有变化。

《客方言》卷十《释草木 · 拔子番石榴也》:“按《诏安旧制》，番石榴，一名拔子。以其形似石榴，故谓之番石榴。今客语亦名拔子。番读重唇如皤，皤、拔一声之转。”

一些以“番”作声旁的字，仍可探寻读如“播”的痕迹。列举如下 :

播 :《说文》:“从手，番声。”徐铉补过切。今读 bō。

皤 :《尚书 · 秦誓》:“番番良士，[④]旅力既愆，[⑤]我尚有之。”[⑥]李民注 :“番，读为

① 佛(bì)时仔肩:《诗·周颂·敬之》篇中句子。郑《笺》:“拂，辅也。时，是也。仔肩，任也。”句意为:以辅弼王室为己任。
② 佛(bì)肸(xī):见《论语·阳货》。
③ 入则无法家拂(bì)士:见《孟子·告子下》。
④ 番番(pó pó)良士:番，通“皤(pó)”。老人须发雪白。良士，贤良之士。白发苍苍的贤善老臣。
⑤ 旅力既愆:李民注:“旅，同‘膂’。膂力即体力。愆，读作骞。亏、损。指年老体弱。”
⑥ 我尚有之:李民注:“有，通‘友’。有之，王念孙认为是亲之的意思。”

皤（pó 婆），《说文》：‘皤，老人发白貌也。’”《释文》：“（番）音波。”

蕃：《说文》：“从艸，番声。”唐时，西南吐蕃国读 tǔ bó。

鄱：江西鄱（pó）阳湖，徽言或说为“波阳湖”，唐作藩《上古音》与“皤、番、婆”同归并纽、歌部、平声。徽语今说“婆”仍音如“bō”。

磻：《说文》：“从石，番声。”《王力字典·磻 bō》：“石名。……字亦作碆。[1]《集韵》：‘碆，石名。可为矢镞。或作磻。’”

嶓：《尚书·禹贡》：“岷、嶓既艺。”[2]《释文》：“音波。徐甫河反，韦音播。”。

《客方言》卷七《释服用·圆而深者曰波箩》：“古读藩入重唇，声如播。《周礼·大司乐》：‘播之以八音。’故书播为藩。杜子春云藩当为播，则波箩即播箩，播箩即藩箩，亦古语然也。”

由此可见，古读“番、蕃、藩”都如“播”。

《王力字典·藩》：“㈠篱笆。《玉篇·艸部》：‘藩、篱也。’《易·大壮》：‘羝羊触藩，羸其角。’[3]……比喻国家的屏障。”故徽语说菜园的篱笆为“菜园 bō”（歙县），或编织篱笆为“织 bō”，其实是说这个“藩”。

（十一）说物事如“买司”

上古物、事义通，多单用。《墨子·尚贤中》：“皆以明小物而不明大物也。”时艺社注：“孙诒让云：《周礼·大司徒》郑注云：‘物犹事也。小物，小事，指下文生活琐事。大物，大事，指尚贤使能治理国家。’《荀子·尧问》：‘士至而后见物，见物然后知其是非之所在。’”梁启雄引杨（倞）注：“物，事也。”

王符《潜夫论·边议》：“夫仁者恕己以及人，智者讲功而处事。”清汪继培笺：“《鲁语》云：‘夫仁者讲功，而智者处物。’《周语》云：‘言智必及事。’韦昭注：‘能处事物为智。’文十八年《左传》云：‘德以处事，事以度功。’《礼记·文王世子》郑注：‘物犹事也。’”

《辞海·物事》：“《公羊传·隐公元年》‘渐进也’，何休注：‘渐者物事之端，先见之辞。’”

---

① 碆（bō）：《王力字典》：“字亦作磻。用石头著于丝绳上以射飞鸟。”

② 岷，嶓既艺：岷，岷山。嶓，嶓冢山。艺，开垦种植。

③ 羝（dī）羊触藩，羸（léi）其角：羝羊，公羊。羸，缠住，挂住。公羊冲撞篱笆，角被缠住解脱不了。

"事物、物事"叠用，其含义还是"事情"。《说文·物》："万物也。"中古以降，"物事"的含义就有了事物、人、东西等内容。

宋周密《癸辛杂识别集上·蟛越馄饨》[①]："《轩渠录》载，有人以糟蟹馓子[②]同荐酒者，或笑曰：'则是家中没物事，然此二味作一处怎生吃？'众以为笑。"金董解元《西厢记诸宫调》卷三："这书房里往日瞧[③]曾来，不曾见这般物事。"明凌濛初《二刻拍案惊奇》卷三十二《张福娘一心贞守》："刘官人触看心里，又疑道：'何故有此物事？'试问库吏。"清蒲松龄《聊斋志异》卷十《贾奉雉》："郎曰：'不然。文章虽美，贱则弗传。君欲抱卷以终也则已，不然，帘内诸官，皆以此等物事进身，恐不能因阅君文，另换一付眼睛肺肠也。'"

徽语说"物事"音如"买司"。其内涵可称"万物"，如"家里呒有某哎买司（没有家具、摆设，家徒四壁）""今天上山看见一个古怪买司""到亲眷家去带点土产买司"等。如指人时含有贬义，如"那种买司捞不上筷"。

这个"买司"之"买"，是"物"的上古遗声。

《说文·物》："从牛，勿声。"《唐·上古音》勿、物同音，《同源字典》勿、未同音。

为此，我们先看"勿"：

《通萃·例释4155》："《诗·邶风·谷风》：'黾勉[④]同心。'《文选·（傅亮）为宋公求加赠表》：'密勿军国。'注引《韩诗》作'密勿同心'。又《小雅·十月之交》'黾勉从事'，《汉书·刘向传》引作'密勿从事'。又《大雅·云汉》'黾勉畏去'，《后汉书·蔡邕传》引'黾勉'亦作'密勿'。"既然"勿"读如"勉"，那么"物"也读如"勉"。

《客方言·释服用·夹袋曰搭麻袋》："麻者，物之声变，古物读重唇如没（《汉书·司马相如传》'士卒多物故'，即没故也），稍转则为麻。"如此，则古读物如"没"。

再看"未"。

《说文·昧》："从日，未声。"《通萃·例释11044》："《史记·赵世家》：'昧死以闻。'《战国策·赵策》作'没死'。'没'为'昧'的通借字。"据此，则"没"读如"昧"，故而"物"也读如"昧"。

---

① 蟛(péng)越(yuè)：同"蟛蚏(yuè)"。似蟹而小的动物。
② 馓(sǎn)子：一种油炸面食。徽俗称茶馓。有七月半煎茶馓的习俗。
③ 瞧(shà)：虽。
④ 黾(mǐn)勉：勤勉；尽力。

《春秋公羊传·襄公二十七年》:“苟有履卫地、食卫粟者，昧雉彼视。”①《释文》:“(昧)旧音刎，亡粉反。一音末，又音蔑，割也。”

“昧旧音刎”，即“昧、刎”曾同音。

《说文·刎》:“从刀，勿声。”与“物”同音。古读刎同昧，则读刎也同昧，进一步确立上述结论。

再看“音末，又音蔑”。

上古“末、蔑”皆通“昧”。《通萃·例释4112》:“《春秋·昭公十五年》:‘吴子夷末卒。’《公羊传》‘末’作‘昧’。《汉书·古今人表》作“馀昧”。”又《通萃·例释4124》:“《荀子·议兵》:‘兵殆于垂沙，唐蔑死。’注:‘昧与蔑同。’《史记·楚世家》作‘唐昧’。”

如此，则“音末、音蔑”是不同时期韵部变化的结果。从而上古读物如“勉”或如“昧”，徽语读如“买”仅韵调有所变迁而已。

至于“买司”之“司”，则是“事”的方音。

(十二)说璺(wèn)为“裂命”

徽俗有“打破砂锅问到底”语,问是“璺”的谐声。《王力字典·璺》:“器皿的裂纹。《方言》六:‘器破而未离谓之璺。’泛指裂缝。”

璺古又写作“璺”。《王力字典·璺(wèn)》:“通璺。玉的裂缝，泛指裂痕。”《大字典·璺》:“《周礼·春官·大卜》:‘掌三兆②之法:一曰玉兆,二曰瓦兆,三曰原兆。’汉郑玄注:‘其象似玉、瓦、原之璺罅，③是用名之焉。’”《释文》:“(璺)旧许靳反，沈依聂氏音问，云依字一作璺。‘璺’，玉之坼也。龟兆文似之。”

宋沈括《梦溪笔谈》卷八《象数二·今之卜筮》:“则凭物之无心者而言之，如灼龟璺瓦，皆取其无心，则不随理而震，④此近乎无心也。”这里璺作动词。

“璺”自中古至今都读如“问”。《广韵》注音“亡运切”。清刘廷玑《在园杂志》卷二《璺》:“璺音问，原本玉破有纹者曰璺，今凡器破而未离者皆用此字。”桂馥《札

---

① 昧(wěn)雉(zhì)彼视:昧，割。雉，野鸡。宰他就像宰一只野鸡。

② 三兆:杨天宇注:“兆，是龟甲经火灼烤后的裂纹，卜者可据以推测吉凶。三兆即下文所谓玉兆、瓦兆、原兆。据郑《注》说，因兆纹分别像玉、瓦，或原田的裂纹，故分此三类。”

③ 罅(xià):裂;裂缝。

④ 不随理而震:理，纹理。震，通“朕”，缝，兆。不随着物体的纹理而裂开。

朴》卷九《乡里旧闻 · 杂言》："器裂曰璺。"自注："音问。"

徽语则凡铁、木、玉、石、瓷、陶、砖、瓦等器物有裂纹而未离称为"裂命"（淳西）、"裂民"（歙县）等，各地虽韵调不一，但声部均承上古重唇。

唐作藩《上古音》"璺"归明纽文部去声，与"问"同音。上古读问如门，读门如民，则上古读璺如"民"。

从中古音"亡运切"上推，亦可得相同结果。

上古读"亡"如"盲"。《唐 · 上古音》"亡"归明纽，《同源字典》"亡、忘"同音。《说文》"盲、宋[①]、芒、邙"[②]均从亡声，今皆读为 máng。《通萃 · 例释 0035》："《诗 · 秦风 · 终南》：'寿考不亡。'《齐诗》亡作忘。按'不亡'即不死之意，'亡'当为正字，'忘'为借字，'忘'谐'亡'声。"今徽语犹说"忘记"为"盲记"（淳西音如"m 记"，几近零韵母）可证。再说反切下字"运"，运字繁体作"運"，按《说文》運从军声。王力《汉语音韵 · 古音（下）· 谐声表》门声、军声同归文部。由此，上古读"璺"当如 mìn。

（十三）说万安为"曼干"

据《徽州文化大辞典》，休宁县万安镇有案可稽的历史达 1800 余年，自公元 258 ~ 750 年曾为郡（州）、县治，现列为国家历史文化名镇。其对徽州各地的政治、经济、文化影响是深远的。徽乡各地习惯称其为"曼干"。

休宁万安老街临江吊脚楼。万安，俗称"曼干"（胡永坚 摄）

这说明"万安"一名的来源与"曼干"有着联系。

《说文》无"万"字。《玉篇 · 方部》："万，俗萬字，十千也。"今作"萬"的简化字。

据唐作藩《上古音》"曼"归明纽元部平声，"萬、蔓、幔"等归明纽、元部、去声，有声调的差别。《释文》虽承上古音，但"万、萬、曼、蔓、幔"同音，例如：

① 宋（máng）：木结构的房屋大梁。

② 邙（máng）：山名。即今河南洛阳市北的北邙山。

《周礼·冬官·冶氏·曼胡》："（曼）莫干反。"又《冬官·轮人》："进而视之，欲其帱[1]之廉[2]也。"杨天宇注引郑《注》："帱，幔毂[3]之革也。革急则裹木廉隅[4]见。"《释文》："（幔）寞干反。"可见，"曼、幔"同音 mān。

《诗·大雅·旱麓》："莫莫葛藟，施于条枚。"[5]郑《笺》："葛也，藟也，延蔓于木之枚本而茂盛，喻子孙依缘先人之功而起。"《释文》："（蔓）音萬。"《礼记·表记》引此诗句《释文》作"（蔓）音万"。

《诗·邶风·谷风》："采葑采菲，无以下体。"[6]郑《笺》："此二菜者，蔓菁与葍[7]之类也。"陆德明音释："蔓，音萬，本又作芜，音无。"《礼记·坊记》引此诗句《释文》注："（蔓）音万，徐音蛮。"

《诗·桧风·隰有苌楚》[8]："隰有苌楚，猗傩[9]其枝。"郑《笺》："铫弋[10]之性，始生正直，及其长大，则其枝猗傩而柔顺，不妄寻蔓[11]草木。"陆音："（蔓）音萬。"《释文》作"音万"。

《诗·郑风·野有蔓草·序》："《野有蔓草，思遇时也。"《释文》："（蔓）音万，蔓延也。"

《尔雅·释言》："流，覃[12]也。"胡奇光注引郭《注》："谓蔓延相被及。"《释文》："（蔓）音萬。"

以上数例可见，中古"万"作为"萬"的俗体已相当盛行。《广韵·愿韵》"万、萬、曼、蔓"同音无贩切，都读如 màn。近代以来，"萬"转读为 màn，而曼、蔓不变，分道扬镳。

---

① 帱（dào）：覆盖。按郑《注》指包裹车毂的皮草。

② 廉：棱。

③ 幔毂：幔，包裹。毂（gǔ），车轮中心穿轴承辐的部件。

④ 革急则裹木廉隅见：廉隅，棱角。车轴穿过毂长出一截，还要用辖（今称"插销"或"销钉"）固定，再包扎皮革予以保护。句意为：皮革绷得紧，毂部的棱角就显露出来了。

⑤ 莫莫葛藟，施于条枚：黄淬伯诂："《传》：'施（yí），貌。'《广雅》：'莫莫，茂也。'葛藟，葛藤和藟（野葡萄）藤。施，延蔓。条枚，树枝、枝梢。句意为：生长旺盛的葛藟，爬满树干树枝。

⑥ 无以下体：下体，指葑、菲的地下根茎。按郑《笺》之意，葑、菲上下可食，但根有美时恶时，采之者不可以根恶时并弃其叶。

⑦ 葍（fú）：《王力字典》："一种多年生蔓草。又名蕾（fù）。"

⑧ 隰（xí）有苌楚：隰，低湿的地方。苌（cháng）楚，植物名，也叫羊桃。

⑨ 猗（ě）傩（nuó）：柔顺的样子。

⑩ 铫（yào）弋：苌楚别名，即羊桃。

⑪ 寻蔓：攀附纠缠。

⑫ 覃（tán）：长。

再说“干”。

《上古音》干归见纽平声，读 gān。中古已有 àn 音。

《通萃·例释0045》:“《诗·魏风·伐檀》:‘寘之诃之干兮。’《毛传》:‘干，厓也。’按‘干’是‘岸’的省借字。‘岸’谐‘干’声。”（[整理者王补]:杜甫《有客》:‘谩劳车马驻江干。’江干即江岸’）

《说文》一些从干声的字，有的曾读过 àn 音，今已废除，有的却延读至今，例如：

鳱：《释文·周礼·天官·司裘》：“音干。刘音雁。一音岸。”“鳱”今有 gān、hàn 两音。

犴：《释文·周札·夏官·射人·干五》:“（干）与豻同。五旦反。”《说文》:“（豻）从豸，干声。豻或从犬。”徐铉五肝切。五旦反音如 àn，五肝切读如 ān，今读 àn。

由此可知，“曼干”是“万安”的古音。

万安古镇依江而建，临水一面多为吊脚楼式建筑，曼延数里，蔚为壮观，别有韵致。或者古人取《诗经》之意，抒发把家园“置之河之干兮”的情怀，亦未可知。

(十四)说肪油为“板油”

《王力字典·肪》:“脂肪。特指动物腰部肥厚的油。……《文选》三国魏曹丕《与钟大理书》:‘窃见玉书,称美玉白如截肪。’李善注引《通俗文》曰：‘脂在腰间曰肪。’”

徽语称猪、牛等牲畜腹部大片厚实的脂肪为“板油”,是徽乡通行说法。《说文·肪》:“从肉，方声。”古读方如旁、如帮，则读肪如帮，音稍转为“板”。可见“板油”之称乃上古音遗，非如板状之谓。

《客方言·释饮食·肪谓之板油》：“《论语》：‘子贡方人。’郑康成作‘谤人’。古无轻唇，方正读如谤。板与谤双声，则猪板即猪肪之转。”此亦可见徽语、客语虽江流各异，而滥觞则同。

第三章　舌尖上的徽音

王力《汉语音韵 · 古音（下）· 上古的声母系统》:“（钱大昕）他以为古无舌尖舌上之分，古音陟如得，古音直如特，古音竹如笃，古音陈如田，古音枨如棠……等。”

我们先来浏览古音“直”如“特”。

《通萃 · 例释 5018》:“《诗 · 鄘风 · 柏舟》:‘实为我特’[①]《释文》云 :‘《韩诗》特作直。’黄淬伯《诗经覈诂》‘(特) 通假作犆’,[②]《礼记 · 少仪》‘不特吊’,[③]《尔雅》‘士特舟’,[④]《释文》作‘特本作犆’。作直,《吕览》高《注》:‘特犹直也。’《新书》‘大夫直县’，即《周官》‘士特县’[⑤]也。”

《客方言 · 释言上 · 状黏之貌曰膏的》:“古读直，音如特，《檀弓》:‘行拜植乎晋国。’[⑥]《注》:‘植或如特。’《王制》:‘天子犆礿。’[⑦]《释文》:‘犆音特。’埴读如特，故与的声相近而转。”

“直”是犆的声符，犆音特，则直音特。说文“植、殖、值、埴、稙、置”都从直声，故都音“特”。《仪礼 · 士丧礼》:“主人堂下，直东序，西面。”《释文》:“(直) 音值，下直西同。”可作一证。

中古“直”入澄纽，澄纽字今通语仍有相当部分发声于 ch，徽语今读入清纽。《玉篇 · 直》:“除力切。”徽语读“除”如“区”，于是除力切得音 qì，转平声如“七”，故徽语“直、值、殖、植”同音如“七”。笔直、价值、养殖、种植说如“笔七、价七、养七、种七”。

知系的一些字徽语仍保留着中古读法，如 :

---

① 实为我特 :《毛诗注疏》“为”为“维”。特，《毛传》:“匹也。”

② 犆(tè):“特”的异体字。

③ 不特吊 :特，单独。不特吊，不要不适时单独去吊唁。

④ 士特舟 :特，单一。士只能使用一条船。

⑤ 士特县 :特，一面。县(xuán)，悬挂。士悬挂乐器只能悬于东面一面。释见《周礼 · 春官 · 小胥》杨天宇《注》。

⑥ 行拜植乎晋国 :今本《礼记》作“行并植于晋国”。并，杨天宇释为“兼揽众权”。植，《王力字典 · 植 · [备考]》引孔颖达疏释为“刚强”。

⑦ 天子犆礿 :犆，一。礿(yuè)，古代称夏天举行祭祀为礿祭。天子犆礿，天子举行礿祭选择一座庙进行。

读箸（zhù）如“去”。箸，古义为筷子。《玉篇》：“除庶切。[①] 筴 [②] 也，饭具也。”徽语称用于拨火（徽语称“閪火”）、“火驱”（歙县）。

《礼记 · 曲礼上》：“饭黍毋以箸。”《释文》：“（箸）直虑反。《说文》云：‘饭攲也。’”同篇“羹之有菜者用梜”《释文》：“（梜）《字林》作筴，云箸也。（箸）直虑反。”以澄纽读直，直虑反正得音“去”。

读治如“七”，与“植”同音（歙县）。

《周礼 · 夏官 · 田仆》：“令获者植旌。”[③]《释文》：“（植）直吏反。树也。”

《考工记 · 舆人》：“参分较围，去一以为轵围。”[④] 杨天宇注“轵”引郑《注》：“輢之植者，衡者也，与毂末同名。”（杨）案：“当輢处有纵、横之木构成的方格，即郑《注》所谓植（直）、衡（横）者，就是所谓轵。”《释文》：“（植）直吏反。”这里“植”表“直”义，音同。

《周易 · 说卦》：“圣人南面而听天下，向明而治。”《释文》：“（治）直史反。”（附注：史为吏之坏）《庄子 · 缮性》：“及唐虞始为天下，兴治化之流。”《释文》：“（治）直吏反。”诸如《礼记 · 礼运》：“是故礼者，君之大柄也。所以别嫌明微，傧鬼神，[⑤] 考制度，别仁义，所以治政安君也。”《礼记 · 儒行》：“世治不轻，世礼不沮。”[⑥]《仪礼 · 丧服》：“故名 [⑦] 者，人治之大者也，可无慎乎？”诸如等处，《释文》均注音“直吏反”。以澄纽读“直”切“直吏”得音如 qì，今徽音（歙县）转迤为“七”。

读着如“倒”。“著”的附着、附上、接触、遭受、穿戴等义，今写为“着”。徽语说“附着”如“不倒”，即“附著”的古音。徽语说看着、听着、打着之“着”如 qiā（徽城、歙东），是中古遗音。

《释文 · 周礼 · 春官 · 司常 · 著绛》：“（著）丁略反，又直略反。”又《秋官 · 大司寇》：“凡害人者，寘之圜土而施职事 [⑧] 焉，以明刑耻之。”杨天宇注“明刑”引郑《注》：

---

① 除庶切：《广韵》“庶”在御韵，徐庶切得音如“去”。

② 莢（jiā）：同“梜（jiā）”，筷子。与“饭攲（qī）”同义。

③ 令获者植旌：树立旗帜，使人打到猎物交到这儿来。

④ 参分较围，去一以为轵围：参，同“叁”。较，杨天宇注：“輢，音yǐ，指车厢的两旁。当輢处安装有纵横的木方格，对乘车者起护栏的作用。輢接在车轼的后边而高出于轼，它上边所安装的较粗大之木，就叫作较，可作为左、右立乘者的扶手。”轵，即輢处有纵、横之木构成的方格。

⑤ 傧（bīn）鬼神：傧，礼敬。

⑥ 世治不轻，世乱不沮：社会治理得繁荣安定，不居功自傲、轻浮气躁；社会混乱，不悲观失望、萎靡沮丧。

⑦ 名：名分，身份、地位等。

⑧ 寘（zhi）之圜（yuán）土而施职事：寘，放置。圜土，周时圆形土牢。施职事，指派各种事务（具体的苦工活）。

“书其罪恶于大方板，著其背。”《释文》:“(著) 丁略反，一音直略反。”

《周礼·秋官·司圜》:“凡害人者弗使冠饰。”杨天宇引郑《注》:“着墨幪。”① 《释文》:“(著) 丁略反。”

《礼记·乐记》:“乐著大始，② 而礼居成物。③ 著不息者，天也。著不动者，地也。”《释文》:“(著) 直略反，处也。”

这里“丁略反”([tak]) 仍是上古音,“直略反”([dʻak]) 读入澄纽,韵部承上古。徽语说“着”如说qiā ([tɕʻia])，仅韵部稍有演变。

徽语说显著、著作如“显局、局作”。

《礼记·乐记》:“好恶著，则贤不肖别矣。”《释文》:“(著) 张虑反。”同篇“故先王著其教焉”《释文》):“(著) 知虑反。”

《礼记·冠义》:“故冠于阼，④ 以著代⑤ 也。”《释文》:“(著) 张虑反。”

上古知纽读入舌头,如“猪”古读如“都”。中古发声于 [ʈ],与 j 音近,因此“知虑、张虑”反切得音如“具”，转平声即音如“局”。

读紵如取。

紵麻因其高品位的长纤维，历史上是国人重要的生活资料。20 世纪五六十年代，农闲或雨雪天时，在农村尚可见妇女三五为伴，边聊油盐酱醋边缉鞋底。或拿出紵，架起大腿“搓麻”，单股的称“绩”，双股的称“线”，稍粗的称“鞋绳”。搓织布的“纱”称“缉绩”(《王力字典·纑二》:“《孟子·滕文公下》:‘妻辟纑。’赵岐《注》:‘辑绩其麻曰辟，练其麻曰纑。’”)，今徽语或说为“积绩”。织成的布便称紵布，用紵布制成的衣称紵衣。徽语说紵如“取”(淳西)、如“去”(歙县)。

读紵如“取”是中古遗音。

《汉书·高帝纪下》:“贾人毋得衣锦绣绮縠絺紵罽。”⑥ 颜师古注:“紵音佇。”

《尔雅·释宫》:“门屏之间谓之宁。”《释文》作“宁”,注“音佇”。这里“宁”是“宁”

---

① 着(zhuó)墨幪(méng):头上裹一块黑巾。

② 大(tài)始:天。

③ 成物:地。

④ 冠于阼(zuò):在阼阶上举行加冠礼。阼阶,东阶,主人所登之阶。

⑤ 以著代:著,表明。代,传代。

⑥ 锦绣绮(qǐ)縠(hú)絺(chī)紵罽(jì):锦绣,有彩色花纹的丝织品。绮,有素地花纹的丝织品。縠,薄的细帛。絺,细葛布。罽,同“罽”,毛织品。

的讹字，“宁（zhù）”今写作“宁”，故紵、佇、貯又写作“纻、伫、贮”。

《诗·邶风·燕燕》：“瞻望弗及，佇立以泣。”《释文》“佇”作“竚”，注“直吕反，久也”。

《说文·宁》：“凡宁之属皆从宁。”“宁”是“紵、佇、貯”等的声符，故“宁、佇、紵”同音。三字徐铉同音直吕切。

《释文》遇“紵”多注“直吕反”：

《诗·陈风·东门之池》：“东门之池，可以沤[①]紵”“直吕反，字又作苧。”；

《尚书·禹贡》：“厥贡漆、枲[②]、絺、紵。”直吕反”。

《左传·襄公二十九年》：“与之缟[③]带，子产献紵衣焉。”“直吕反”。

《礼记·丧大记》：“凡陈衣不诎，[④]非列彩不入。[⑤]絺、绤[⑥]、紵不入。”“直吕反”。

中古读“直”入澄纽，“吕”同今音，“直吕反”得音如“取”，转去声便为“去”。

徽俗语有“洞竹根头出好笋，痗[⑦]树枝头暴新芽”之说，比喻有缺陷有污点的家庭也可能孕育出健康、品行端正的后代。“洞竹”《徽言》作“瘇竹”。《王力字典·瘇（zhǒng）》：“字亦作‘尰’。足肿病。《说文》‘瘇’字引《诗·小雅·巧言》‘既微且瘇’。[⑧]今本作‘尰’，字亦作‘瘇’。”

《说文·瘇》：“从疒，童声。”又《洞》：“从水，同声。”今徽语“童、同”均音如“东”。古“童、同”同音。《通萃·例释2095》：“列子·黄帝》：‘状不必童而智童。’注：‘童当作同。’”《玉篇》“童、同”俱为徒东切，《广韵·东韵》又都为徒红切。古读徒如“都”（今徽语仍如此说），徒东切即音同“东”。

郑权中《通萃·通论·谐声字通借·声旁体省的谐声字》：“童字从辛（读若愆，辠[⑨]也），重省声（省去重字上部），重字从壬，东省声（省去东字下人，童、重东

---

① 沤：浸泡。

② 枲：麻。

③ 缟（gǎo）：细而白的丝织品。

④ 陈衣不诎（qū）：诎，卷曲，折叠。陈放殓衣不卷屈，要舒展开。

⑤ 非列彩不入：杨天宇注：“列彩，谓青、赤、黄、白、黑五色。不是正色的衣服不用。”

⑥ 绤（xì）：粗葛布。这里指用绤制的衣。

⑦ 痗（mèi）病：徽语称活体的整体或部分已死亡，质变但尚未腐烂的状态。徽语说如（méi）。

⑧ 既微且瘇：《毛传》：“骭疡为微，肿足为尰。”瘇，《毛诗注流》作“尰”。骭（gàn），胫骨，小腿。疡（yáng），溃烂。微，也作“癓”，音同。小腿生疮。古读微如“眉”，可见上古“微”与“痗”音义相近。

⑨ 辠（zuì）：古“罪”字。

古音均读舌尖音)。”

《客方言》卷四《释形体·手足中寒而肿曰寒冻》:“今曰寒冻者，即寒肿也。‘肿’读古音为‘董’，转去声即为‘冻’。”

《札记·檀弓下》:“与其邻重汪踦往，皆死焉。”《释文》:“(重)依注音童。”

从上述数例可知，古读“童、尰、瘇、肿(腫)”都如东。徽语读洞如东，“洞竹”即“瘇竹”，是竹笋因虫、病或物理损伤导致发育不良而长成畸形的竹子，并不影响下一年长出健壮的新笋。

歙南说“相信”如“相 sěn”,“sěn”仍古音之遗。上古“信”读如“申”或“伸”。

《通萃·通论·概说二》:“当时方言复杂,不能一致。”注:“如《汉书·张陈王周传》:‘项梁使张良求韩成，立为韩王，以良为韩司徒。’《史记·留侯世家》作“申徒”,《楚汉春秋》作‘信都’。东汉王符《潜夫论·志氏姓》云:‘信都者，司徒也。俗前[1]音不正，曰信都，或曰申屠，或胜屠，然其本共一司徒耳。’”

《潜夫论·述赦》:“而被冤之家，乃甫当乞鞫告以信直，[2]亦无益于死亡矣。”“夫有罪而备辜，冤结而信理，此天之正也，而王之法也。”“信直、信理”，汪继培《笺》:“‘信’读为‘申’。”

《周易·系辞上》:“引而伸之，触类而长之，天下之事能毕矣。”《释文》:“(伸)，本又作信，音身。”《周易·系辞下》:“往者屈也，来者信也，屈信相感而利生焉。”《释文》:“(信)本又作伸，同音申，下同。韦昭《汉书音义》云:‘古伸字。’”

《诗·邶风·击鼓》:“于嗟洵兮，不我信兮。”[3]《释文》:“(信)毛音申，极也。案:信，即古‘伸’字也。”

《诗·小雅·信南山》:“信彼南山。”黄淬伯诂引《马释》:“古‘伸’字借作‘信’。《尔雅·释诂》:‘引，长也。’……‘信’为南山之野长远貌。”

《周礼·春官·大宗伯》:“侯执信圭。”《释文》:“(信)音身。”

---

① 前:彭铎《校正》引汪继培《笺》:“‘前’‘疑’‘间’。”

② 乃甫当乞鞫告以信直:甫，才，开始。乞，申请。鞫告，审理，对质。乞鞫告，犹申请复审。信直，申冤，还原事实真相。

③ 于嗟洵兮，不我信兮:于嗟，叹词。洵(xún),《毛传》:“远也。”信,《毛传》:“极也。”黄淬伯诂:“不我极，犹言‘曷其有极’也。《陈疏》:‘言不与我终古也。’”句意为:哎哟，相隔太遥远，使我不能实现“执子之手，与子偕老”的誓言，使我思念没有头。

《考工记·鲍人》:“引而信[1]之，欲其直也。信之而直，则取材正也；信之而枉，则是一方缓，一方急[2]也。”《释文》:“(信) 音身。刘音新。”

《礼记·儒行》:“虽危，起居竟信其志，犹将不忘百姓之病也。其忧思有如此者。”《释文》:“(信) 依注为信，音申。”

以上诸例说明，上古“信、申、伸、身”同音或音近。申、伸、身同归《广韵·真韵》，又同属审纽三等，故读信如 sěn 是保留真韵又读入上声的结果。

徽语说衣衫褴褛为“拖零挂当”(淳西、威坪)。“零”或为旒的音变，或为“旍(jīng)的方音。旍，同“旌”，是用旄牛尾和彩色鸟羽做竿饰的旗；旒是旗帜下边悬挂的饰物。“当”则是“裳”之古音遗变。

古读裳为“堂”。《诗·小雅·裳裳者华》:“裳裳者华，其叶湑[3]兮。”《毛传》:“兴也。裳裳，犹堂堂也。”郑《笺》:“兴者，华堂堂于上，喻君也。”郑权中《通萃·例释 0525》引此诗指出：“《鲁诗》《韩诗》‘裳’作‘常’。”

古读常亦如“堂”。《诗·小雅·常棣》黄淬伯诠题引《马释》:“《御览》引《诗》‘棠棣之华’，‘常’为‘棠’之假。”《论语·子罕》引逸诗有“唐棣之华”，刘宝楠注：“唐棣，移也。”《论语辞典》引邢昺《疏》同。《诗·秦风·晨风》“山有苞棣”，黄淬伯诂：“《传》:‘唐棣也。’《陈疏》:‘唐棣谓之棣，则常棣谓之移（延知切)。今本《尔雅》互易。’”《大词典·棣》引《尔雅·释木》:“常棣，棣”。这里“棣”既释为“唐棣”，又释为“常棣”，唐棣释为“移”，常棣也释为“移”。段玉裁《说文解字注·移》:“‘唐’与‘常’音同。……《小雅》‘常棣’，《论语》逸诗‘唐棣’，实一物也。”

《通萃·通论·通借字可否全部改正》:“《管子·小称》‘堂巫’，《吕氏春秋·知接》作‘常之巫’。原按：古读常如堂，故《诗经》‘常棣’作‘棠棣’。《史记·齐世家·索隐》作‘棠巫’。”

从上述“裳”作“常”，“常”读作“棠”、读作“堂”、读作“唐”，可知“裳”也读如“堂”。裳又变为“当”，是端、透旁纽之故，犹古读徒如“都”、江浙话“海棠”音如“海党”一例也。

本章除已讨论的说著如“倒”、说徒如“都”等之外，再稍做延伸，尝试展示

① 信：伸，理。

② 一方缓.一方急：方读为“旁”。一边松，一边紧。

③ 湑(xǔ)：茂盛的样子。

徽语无“zh、ch、sh”声母的内涵。

(一)说种子萌发为“嘟嘴”

古人说种子发芽为“莩甲”。《后汉书 · 章帝纪》:“又诏三公曰 :‘方春生养,万物莩甲。宜助萌阳①,以育时物②。’”莩甲又作“孚甲”,《王力字典 · 孚 · 备考》:“《礼记 · 月令 · 孟春之月》:‘其日甲乙。’郑玄注 :‘时万物皆解孚甲,自抽轧③而出,因以为日名焉。’”

莩甲,又称“甲拆”或“甲坼”。《客方言 · 释草本 · 暴菰》④ :“暴菰,甲拆也。”“暴菰即孚甲也。《释名 · 释天》:‘甲,孚甲也。万物解孚甲而生也。’”

“甲拆”是指植物的莩甲裂开。《王力字典 · 拆㈠》:“分裂,裂开。《说文》作㲰,云 :‘裂也。’字亦作‘坼’。”宋沈括《梦溪笔谈》卷二十六《药议 ·〈本草注〉引〈尔雅〉云》“(甘草)实作角生,如相思角,⑤四五角作一本⑥生,熟则角坼”可为一证。

甲坼,绽蕾、出新叶。客家话称暴菰,新安话称“暴胤”“暴蕻”

《说文 · 坼》:“裂也,从㡿声。”段注 :“裂者,缯余⑦也。因以为凡隙之称。古音在五部,读如讬。”“讬”今写为“托”,音同。又《㯞》:“从木,㡿声。”又《㡿》段注 :“古音在五部。俗作斥。”《尔雅 · 释地》:“东北之美者,有斥山之文皮⑧焉。”胡奇光注 :“斥山,或作“㡿山”。郝疏 :‘㡿山,濒海之山。’”

可见“斥、㡿”古音义相同,故“坼、柝”《说文》同从“㡿”声,都读[t‘ak](上古“托”读入声)。

---

① 萌阳 :新生的阳气。阴阳是我国古代一对对立统一的概念,如寒冷为阴,温热为阳。春天气温逐渐上升,称阳气渐壮。

② 时物 :顺应时节而生长的作物。

③ 抽轧 :抽芽。轧,有挤压之义。芽顶开莩甲的挤压抽生出来。

④ 暴(bó):突起。徽语称发芽、抽芽为“暴芽”。发芽初始时呈现一小小的突起。

⑤ 相思角 :不明。或指红豆的角。红豆又称相思子,结角而生。刘伯严直译为相思树的豆荚。相思树与红豆树是两种不同的树。

⑥ 一本 :一枝,同一处。

⑦ 缯余 :缯帛裁剪之余。

⑧ 斥山之文皮 :斥山出产的有花纹的兽皮。文,通“纹”。

古读斥如“托”、如“度（duó 或 dù）”。

《诗·鲁颂·閟宫》:“松桷有舄。”[①] 黄淬伯诂:“《传》:‘舄，大貌。’《陈疏》:舄者，‘斥’之假借字。《禹贡》‘海滨广斥’，《夏本纪》《地理志》皆作‘广舄’。”

“斥”借为“舄”最根本的原因是音同或音近。

斥有“大”义。《后汉书·马融传》:“暴斥虎,搏狂兕。”[②] 李贤注:“《苍颉篇》曰:‘斥，大也。’”

“舄”的“大”义之音 tuō,是今徽语的日常用语。大山、大水、大火、大伯、大妈、大哥、大姐、大方向、大面积、大天干（干旱）、大灾荒等“大”都说为 tuō（歙东徽城），或 dōu(歙北)，或 tòu(淳西)。

古“大”又通“图”。《尚书·大诰》:“有十夫予翼,[③] 以于敉宁、武图功[④]。”李民注:“图功,王引之谓大功也。古图、大声近。”王引之这里未明析古“图、大”为何声近，但我们把“图、舄”联系起来，便恍然大悟了。

《尚书·多方》:“洪惟图天之命”[⑤] 李民注:“图,度。又王引之《经传释词》谓大也。”可见，上古读图亦如“度”。

《广韵·模韵》“同都切”三十一字中“徒、图、塗、途、镀”等，上古读徒如都，则上古读图如度当不是特例。证之方言,今徽语有说如 tū(徽城、淳西),有说如 dū(歙北)，体现着与“雅音”同化的不同速度。

周作人《明清笑话集·附录·徐文长的故事五》:“有人同徐文长赌赛，如他能够往三埭街连呼“堕贫”三声，当请他吃酒。徐文长便到三埭街的旧货店指着一个瓷瓶叫道:‘那个大瓶卖多少钱？那个大瓶，那个大瓶！’店里的人无可如何，他终于得胜而去了。”周作人按:绍兴自明以来有种公奴名曰“惰民”，本地则称“堕贫”(Doobing)，与“大瓶、大平”同音。

这里读“大”如“堕”，与徽语说“大”如 tōu 当是同源而来。

从“斥”通“舄”，“舄”与“图”义通，图音如“度”，至少可以说明，史上

---

① 松桷有舄(tuō):桷(jué),劈成方形的椽子。舄,大。松木椽子又粗又大。

② 暴(bào)斥虎,搏狂兕(sì):暴,搏击。斥,大。兕,古代称犀牛一类的兽。

③ 予翼:翼,辅佐。予翼是“辅助我”的倒装句。

④ 以于敉(mǐ)宁、武图功:李民注:“于,往。敉,王国维以为古弥、敉声近,当读为弥。弥,《诗传》:‘终也。’宁、武,文王,武王。”句意为:(用以)去完成文王武王未竟的伟大功业。

⑤ 洪惟图天之命:洪惟,发语词。图天之命,上天的大命。

存在过读斥如“度”的音。

拆、坼又音如“度（dù)”、如duó。

清桂馥《札朴》卷一《温经·甲拆》：“《解卦》：‘雷雨作，而百果草木皆甲拆。’郑本作‘甲宅’。《注》云：‘皮曰甲，根曰宅。’馥案：《蜀都赋》：‘百果甲宅。’”“甲拆”一词，《释文·周易·解》作“甲坼”，云：“勑宅反。[①]《说文》云：‘裂也。’《广雅》云：‘分也。’马、陆[②]作‘宅’，云：‘根也。’”

西晋左思《蜀都赋》：“百果甲宅。”李善注：“《周易》曰：‘百果草木皆甲坼。’郑玄曰：‘木实曰果。‘皆’读如人倦之‘解’。[③]解谓坼呼。[④]皮曰甲，根曰宅。’宅，居也。呼，火亚切。”

这样说来，种子的甲“斥开”的地方，就是芽的根所在的地方。但我们更关心的是，“甲拆”为何又说成“甲宅”？其原因也是古读宅如“度”。

《尚书·康诰》：“宅心知训。”[⑤]李民注：“宅，度，揣度。”

《尚书·立政》：“宅乃事，宅乃牧，宅乃准，[⑥]兹惟后矣。[⑦]谋面用丕训德，[⑧]则乃宅人，[⑨]兹乃三宅无义民。”[⑩]李民注：“宅，度，考虑、图度的意思。”

《尚书·顾命》：“祭哜宅。”[⑪]《释文》：“（宅）马同徐殆故反。”又“王三宿，[⑫]三祭，[⑬]

---

① 勑宅反：按中古音读为[ṭ‘ek]，据《汉字字音演变大字典》。

② 马、陆：按《释文》序录，马指马融，陆指陆绩。

③ 皆读如人倦之解：意思是“皆”读“解”。人倦之“解”今作“懈”，上古“解”“懈”同音[ke]，“皆”音[kei]，据王力《同源字典》。

④ 呼：上古呼音[xa]，火亚切。《说文·呼》：“外息也。”外息，即呼气。呼气则嘴张开，今语说“哈一口气”的“哈”当由此而来。

⑤ 宅心知训：宅，揣度，考虑。训，教导。李民注：“意思是说考虑如何才能教导殷民。”

⑥ 宅乃事，宅乃牧，宅乃准：乃，你。李民注：“事，指政务，常任之职。牧，管理的意思。牧人之职。准，准则，法度。准人之职。”

⑦ 兹惟后矣：李民注引曾运乾说：“言顾名思义，乃得后称矣。”

⑧ 谋面用丕训德：李民注：“谋面，以貌取人的意思。丕，读不，大也。训，顺。德，道德规范。句意为：不根据道德准则，而以貌取人云任用（官员）。

⑨ 则乃宅人：宅人，李民释为任人唯亲。句意为：这样的用人就是任人唯亲。

⑩ 兹乃三宅无义民：三宅，李民注：“指事、牧、准三事之官。”义民，贤人。

⑪ 祭哜(jì)宅：李民注：“哜，口尝，是说既祭之后的赐酒入口至齿，方饮而实不饮。宅，同‘咤(zhà)’，后退的意思。”

⑫ 宿：李民注：“宿，读作肃，郑玄谓：徐行向前曰肃进也。”

⑬ 祭：李民注：“洒酒至地。”

三咤[①]。"《释文》:"(咤)字又作宅,又音妬。徐又音讬,又猪夜[②]反。《说文》作'詫[③]',丁故反,奠爵也。"

"咤""詫"的音"妬""丁故反"都读为dù,与"宅"的"殆故反"同音。

《客方言·释言(上)·郁结回侘傺》[④]:"古读宅如铎(《舜典》'五流有宅',[⑤]《史记》作'有度')。"

《诗·大雅·皇矣》"爰究爰度"[⑥]"此维与宅"[⑦],《马释》:"宅、度同声通用,《书》'宅西',《尧典》《缝人注》作'度面',《诗》'宅是镐京',[⑧]《坊记》作'度''此维与宅',《论衡》作'度'。是知《尔雅·释言》'宅,居也',即《毛传》'度,居也'所本。"

汉王符《潜夫论》卷四《班禄》引《皇矣》诗"此维与宅"作"此惟与度"。汪继培《笺》:"'度'今作'宅'。《论衡·初禀篇》亦作'度'。《汉书·韦玄成传》注臣瓒曰:'按古文宅、度同。'"

至此,知李民上两例所注"宅,度"即该处"宅"读为duó。

徽语称种子萌动从芽尖露白到根尖伸出的状态为"嘟(转阳平音如"毒")嘴",其实仍"甲拆""甲宅"的上古之音。"拆、宅"上古都读如"度","度"乃根所居之处,"嘟嘴"就是芽根萌动从"甲"的裂缝中伸出来了的意思。

(二)附则:说宅为"铎"

徽语说"民宅、住宅"之"宅"如"猜"([tsʻε^{32}中] 徽城)、如"茶"(淳西),是中古之遗声。但日常用语中,仍存留着上古音义,只是未察知而已。

王力《同源字典·宅》:"小徐本《说文》:'宅,所讬居也。'《太平御览》引作'人所讬也"。《广韵》引《说文》:"宅,讬也,人所投讬也。'段注:'讬者,寄也。人部[⑨]亦曰:侂,[⑩]寄也。引申之,凡物所安皆曰宅。宅、讬叠韵。'"

---

① 咤:李民注:"郑玄谓,却行曰咤。却行即后退。"

② 猪夜反:上古读[tak],其音如今音da入。

③ 詫(dù):奠爵酒。祭祀时把酒浇在地上。

④ 侘(chà)傺(chì);失意的样子。

⑤ 五流有宅:李民注:"流,流放。宅,居。"五种流放的刑罚都有处所。

⑥ 爰(yuán)究爰度:爰,句首语气词。究、度,谋划,思忖。

⑦ 此维与宅:此指岐周之地。维,通"惟",思考。宅,度。黄淬伯诂引《马释》:"'此维与宅'……犹言帝度其心耳。"郑《笺》:"见文王之德而与之居,天意常在文王所。"

⑧ 宅是镐京:《大雅·文王有声》篇中的句子。句意为:选择镐京作为都城。

⑨ 人部:指《说文·人部》。

⑩ 侂(tuō):寄托;依托。

“讬”今写作“托”，“宅、讬叠韵”即“宅”音duó（今音）。上古讬读如tuo入，宅读如duo入。从上释义可知，人所依托、物所安置即为“宅”，因此房屋为“宅”，房屋、村邑所处之地亦为“宅”；山石土木所处之处为“宅”，人所居之职位亦为“宅”。

《诗·大雅·文王有声》：“考卜维王，宅是镐京。”即“我们居住的镐京，是武王卜定的好地方”之意。换个说法，也就是“镐京坐落在武王选定的善地上”之意。又《大雅·皇矣》：“乃眷西顾，此维与宅。”即“上帝向西审视，见文王是有德之君，故以文王之都为居所”之意。《礼记·郊特牲·蜡辞》：“土反其宅，水归其壑。”即“土石返归原来的处所，不要崩塌离析为害”之意。

《尚书》“宅”表居住、居所、居址之意的例子朗若星辰：《尧典》“宅嵎夷”[①]“宅南交”“宅西”“宅朔方”，是说分居于这些地方；[②]《禹贡》“桑土既蚕，是降丘宅土”，[③]是说定居于平原上；《盘庚上》“爰宅于兹”，是说迁都于此；《说命下》“入宅于河”，是说居住于河之洲；《召诰》“惟太保先周公相宅”，是说召公奭先周公到洛河察看选择新都城址；《多方》“今尔尚宅尔宅畋尔田”，[④]前“宅”表居住，后“宅”表居地；《顾命》“延入翼室，[⑤]恤宅宗”，[⑥]“宅”表起居的处所；《毕命》“表厥宅里”，“宅”表居住的闾里。

“宅”又表居官、居位之意。《尚书·舜典》“使宅百揆”，[⑦]是“使担任百官之职”的意思；《大禹谟》“朕宅帝位三十有三载”，是“我坐帝位已三十三年”的意思；《说命上》“王宅忧”，是王处于守丧期间的意思；《立政》“乃用三有宅，克即宅”，是“三个方面的主政官员身居其职，都能克尽职守”的意思；《冏命》“嗣先人宅丕后”，[⑧]是“继承先人身居大君之位”的意思。

“宅”还有存心、安定、顺从之意。例如，《尚书·康诰》：“亦惟助王宅天命，[⑨]

---

① 宅嵎(yú)夷：原句为“分命羲仲，宅嵎夷，曰旸(yáng)谷”。李民注：“嵎夷，氏族名，东夷的支系。……嵎夷大致分布在今山东半岛、辽东半岛一带。”附注：旸谷，传说中太阳升起的地方，位于东方。

② 宅朔方：朔方，指当时认为的极北之地。

③ 桑土既蚕，是降丘宅土：李民译：“土地已经能够种植桑树，饲养家蚕，人们从小土山上搬到平地上居住。”

④ 畋(tiān)尔田：畋，耕种治理土地。

⑤ 延入翼室：延，请，导引。翼室，旁边的房室。

⑥ 恤宅宗：李民注：“恤，忧。宅，居。宗，主。忧居以为丧主，即居此主持丧事。”

⑦ 揆(kuí)：掌管、管理。百揆，百官。

⑧ 宅丕后：宅，居。丕，大。后，君王。丕后，大君主。

⑨ 宅天命：宅，顺应，安定。

作新民。”又“汝丕远惟商耇成人，[1]宅心知训”。

略举几例徽俗说“铎（宅）”之语，聊供清赏：

一块舄石头滚下来“铎”到河中间——大石滚落，蹲踞在河中。

一堂屋孤零零地“铎”在田坂里——房子坐落于田畈之中。

屋基四角“铎”四块大石头，墙脚定然纹丝不动——屋脚四角各安放一块大石头。

××“铎”到那个位置上，别人谁能爬上去？——××占据着那个职位。

他气冲冲一屁股“铎”到交椅里——他一屁股坐在椅子里。

“你说这话想‘铎’住我？”——你说这话想镇住我？意思是想禁锢我，使我顺从？”

“煤炉已烧着，你把水壶‘铎’上去。”——把水壶放到煤炉上。

这些“铎”都是“宅”的上古音义的沿用。

(三)说洗物汰清为“都清”

洗涤物品最后洁净的程序，徽语说“都清”，或“都一下”“都几遍”。这个“都”是来源于“泽”。

先说“泽”之义。

《考工记·㡛氏》[2]：“实诸泽器。”郑司农曰：“谓滑泽之器。”这个“泽器”也可以做漂洗用。下文“清其灰而盝之，[3]而挥之”。[4]杨天宇引戴震曰：“每日之朝，置水于泽器中，以澂蜃灰，[5]乃取帛出，盝之，挥之。”

《康熙字典·泽》：“又洗濯[6]曰泽。《礼·曲礼》：‘共饭不泽手。’疏：以手宜洁净，不得临食始挼莎[7]也。”

中古以后“泽”的洗涤义就明白得多，如下：

《大字典·泽（zē）》：“又泛指洗涤。唐元稹《和乐天赠樊著作》：‘解悬不泽手，

---

① 汝丕远惟商耇成人：商，通“赏”，奖赏。耇(gǒu)，年老。成人，德高望重的人。句意为：你从长远考虑，要尊重奖拔民众中的年长有声望的贤人。

② 㡛(máng)氏：漂丝设色的工匠。

③ 盝(lù)之：沥干水。杨天宇说：“在此犹言拧干。”

④ 挥之：杨天宇注：“挥，振也，谓振去帛上的细灰。”徽语说“抖塌”。

⑤ 以澂(chéng)蜃灰：澂，同“澄”，澄清。蜃(shèn)灰，蚌壳烧成的灰。(在泽器中加足够的水)，使蜃灰沉淀。

⑥ 洗濯(zhuó)：洗涤。

⑦ 挼(nuó)莎(suō)：两手摩搓。

拯溺无折旋。'清顾炎武《天下郡国利病书·云南二》:'江涘[1]苗人以石亜[2]就水泽发。'"

南唐刘崇远《金华子杂编》卷上《生附子》:"藩身貌瑰伟,[3]既疲,委顿簟席,[4]流液须臾,侍疾骨肉[5]鞋袜皆如绯染,自辰及巳、午,唯皮骨存焉,洗泽莫及,但以血肉举骨就木而已。"

宋周密《武林旧事》卷八《宫中诞育仪例略》:"合本位踏逐(原注:寻访,觅求)老娘、伴人、乳妇抱女、洗泽(原注:清洗)人等,申学士院。……"

元大司农《农桑辑要》卷二《播种·苎麻·[新添]》:"每卢[6]五两,可用一净水盏细石灰拌匀,置于器物内,停放一宿。至来日,泽去石灰……"

再说泽之音。古读泽如"铎"。

蔡梦麒《说音研·辩证八·襗》[7]:"徐铉徒各切,朱翱滕莫反,《唐韵》徒落反,《佩觿》[8]徒各翻,读音均相同。……《周礼·天官·玉府》:'燕衣服者,巾絮寝衣袍襗之属。"《释文》:'刘音泽,徐待各反。'徐邈音待各反,与徐铉注音同。《五经文字》卷中:'襗音泽。见《周礼》。'……《诗·秦风·无衣》:'岂曰无衣,与子同泽。'毛传:'泽,润泽也。'《笺》云:'襗,亵衣。'《释文》:'泽,如字。《说文》作襗,云袴也。'泽、襗二字并列而不出读音,是'泽、襗'同音,……可考虑选择《广韵》徒落切注音 duó。"

此条引文明确地告诉我们:古"泽、襗"同音。《通萃·例释1043》:"《诗·秦风·无衣》:'岂曰无衣,与子同泽。'《齐诗》'泽'作'襗'。"由此也可得出相同的结论。

唐作藩《上古音》"铎、泽、择、释、襗、宅、度(揣度)"均归定纽、铎部、入声,故可认为上古同音。客家话今说"择"为"铎",如《客方言·释言(下)·谓择曰铎》:"铎者择之古音,古读择如铎。《左传》'主则择之',与度韵。《楚辞·大招》'恣所择只',与酪、薄韵,是其证矣。"典籍亦有"泽、择"通借之例,如《墨子·迎敌祠》:

---

① 江涘(sì):涘,水边。江涘,即江边。
② 石亜(yīn):未详。或是一种有清洁效用的物品。
③ 藩身貌瑰伟:藩,文中主人公,名韩藩。身貌瑰伟,身材魁梧。
④ 委顿簟席:委顿,极端疲困。簟席,代指睡卧之处。
⑤ 侍疾骨肉:服侍的亲人。骨肉,代指子女等亲属。
⑥ 卢(lú):这里指已绩成的麻缕。
⑦ 襗(zē):贴身的衣裤。
⑧ 觿(xī):古代称用作解绳结的工具,也用作佩饰。

建德梅城龙山书院棂星门。“学达性天”，达，方言多入透纽，如徽城音 [t'a^{33}]。此与“舄”在方音中duō、tuō并存同理（孔建祥 摄）

“城上当阶，[1]有司守之，移中中处，[2]泽急[3]而奏之。”

明陈弟《古音考 · 泽》：“泽音铎。……《太玄》：‘鸣鹤升自深泽，階天不怎。’[4]本证 :《鸿雁》：‘鸿雁于飞，集于中泽。之子于垣，百堵皆作。’旁证 :《礼记 · 蜡辞》[5]：‘土反其宅，[6]水归其壑，昆虫毋作，草木归其泽[7]。’……陆云《逸民赋》：‘宾濮水之清渊兮，仪磻溪[8]之一壑。毒[9]万物之喧哗兮，聊渔钓于此泽。’……”这里“怎、作、壑”古韵都在铎部。

《通萃 · 倒释 11092》：“《史记 · 河渠书》：‘（郑国渠）溉泽卤水地四万余项。’《索隐》曰 :‘泽，一作舄，本或作斥。’”已考古“舄、斥”音如 duó，泽借为“舄”或“斥”，则泽亦音如 duó。

《康熙字典 · 泽》：“又《集韵》《韵会》《正韵》并达各切，音铎，格泽，星名。”《大词典 · 格泽（hè duó）》：“《史记 · 天官书》：‘格泽星者，如炎火之状。……’司马贞索隐 :‘一音鹤铎，又音格宅。’”则音如铎，又音如宅，实则音如 duó（今转阳平）。

至此可见，徽语（歙县）说汏洗为“都”，是保留了“泽”的上古之声而稍变韵调而来。其语根之古，可见一斑。

---

① 城上当阶 :对着上城的阶道。

② 移中中处 :时艺社引岑仲勉注 :“古人称簿书曰中，见《周礼》。前一‘中’字指簿书。‘中处’言适中之处。”簿书，图册，公文。

③ 泽急 :选择最紧急重要的。

④ 阶天不怎（zuò）:司马光集注 :“怎与怍同。阶犹登也。……君子之通暗然而日章，虽声闻于天，亦无所愧。”附注 :怍，惭愧。章，通“彰”，显扬。怎、作上古与“铎”同韵部。

⑤ 蜡（zhà）辞 :古代举行年终大祭（即“大腊八”）时所致的祝辞。见《礼记 · 郊特牲》。徽俗今腊月八食“腊八粥”由此而来。

⑥ 土反其宅 :反，通“返”，归。宅，居，安。土、石归返原来的位置，不塌陷。

⑦ 草木归其泽 :草木回到原来生长之处，不要长到农田里来。

⑧ 磻（pán）溪 :传说姜太公吕尚（太公望）垂钓于此。

⑨ 毒 :厌恶，憎恨。

(四)说中秋节如"登秋节"

徽语说中如“增”，说“中（zhòng)”如zěng，唯独说“中秋节”如“登秋节”，其因由耐人寻味。

上古读中如“得”、如“东”。

《诗·小雅·宾之初筵》:“酌被康爵，[1]以奏[2]尔时。”《毛传》:“酒所以安体也。时，中者也。”黄淬伯诂“时训为中”：“《大戴礼·虞戴德篇》：教士履物[3]以射，‘时以敩[4]技，时有庆[5]以地，不时有让以地’，时皆训中。‘时以敩技’即中以敩技，时与不时,即中与不中也。……以时为中,与《毛传》正合。酒以饮不中者,诗何以云‘以奏尔时’？盖饮不中者以致罚，正所以进中者以致庆耳。”

其实训时为中，是因为上古“时、中”都读为“得”而通借，举例如下：

《通萃·例释5013》：“《周礼·地官·师氏》：‘掌国中失之事，以教国子弟。’[6]故书‘中’为‘得’。杜子春云：‘中当为得,记君得失,若《春秋》是也。’《史记·封禅书》：‘(康后)与王不相中’，《周勃传》：‘(勃子胜之)尚公主，[7]不相中。’小司马[8]皆训‘中’为‘得’。”这里“中”借为“得”，是“中”音如“得”。

又《通萃·例释0314》:“《易·归妹》:‘有待而行也。’《释文》:‘待，一本作时。’按特、侍、恃、时同谐‘寺’声，故可通惜。”“待”又作“时”，是“时”音如“待”。

《同源字典》“殖植”与“莳（时)”同属禅纽,韵部职之对转。上古禅纽读同定纽。古读植如“特”，则古读时亦如“特”。“特、得”定、端旁纽，可得读“时”如“得”。今徽语存有读“特”为těi（淳西)、为dī(歙西)。普通话仍有读得为děi。

唐作藩《上古音》“中”归端纽、冬部、平声，是上古读中如“东”。《客方言·释言上·中曰东心》:“东心，即中心。中读为东，盖古音也。古中入舌头声如东。……《齐策》：是秦之计中。高诱注：‘中，得也。……惟古读中为东，故与得声相转。’”

---

① 康爵：康，大。大酒爵。

② 奏：进献。

③ 履物：以实物做奖励。履，福禄。

④ 敩(xiào)：教。时以敩技：射中的向人传授射技。

⑤ 庆：奖赏。

⑥ 国子弟：杨天宇引孙诒让说，包括王的太子、诸王子，以及诸侯卿大夫之子弟。

⑦ 尚公主：《王力字典·尚》：“匹配，多用于匹配帝王之女。……(《史记》)《绛侯世家》：‘公主者，孝文帝女也，勃太子胜之尚之。’”

⑧ 小司马：即唐司马贞，撰《史记索隐》。

《释文》注“中”绝大多数音“丁仲反”,则上古读如东,中古读如“冻”或“东”。

《周易·说卦》:“坎再索而得男,故谓之中男。”《释文》:“(中)丁仲反,下同。”

《尚书·禹贡》:“厥田惟中中。”[①]释文》:“(中)丁仲反,又如字。”

《左传·庄公七年经》:“夜中,星陨如雨。”“释文》:“夜中,夜半也。丁仲反,又如字。”

《尔雅·序·中古》:“丁仲反,又如字。中古谓周公也。”

《易·系辞下》:“其旨远,其辞文,其言曲而中。”《释文》:“(中)丁仲反。注同。”

《诗·小雅·小旻》:“我龟既厌,不我告犹。”郑玄《笺》:“犹,图也。卜筮数[②]而渎龟,龟灵厌之,不复告其所图之吉凶。言虽得兆,占繇[③]不中。”《释文》:“(中)丁仲反。”

《礼记·中庸》:“诚者不勉而中,[④]不思而得,以容中道,[⑤]圣人也。”《释文》:“(中)丁仲反,又如字。下中道同。”这里“如字”似指音如“东”。

中古至宋时,“中”音如“蒸”。李新魁《中古音·舌上音声母的音值》:“宋人刘攽(附注:攽音 bān,又读 bīn)《贡父诗话》谓‘向敏中[⑥]镇长安,土人不敢卖蒸饼,恐触中字讳也’,周祖谟《宋代方音》一文说:‘长安人恐触向敏中讳而不敢卖蒸饼,[⑦]是中蒸音近无疑。’”

据王力《汉语音韵》,登声属蒸部。因此可以理解,徽语说“中秋”为“登秋”是保留了“中”上古舌头音读法,又转为登韵的缘故。

(五)说昼如diǔ

区分白天的时段,对应于“上半日、中饭、下半日”,徽语还有“上昼、当昼(正昼)、下昼”的说法,不过这个“昼”音如 diǔ。

上昼、正昼、下昼的说法其来有自,乃古语相承。例如:

---

① 厥田惟中中:厥,其。田,泛指耕种的土地。中中,田地肥瘠的等级。文中自“上上”至“下下”共九等,中中是第五等。

② 数(shuò):屡次。

③ 繇(zhòu):卦兆辞。

④ 不勉而中:勉,努力。中,达到,符合。不用经过艰难的修为就符合(善道)。

⑤ 从容中道:从容不迫地达到(善道)。

⑥ 向敏中:宋开封人。真宗咸平初,拜兵部侍郎,参知政事。

⑦ 蒸饼:今称馒头。

《墨子·明鬼下》："昔者郑穆公，[①] 当昼日中处乎庙，有神入门而左。" [②]

《汉书·李寻传》："间者太白 [③] 正昼经天，宜隆德克躬，以执不轨。" [④]

唐李复言《续玄怪禄·补遗·马震》："扶风马震，居长安平康坊。正昼，闻叩门，往看，见一赁驴小儿……"

清顾禄《清嘉录》卷六《黄昏阵》："谚云：'六月初三打个黄昏阵，[⑤] 上昼耘稻下昼困。'"

"昼"在《广韵·宥韵》陟救切，按《七音略》读如dòu。从《释文》所透露的信息，我们知道这是上古音。

《周易·晋》："康侯用锡马蕃庶，[⑥] 昼日三接" [⑦]《释文》："(昼)竹又反。"又《杂卦》："《晋》，昼也。"《释文》注同。

《礼记·檀弓上》："非致齐也，非疾也，不昼夜居于内。" [⑧]《释文》："(昼)知又反。"

"知、竹"上古都读端纽（据《唐·上古音》）。以"竹"为例：《诗·卫风·淇奥》："瞻彼淇奥，[⑨] 绿竹猗猗。" [⑩]《释文》："竹，萹竹也。《韩诗》竹作薄，音徒沃反。云：'薄，萹筑也。'石经同。"宋黄朝英《缃素》卷五《绿竹》："《尔雅》云：'竹，扁蓄。'注云：'似小藜，赤茎节，好生道旁，可食。'亦作筑，《韩诗》作薄，音笃。"《尔雅·释草》："竹，萹蓄。"《释文》："(竹)本又作筑，张六反。"古读张如"当"（据《上古音》），读六如lu入([liuk])，则张六反读如du入([tiok]，录自《同源字典》)。清桂馥《札朴》卷九《乡里旧闻·萹茿》："掖县小儿卖野菜，叶似目宿，[⑪] 呼为边猪牙，问其县人皆不知何草。余考之，盖萹茿也。《毛诗》'菉竹'，《韩诗》作'菉薄'。薄，即水萹茿。

---

① 郑穆公：时艺社引孙诒让注："当为秦穆公之误。"

② 而左：向左走。

③ 太白：金星别名，又称启明星。

④ 隆德克躬，以执不轨：能够约束自己，培增德行，明察不遵法令的图谋。

⑤ 黄昏阵：指傍晚时下雷阵雨。

⑥ 康侯用锡马蕃庶：康，美，褒扬。锡(cì)，通"赐"。蕃庶，众多。以赐予车马来褒奖有功绩的诸侯，赐予的车马众多。

⑦ 昼日三接：一昼(一个白天)受到三次接见。形容受到礼遇优厚。

⑧ 非致齐(zāi)也，非疾也，不昼夜居于内：齐，斋戒。不是诚心斋戒，不是疾病，不昼夜都居在房间里。

⑨ 淇奥(yù)：奥，通隩(yù)，水岸弯曲处。淇奥，淇水弯曲的河岸。

⑩ 绿竹猗猗：《毛传》："绿，王刍也。竹，萹竹也。猗(yī)猗，美盛貌。"《大词典·王刍》："菉(lù)草的别称，又名荩(jìn)草。"扁竹，与下文"萹(biān)筑、扁蓄、萹蓄、萹茿(zhú)、扁畜，是同一种植物。

⑪ 目宿：今写作"苜蓿"。

郭景纯谓‘萹茿可食’是也。又检《本草》扁畜，示之莱人乃信。”

这里“竹”作“薄”、作“筑”、作“茿”，是因音同而相假借。也就是说，都音“笃”。

古时称印度为“身（juān）毒”，又称“天竺”，都为音译，则“竺、毒”同音。

《尔雅·释诂》：“竺，厚也。”《释文》：“字又作笃，同丁毒反。”丁毒反，即音同毒。《王力字典·竺曰》：“竹。《广雅·释草》：‘竺，竹也。’王念孙《疏证》：‘《说文》：“竺，从竹声。”《玉篇》：“丁沃切，又音竹。”则竺、竹同声字。’”从这里也可得“竹”音“笃”。

所以从“竹又反”得音dǒu。上古“又”为上声，侯幽旁转便为diǔ，《汉语字音演变大字典·昼》：“王力幽部端母：[tiəu]。”徽语今音与之相符。

(六)附则：说筑

今语筑墙、筑路、构筑、小筑等“筑”，是古“築”的简化字。《王力字典·築㈠》：“捣土的杵。……用为动词，指捣土使坚实。……引申指修建。”

三国·魏陈琳《饮马长城窟[①]行[②]》：“官作自有程，[③]举筑谐汝声。”“男儿宁当格斗死，何能怫郁[④]筑长城。”前“筑”即“杵”，后“筑”即“修建”。

《周礼·春官·肆师》：“大祭祀……及果，[⑤]筑煮。”杨天宇注：“筑，捣也。谓筑捣郁金香而煮之，用以和鬯酒[⑥]为郁鬯。”

《聊斋志异》卷六《庚娘》：“金父见之欲号，舟人以篙筑之，亦溺。金母闻声出窥，又筑溺之，王始喊救。”这里两“筑”均“捣”之义。

《说文·築》：“捣也。从木，筑声。”古读筑如“笃”，则读築亦如“笃”。

《礼记·礼运》：“蕢桴[⑦]而土鼓。”[⑧]郑玄注：“蕢读为凷，声之误也。凷，堛[⑨]也；谓抟[⑩]土为桴也。土，筑土为鼓。”《释文》：“(築)徐音竹。”

《尚书·金滕》：“凡大木所偃，尽起而筑之。”《释文》：“(築)音竹，本亦作筑。

---

① 长城窟：长城下的泉窟。
② 行：古乐府诗的体裁名。
③ 官作自有程：国家的工程有规定的制度。程，法式。
④ 怫(fū)郁：心情不舒畅。
⑤ 果(guàn)：通“祼(guàn)”。《释文》注“古乱反”。祼，祭祀仪式，将酒浇在白茅上，像神饮酒。
⑥ 鬯(chàng)酒：古代祭祀用的香酒。
⑦ 蕢(kuài)桴(fú)：蕢，通“凷(kuài)”。凷，古“块”字，土块。桴，鼓槌。
⑧ 土鼓：捣土为鼓。
⑨ 堛(pì)：土块。
⑩ 抟(tuán)：以手旋搓使圆。

谓築其根。马云：‘築，拾也。’”

以上两例皆读築为“竹”。古读竹如“笃”，则读築如“笃”。

《尚书·费誓》：“我惟筑，无敢不供”[①]《释文》：“(築) 陟六反。”古读陟如得，读六如 lu 入([liuk]),陟六反得音如 du 入([tiok])。这与前“竹”又为“徒沃反”“张六反”类似。徽语今转阳平音如“铎 (duó)”。

今徽语描述有关捣击的劳作、举动，说如：

用石灰、黄土或砂子打地面，要夯、拍数遍使坚实，称“铎地面”“铎结”“铎平”。

埋电线杆挖坑，“要‘铎’一米多深”，“底下有鹅卵石，‘铎’不动”。

打蛇时“用棍子‘笃’住它的头，你才安全”。

“用竹竿在塘里瞎‘笃’，‘笃’着一只鳖”。

诸如此类，都是“筑 (築)”的上古之音。

至乎说筑路、建筑如“足 (zú)”(徽城)、如“走 (zǒu) (淳西)，则是声部转入精组又嬗变的结果。如“醃菜要用棒槌一层一层地‘足’结”,仍是“築”的捣击之义。

还有说拾起东面如“捉起来”(淳西七、八都)，其语根也是“築”。《王力字典·築·[备考](一)》:“拾取。《书·金滕》:‘二公命邦人，凡大木所偃，尽起而築之，岁则大熟。’孔颖达《疏》:‘郑、王[②]皆云築,拾也。’”这与《释文》“马[③]云”所言相合。

(七)说爽快为“燥(sào)脾”

明凌濛初《二刻拍案惊奇》卷二十二《痴公子狠使噪脾钱》：“又有一班猛勇骁悍之辈，揎[④]拳舞袖，说强夸胜，自称好汉，相见了便觉分外高兴，说话处脾胃多燥，行事时举步生风。”又“公子此番虽费了些赏赐,却噪尽了脾胃”。又“公子要噪脾时，有些掣肘[⑤]不爽利”。

噪脾,《大词典》作“燥皮”,《辞海》《辞源》皆作“燥脾”，音义相同。以《辞源》为例：“(燥脾) 犹言爽快。清孔尚任《桃花扇·修札》：‘俺柳麻子[⑥]信口胡谈，

---

① 我惟筑,无敢不供:我军开始营筑(军营),不要有人敢不供应材料。

② 郑、王:指郑玄、王肃。

③ 马:指马融。

④ 揎(xuán):捋起袖子,露出手臂。

⑤ 掣(chè)肘(zhǒu):他人做事时,从旁牵制,制造麻烦。

⑥ 柳麻子:明末清初泰州(今江苏泰州市)人。本姓曹,名逢春。因避仇逃亡,改姓柳,名敬亭,绰号柳麻子。善说书,在扬州、南京、杭州一带,名噪一时。

却也燥脾。’按中医谓脾土忌湿，脾燥则身健爽。”

凌濛初写“燥脾”为“噪脾”，是因为中古“燥、噪”同音为 sào 而通借。《说文》“噪”作“喿”，徐铉苏到切。又《燥》：“从火，喿声。”也是苏到切。

徽语说“燥脾”（歙南、淳安），不仅仅表达“爽快”，痛快、尽兴、酣畅、心满意足、淋漓尽致等都可以被它所代替。诸如吃、喝、玩（俗语称嬉）、乐（唱、跳）、劳作、睡觉等缀之以“燥脾”就和盘托出了尽情的状态。

徽语又有读“燥”如“扫”（徽城），歙县各处韵虽有异，但都读上声。唐作藩《上古音》读心纽宵部上声，正是此音。《玉篇》“先道切”（《玉篇·道》“徒老切”，“老”自上古至今都读上声）也读为 sǎo。《广韵·皓韵》[①]“燥、嫂、扫”同列于苏老切，“嫂、扫”的 sǎo 音今仍为通音，而“燥”的 sǎo 音则存留于徽语中了。

“燥”的 sǎo、sào 分野，《释文》有见如下：

《周易·乾》：“水流湿，火就燥。”《释文》：“（燥）苏早、先皂二反。”

《周礼·秋官·司烜氏》：“军旅，修火禁。”郑玄《注》：“火禁，谓用火之处及备风燥。”《释文》：“（燥）素早反，又素报反。”其苏早反、素早反读为 sǎo，先皂反、素报反读为 sào。

(八)说澄如“邓”

“澄”古作“澂”。[②]《集韵·蒸韵·澄》：“或作澂，亦从登。”《说文·澂》段注：“澂之言持也。持之而后清。……‘澂、澄’古今字。《礼运》‘澄酒在下’，字作澄。郑云：‘澄酒与《周礼》沈齐[③]，字虽异，盖同物也。’《周易》‘君子以徵忿’，[④]徵者，澂之假借字。蜀才作‘登’。”[⑤]

段注的“持”就是静置、等待之意。古“持、待”通。《通萃·例释 0314》：“《周礼·夏官·服不氏》：‘以旌居乏而待获。’[⑥]杜注：‘待当为持，故书抑或为持。’《仪

① 皓(hào)：光明。

② 澂(chéng)：“澄”的本字。

③ 沈(chén)齐(jì)：《周礼·天官·酒正》分酒为五种，沈齐是其中之一。沈齐，即糟滓沉在下面的酒。

④ 徵(zhēng)：“征”的繁体。

⑤ 蜀才作登：蜀才，据《释文·序录》：“不详何人。《七志》云是王弼后人。”《周易、损》：“君于以惩忿窒欲。”惩忿，制伏、清除愤怒的情绪。《释文》：“(徵)直升反。止也。郑云：‘犹清也。’刘作‘惩’，云：‘清也。’蜀才作‘澄’。”

⑥ 以旌居乏而待获：乏，据杨天宇《春官·车仆》：“大射，共三之。”注：“乏，亦名容，亦名防，是唱获者(犹今射击此赛的报靶人)的防身处。”待获，杨天宇注：“获，谓唱获。据《仪礼·大射》，获者在乏后，若有射中者，则举旌唱获，报告射中。”

歙北舍头廊桥东门楣额题“川澄幹翠”。澄，方音读定纽，威坪音如“邓”

礼·公食大夫礼》：‘左人待载。’[1] 注：‘古文待为持。’”

段注的后一段话，说的是“澄（瀓）”的读音。据唐作藩《上古音》，“澄、瀓、懲（今简化为惩）”同属定纽、蒸部、平声，徵（今简化为征）属端纽、蒸部、平声，端定旁纽叠韵，读以今音都如 dēng，故“蜀才作登”。

郑云“澄酒”与“沈齐”同物，可推知“澄”与“沈”的读音有必然的联系。《上古音》“沈（沉）”属定纽、侵部、平声，与“澄”双声，韵部蒸侵通转。

《集韵·隥韵》[2]“唐亘切”澄与邓同音。

唐陆羽《茶经·三之造》：“有如陶家之子，罗[3]膏土以水澄泚[4]之，谓澄泥也。”于良子注：“澄（dèng）泚：澄清。即陶工制器工序之一，陶洗陶土。”

清陆廷灿《续茶经·茶之煮〈六研斋笔记〉》：“武林西湖水，取贮大缸，澄淀六七日。”

《古代小品文鉴赏辞典》[5] 中，东晋王胡之《与庾安西笺》：“此间万顷江湖，扰之不浊，澄之不清。”

宋司马光《涑水记闻》卷三《上疏陈五事》：“四曰：澄汰[6]僧尼，使疲民无耗。”

《西游记》第五十五回：“女怪道：‘荤的是人肉馅馍馍，素的是邓沙馅馍馍。’”

---

① 左人待载：左人，站在鼎左边的人。待载：等待着用俎接（从鼎中取出的）肉。
② 隥（dèng）：登山石级，亦你‘磴’。
③ 罗：一种密孔的筛。这里指用这种筛子筛土。
④ 澄泚（cǐ）：泚，水清。
⑤《古小品》：《古代小品文鉴赏辞典》，上海辞书出版社，2011年。
⑥ 澄（dèng）汰：清洗，淘汰。

涂宗涛《通萃 · 序》:“甚至到了明人吴承恩笔下的《西游记》，也还有通借字，如第五十五回，写蝎子精把唐僧捉入洞中，搬出‘邓沙馅的素馍馍’，这个‘邓’就是‘澄’的借字，‘澄’古音读舌端音，读音与‘邓’同。”

徽俗陶取蕨、葛、红薯（山芋）、马蹄（荸荠 bí qí）之类的粉及洗豆沙，需把汰洗出的浆水搁置适当时间，让淀粉自然沉积。这一工序称作“澄粉”。音为 [teæ^{51}]（淳安）、[d‘iəaŋ^{213}]（歙北）等。

淳西五、六、七都称潜泳为“邓没（měi）”，这个“邓”却非“澄”，其语源可追溯到“湛”。

《大字典 · 湛①》:“沉没。后作‘沈（沉）’。《说文 · 水部》:‘湛，没也。’段玉裁注 :‘古书浮沈字多作湛。湛、沈，古今字，沉又沈之俗也。’……《汉书 · 五行志中之上》:‘《左氏》昭公二十四年十月癸酉，王子鼂以成周之宝圭湛于河。’”此义今读为 chēn，古时读如 dān :

颜真卿《双鹤铭》帖。“沈”，古同“湛”，音dān（淩家智 供稿）

《诗 · 小雅 · 宾之初筵 · 序》:“君臣上下沉湎淫液。”[1]《释文》:“字或作耽，都南反。”又“锡尔纯嘏，[2] 子孙其湛。”[3]《释文》:“（湛）荅南反。”

《诗 · 大雅 · 抑》:“颠覆厥德”，[4] 荒湛[5] 于酒。”《释文》:“（湛）都南反”。今方音转如去声。

(九)说涿如“铎”

徽语说淋雨为“铎雨”，淋湿为“铎 cùcěi”（淳西）、“铎 qiúcéi”[6]（歙县）。雷

---

① 淫液 :指酒。
② 锡（cì）尔纯嘏（jiǎ）:锡，通“赐”。纯，大。嘏，福。
③ 湛（dān）:和乐。
④ 颠覆厥德 :道德沦丧，堕落败坏。
⑤ 荒湛（dān）:沉溺。史卫文谓 :湛，同“耽”。
⑥ cù、cěi、qiú cěi都是“浞（zhuó）湿”的方言拟音。

阵雨突然降临，晒场上稻谷被雨水冲走，说："'这个暴'来得快，谷都'铎'得汆塌。"[①]这个"铎"是"涿"的古音。

上古读涿如"笃"。罗翔云《客方言·自序》："谓涿为笃（雨湿衣曰笃湿），与古读涿如'独'合也。"

《诗·魏风·十亩之间》："十亩之间兮，桑者闲闲[②]兮。"黄淬伯诂引《马释》："白帖（原注：白居易所撰《六帖》，省称白帖。）八十二引作'桑柘'，又云'十亩桑柘尽趋南陌之功'。古音石与者同声，故柘或假借作者，犹'渥渚'《韩诗》作'渥沰'也。"又《诗·秦风·终南》"颜如渥丹"，黄淬伯诂引《陈疏》："丹字疑误。当同《邶风·简兮》作渥赭。《释文》引《韩诗》作沰，云：'沰，赭也。'沰、赭声通，若作丹，声不通矣。"

马瑞辰说"古音石与者同声"，同于什么声呢？

《说文》"都、堵、阇、渚、诸、猪、著、赭"等都从者声，都、堵、阇今仍有du音（不论声调），已知诸、猪、著古读如"都"，其声从"者"而来，则"者"音如"都"（不计声调）。由此，"渚、赭"也读如"都"，故"渥诸、渥赭"与"渥沰"就是由音同而相借的关系。再则，《说文》"拓、柘、妬（段注改'妒'为'妬'，以石为声）"都从石声，"沰"亦从石声，可推知古"石、者"声同于"笃"，进而可知"桑者"即"桑柘"，"者"是"柘"的假借。

《说文·涿》："流下滴也。"段注："《周礼·壶涿氏》注：'壶，瓦鼓也。涿，击之也。'按击瓦鼓之声如滴然，故曰壶涿。今俗谓一滴曰一涿，音如笃，即此字也。又作沰，音当洛反。《广雅》：'沰，磓[③]也。'崔寔[④]书：'上火不落，下火滴沰。'《周礼·掌舍》注云：'梐受居溜水涑橐[⑤]者也。'橐，即沰之假借。"

"涑橐"之"橐"，《释文》注"当路反"，与沰的"当洛反"双声音近。"沰、橐"《玉篇》均音"他各切"，已转透纽。

"涿"《广韵》音"竹角切"，中古读如jiuo入（[ʈɔk]），《释文》多为"丁角反"。

---

① 汆(tǔn)塌：汆，水推物，漂浮。塌，语缀，起副词作用，相当于"掉"等。
② 桑者闲闲：《毛传》："闲闲然，男女无别，往来之貌。"按《马释》之意是桑柘树密密麻麻，以致民无所居。
③ 磓(duī)：撞击。
④ 崔寔(shí)：东汉涿郡安平人。桓帝时任五原太守，著有《四民月令》等。
⑤ 涑(sù)橐(tuó)：滴水叩击声。

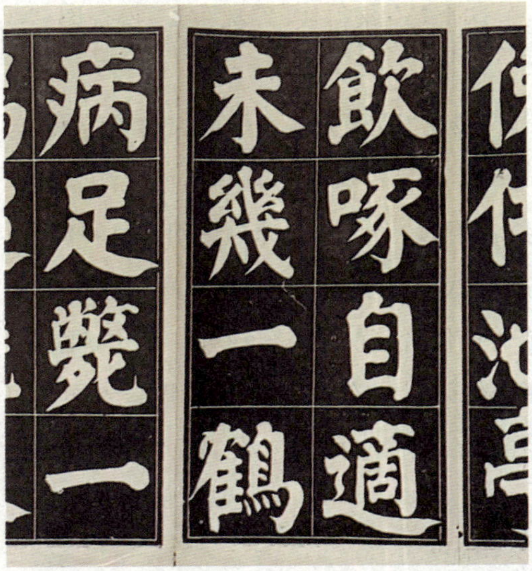

颜真卿《双鹤铭》帖。"啄",方音白读如dū。如老人自嘲:“几粒老米慢慢dú。”即说“啄”字。其理同说涿如“铎”,上古知系与端系近(凌家智 供稿)

《左传·哀公二十三年·涿聚》:“(涿)丁角反。”

《周礼·夏官·大司马·涿鹿》:“(涿)丁角反,沈音浊,刘①音独。”

《礼记·月令·(椓聚》:“(椓)丁角反。又作涿,同。”

“丁角反”读为duo入([tɔk]),还是上古音。“浊(濁)、独(獨)上古同音如“笃”。

清翟灏《通俗编》卷三十五《声音·礴沰》②:“《集韵》‘礴’,《博雅》云:‘碓也,沰,当各切,滴也。’崔寔《农家谚》:‘上火不落,下火礴沰,言丙日不雨,则丁日③有雨,其声滴沰然也。’按《月令广义》引此谚作‘滴泽’,误。”

《王力字典·沰2duó》:“《集韵》当各切,入,铎韵。端。(二)[滴沰]双声联绵字。雨声。”

于此我们可以看到,“涿、沰”之音从中古开始分道,而徽语说“涿得像只落汤鸡”“屋檐水滴滴沰”都音为duó,就是开篇所说的“铎”的真谛,仍上古音遗。

笔者认为:瞿灏称“滴泽,误”不应作“误”看。“泽”古亦有过“铎”音,今“格泽星”仍读为duó④,这应作谐声通借看。

“涿”的另一义,今徽语亦存在,且音同。

隋侯白《启颜录·张裕》:“(初,先主⑤与)刘璋会涪,⑥时张裕为璋从事,

---

① 据《释文·序录》:沈指沈重,刘指刘昌宗。

② 礴(dí):坠落。

③ 上火、下火、丙日、丁日:我国古代以丙丁配南方属火,故丙日、丁日称火日。按六十甲子排序。总是丙在前,丁在后。

④ 详参本章《说洗物汏清为“都清”》一节.

⑤ 先主:指刘备。

⑥ 涪(fú):涪县,汉置,治所在今四川绵阳市。

侍坐。[1] 其人饶须，[2] 先主嘲之曰：'吾涿县[3] 特多毛姓，东西南北皆诸毛也，涿令称曰：诸毛绕涿居乎！' 裕即答曰：'昔有作上党[4] 潞[5] 长，迁为涿令者，去官还家。时人与书，欲署潞则失涿，署涿则失潞，乃署曰潞涿君。' 先主大笑。先主无须，故裕云及之。"

董志翘注"诸毛绕涿居"："字面意思是'众多毛姓人家环绕涿县而居'。章炳麟认为'涿'通'烛'，《新方言·释形体》云：'夫惟涿为阴器，故毁阴曰椓……今江南运河而东皆谓阴器为涿，舌上音从舌头音，读如督。' 杨树达认为'涿'通'属'，[6] 阴窍（见《积微居小学金石论丛·释属》）。"

徽语若骂人"你姆（ḿ）个臭铎"，应是这个"涿"。

(十)说柴如"撒"

徽语说柴如"撒（sā）"，个别地方则说如"霞"（歙东宋村）。

柴古作"祡"，[7] 又称"祡"。[8]《说文·祡》："烧祡焚燎以祭天神。从示，此声。《虞书》[9] 曰：'至于岱宗，祡。'"

《诗·周颂·时迈·序》："巡守告祭柴望也。"《释文》："（柴）士佳反。《说文》《字林》作祡。"

《论语·先进》："柴也愚。"《释文》："（柴）仕佳、巢谐[10] 二反。" 刘宝楠注："（柴）弟子高柴，字子羔。愚，愚直之愚。"

《礼记·王制》："岁二月，东巡守，至于岱宗，柴而望祀山川。" 孙希旦注："《释文》：柴，仕佳反。燔柴祭天也。"

---

① 侍坐：陪坐。

② 饶须：饶，多。饶须，多胡须。

③ 吾涿县：刘备的老家在涿县，故称"吾涿县"。在今河北涿州。

④ 上党：郡名。

⑤ 潞：县名。

⑥ 涿通"烛"与通"属"：实际上是一致的。《说文》"燭（烛）、屬（属）"都从蜀声。古"烛、属"均音如"独"。例如，《尚书·盘庚中》："尔忱不属。"《释文》："（属）音独。"《礼记·大传》："其夫属乎父道者，妻皆母道也。"《释文》："（属）音燭（烛）。"清瞿灏《通俗编》卷三十四《状貌·独速》："孟郊《送淡公》诗：脚踏小船头，独速舞短蓑。按《广韵》：傐倲，短丑貌。又头动也。傐倲与独速同。"

⑦ 祡(zì)：积。

⑧ 祡(chái)：祭名，烧柴祭天。

⑨《虞书》：指《尚书·舜典》。

⑩ 巢谐反：按《广韵》与士佳切同音。

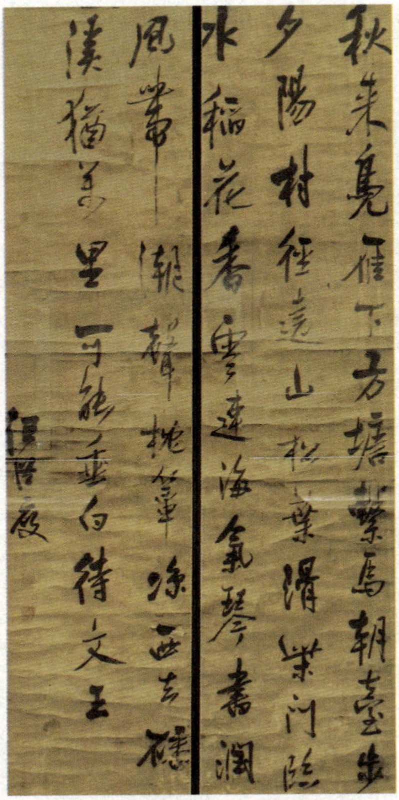

汪洪度墨宝。“柴门”，柴，方音如sā(歙县)

其“士佳、仕佳”同音，按《广韵》读如sāi（[dʒai]）。

考察反切上字“士、仕”的中古读音，我们发现它也在声纽演变的另一条规律中。

王力《汉语音韵·古音(下)上古的声母系统》：“照系二等归精系，这是黄侃[①]的主张。这是很有道理的。照系二等与精系近，三等与知系近（亦即与端系近)。”

《通萃·例释3023》：“采，仓宰切，清海开一；事，鉏吏切，床志开二。《尔雅·释诂》：‘采，事也。’《书·皋陶谟》：‘亦言其人有德，乃言曰载采采。’[②]《史记·夏纪》作‘始事事’。按‘采’为‘事’之借字。照穿床审二等字古声与精清从心相通（此亦黄季刚先生之说，本例并下例即其证明)。海、志同一韵部（之部)。采、事二字古音声韵均同，故相通借。”

《通萃·例释3024》：“《诗·小雅·渐渐之石》：‘渐渐之石。’《集韵》：‘渐与巉通，高也。’按“渐”当为“巉”之借字。古声照、穿床、审二等字与精、清、从、心相通。”

为更清楚地了解其在徽语中的反映，这里选取若干字做一对照，见下表：

例字	反切及出处	声纽	韵、部	今读	徽音
采	仓宰切《通萃》	清	海(之部)	cǎi	ceì入[ts‘ε^{41}](徽城)
事	鉏吏切《通萃》	床	志(支部)	shì	sī
渐	慈染切《通萃》	从	琰(谈部)	1.jiàn 2.chán	xiěn[ɕiən^{312}](淳西)

① 黄侃：字季刚。(1886～1935)，蕲水人。章炳麟(字太炎)弟子。

② 乃言曰载采采：李民注引皮锡瑞《今文尚书考证》云：“今文‘乃言’——作‘丂言’，即考言，疑作丂言者为是。考言曰载事，犹考言于治事也。”又：“载，为。采，事。采采，指许多事。”

续表

例字	反切及出处	声纽	韵、部	今读	徽音
巉①	锄衔切《通萃》	床	衔(淡部)	chán	sá[$S\Lambda^{23}$](淳西)
瀺②	士减切《王力字典》	床二	咸(谈部)	chán	sā(各地韵部不尽相同)
馋③	士咸切《王力字典》	床二	咸(谈部)	chán	sā(各地韵调不同)
鉏	士鱼切《王力字典》	床二	鱼(鱼部)	chú	sū(歙县)、xū(淳西)
士	鉏里切《王力字典》	床二	止(之部)	shì	sī(歙县)、sǐ(淳安)
床	士庄切《王力字典》	床二	阳(阳部)	chuáng	suo入[sɔk](歙北)
产(产妇)④	所简切《王力字典》	审二	产(元部)	chǎn	sēi[$s\varepsilon^{35}$](徽城)sóng(淳西)
灼⑤	之若切《王力字典》	照三	药(药部)	zhuó	suó(歙)
煠(渫)⑥	士洽切《王力字典》	床二	洽韵	zhá	sā(歙)、suǒ(淳西)
瘦⑦	所佑切《王力字典》	审二	宥(幽部)	shòu	xiǔ(歙)、xiù(淳)
吵	初爪切《王力字典》	穿二	巧韵	chǎo	sāo(淳)
斋	侧皆切《王力字典》	照二	皆(脂部)	zhāi	zēi(心斋)、za入[tsA^{41}](做斋)两读(歙北)
柴	士佳切《王力字典》	床二	佳(支部)	chái	sā(多地)、xiā(歙东宋村)

从表中可以看出，床二组今徽语都读入心纽，应是历史原貌。照、穿、审的二等字也符合上述规则。

再说反切下字“佳”。

《老子·道经三十一》：“夫佳兵者，不祥之器。”《释文》：“(佳) 格牙反，善

---

① 巉：淳西威坪说高峻的岩崖为“sá岩”，与方音“石”字相同。

② 瀺(chān)：徽语称口水为“口sā水”，婴幼儿涎衣为“sā褡”应是“瀺”的古音。瀺，《集韵》释义为“水落貌”，《辞海》有“手足汗及身上微汗”之意。

③ 馋：徽语称见人吃东西时蹭一点为sā，应是“馋”的古音。馋，《广韵》：“不廉。”《王力字典》：“贪吃。”淳西威坪则相应地说“睺(hòu)。”睺，《广韵》：“贪财之貌。”《客方言·释言(下)·目注所欲曰眼睺睺》：“章太炎说：‘睺，即觎之变。《说文》：“觎，欲也。”吴越谓渴欲觎，音如侯，古韵俞本如侯也(《新方言》)’。”

④ 产：歙县说生孩子(产妇)为“做sēi妇”，威坪称“做sóng姆(m)”。与方言“床”音同。

⑤ 灼：歙县无论水、火烫人，都称suó，威坪称tòng，读入透纽(端系)。

⑥ 煠：又作“渫”。徽语称用水略煮为sā，煠菜，煠饭。

⑦ 瘦：《尔雅·释言》：“脙(xiū)，瘠也。”胡奇光引郭注：“齐人谓瘠瘦为脙。”可做徽音来源的一点参考。

歙南街口新大桥。新安话说街全读牙音[K]。如，徽城[Ka31]、屯溪[Ka33]、黟县[Kα21]、淳安[kα24]、建德[kα423]等(徐春婷 摄)

也。”按《广韵》“牙,五加切”读为 [ŋa]，格牙反得音如 gā（与今徽音“加”同）。

“佳”《广韵》古膎①切。《广韵·佳韵》古膎切二字“佳、街”，今徽语读街仍如 gā。户佳切同列“膎、鞵、鞋”，即“膎”与“鞋”同音。中古读鞋如 hā，则读膎亦如 hā。于是古膎切得音 gā。

这样“士佳反”便音如 sā。至于读为 xiā，恐是增加了介音“i”而导致声部的变化。

(十一)说瓾②为“错”

《王力字典·瓾》:“用瓦石磨刷汙③垢。《说文》:‘瓾,瑳④垢瓦石。’段玉裁《注》:‘用瓦石去垢曰漺。’字亦作‘磢’。”

《广韵·养韵》初两切“磢、瓾”同,“磢”下载“瓦石洗物”,以“磢”为正。《集韵·养韵》楚两切“摤、磢”下载：“磨涤也。或作磢。”又以“摤”为正。

初两切、楚两切都读为 chuǎng。但徽语表“磨涤”义大多说为 cuó。这是否风马牛不相及呢?

晋木华《海赋》：“飞涝⑤相磢。”李善注：“郭璞《方言》注曰：‘漺，错也。’漺与磢同。”郭璞《江赋》:“奔溜⑥之所磢错。”李善注：“磢，已见《海赋》。《广雅》曰：‘错，摩也。’”据此可知，“磢错”是“错”的叠用，是强调“磨涤”之意。

错，通“厝”。《诗·小雅·鹤鸣》：“它山之石，可以为错。”陆德明音释：“错，七落反。《说文》作厝，云‘厉石也’。《字林》同，千故反。”清陈奂《诗毛氏传疏》：“错为厝之假借，厝为攻玉之石。”

《说文·瓾》：“瑳垢瓦石也。”段注：“瑳，俗作磋。今依宋本作瑳。亦假错字耳。其字当用厝。厝，厉石也。《诗》曰：‘它山之石，可以为厝。’”

---

① 膎(xié):《广韵·膎》:“脯也,肉食肴也。”《王力字典》:“加工或煮熟的肉食。泛指熟食。”
② 瓾(chuǎng):用瓦石磨洗。字又作“漺”“磢”“摤”,据《王力字典》,当以“瓾”为正。
③ 汙(wū):同“污”。
④ 瑳(cuō):同“磋”。
⑤ 涝:李善注:“涝,大波也。”
⑥ 奔溜:水流倾泻无阻的样子。

厉石即砺石，磨刀石的古称。用作动词，古为治玉之称。“厝”转为“磋”又转为“错”，都与“磨洗”的主旨紧密相关。

徽语说“错误”之“错”音与“磨洗”之“错”不一定相同。大多说错误如“cóu误”。徽城则说磨洗之“错”如cá,亦有语根可寻。《广韵·佳韵》“楚佳切”有“甀”与“叉、差”等同音，“甀”下载义“屑瓦洗器”，叉、差今徽城话仍读为cā。“楚”属穿二纽，古与清纽通，又古读佳如gā，楚佳切当读如cā。

(十二)说饱食无厌为“胀棺材”

灯红酒绿饕餮[①]大嚼,徽俗斥之为“胀棺材”。这个“胀”索之普通话,当是“噇”。方言噇、胀音近。出典不明，大概从徽俗丧葬的饭含[②]礼演绎而来。

《大字典·噇》:“吃。毫无节制地大吃大喝。”说吃为“噇”，多少都含有贬义。

《水浒传》第廿九回:“(酒保）道:‘这客人醉了。只待要寻闹相似。胡乱换些好的与他噇。’”第卅一回:“(丫环）道:‘那两个客人也不识羞耻，噇得这等醉了，也兀自[③]不肯下楼去歇息，只说个不了。’”

五代孙光宪《北梦琐言》卷十《李昌符[④]咏婢仆》诗:“不论秋菊与春花，个个能噇空肚茶。无事莫教频入库，一名闲物要㱔㱔。”[⑤]

隋侯白《启颜录》下编《殷安》:“安曰:‘汝肥头大面,不识今古,噇食无意智,[⑥]不作宰相而何?’”董志翘注:“《集韵·江韵》:‘饐,食无廉也。或从口。’唐《寒山[⑦]诗·不行真正道》:‘口惭神佛少，心怀嫉妒多。背后噇鱼肉，人前念佛陀。’”

唐张鷟[⑧]《朝野佥载》卷五:“(娄师德)[⑨]将一楪[⑩]䭔饼[⑪]与之曰:‘噇却！做个饱死鬼去。’”

① 饕(tāo)餮(tiè):饕,贪。餮,贪食。饕餮,贪婪凶残。

② 饭含(hàn):也作“饭唅”。丧礼的一个环节,将珠玉、米麦、枣栗等物放入死者的口中。

③ 兀自:还,仍然。

④ 李昌符:据《北梦琐言》,李昌符唐咸通中登第。

⑤ 㱔(xiē)㱔:同“些”。少许,古音读同xiā。

⑥ 意智:计谋,主见,智慧。

⑦ 寒山:唐诗僧,世称寒山子。

⑧ 张鷟(zhuó):唐深州陆泽人,字文成,自号浮休子。时称其文犹青铜钱,万选万中。及迁学士,乃号“青钱学士”。有《朝野佥载》等传世。

⑨ 娄师德:唐郑州原武人。太宗贞观中擢进士第,前后为将相三十年,所至有功。

⑩ 楪(dié):同“碟”。放食物的小盘。

⑪ 䭔(duī)饼:蒸饼,今称馒头。

《说文》无“噇”字。《王力字典·噇》：“后起字。吃，喝。”《广韵·江韵》宅江切六字中“幢、撞、橦、噇”前三字《说文》皆从童声，则噇亦从童声。古读童如东，则此四字都读如东。这一点从“宅江切”也可推出。古读宅如铎，读江如工，宅江切得音如dōng。这个结果与唐作藩《上古音》“幢、橦、撞、童”都归定纽、东部、平声相符。

徽语说“噇”音如zòng，称饱食无度为“死吃活噇（zòng）”（威坪），又如jiá，嘲人吃个不停，或办事不力，为“噇（jiá）老死”（徽城）。

今音与“噇”音同义近的有“䭚”。[①]《大字典·䭚》：“爱食、贪饱。”

《广韵·江韵》“士江切，又才宗切”小韵有“淙、鬃[②]、䭚”，其“䭚”义为“馋䭚，爱食”。“士江切”上古读dōng，中古读如tōng（上古读士如杜）。“才宗切”上古读如zōng，古读才如哉。《通萃·概说·类别》：“哉、裁、载、材、财、在均从‘才’得声，是谐声通借字。才、材、财、裁、绕、载均从纽咍韵，‘在’从纽海韵，是同音通借字。”从音、义两方面看，都与威坪话的“噇”挂得上钩。

中、上古“才”都归从纽，故“才宗切”所得字仍归从纽。今徽城话说“噇”为jiá，其实是说“䭚”为jiá，是精、从旁纽的体现。

（十三）说垂如“虽”、如“䅛（duǒ）”

《释文·左传宣公二年》“而睡”，注：“（睡）垂伪反。”这“而睡”二字应是传文“（赵盾）盛服将朝，尚早。坐而假寐”注家释义的文字。《说文·睡》：“坐寐也，从目垂。”“垂”作睡的反切上字，说明睡与垂的声母相同。

徐铉注《说文》：“垂，是为切。”“睡，是伪切。”知唐宋时，垂、睡只有声调不同。

罗翙云《客方言·释宫·栋宇粗备曰昜[③]出水》：“昜，当为檐；水，当为垂，皆声相转。昜出水者，檐出垂也。……其上当霤处，垂下者曰滴水，俗谓水从此滴下以名也。若正其义，宜称樀[④]垂。……方音读垂如谁也。”

---

① 䭚（chuáng）：《广韵》作“𩟪”，《大字典》以“䭚”为正体。
② 鬃（zōng）：发髻高。
③ 昜（yáng）：古“阳”字。
④ 樀（dí）：屋檐。

《尚书·舜典》:“帝曰:‘畴若予工?’① 佥② 曰:‘垂③ 哉!’”《释文》:“(垂)如字,徐音睡。”徐指徐邈,依徐邈则垂、睡同音。

以垂为声符的字如“菙”④ 音同“髓”:

《周礼·春官·叙官》“菙氏”,《释文》:“(菙)时髓反。”

《释文·左传文公十八年》:“扑菙。”⑤ 注:“(菙)市縈⑥ 反,又之縈反。”

徽语说垂如“虽(suī)”,如“架上一个南瓜突然虽([ɕyɛi44],歙北)下来,藤都拉断了”;“绒线帽上挂两个毛球,走起路来绥([ɕyɛi214],威坪)呀绥的真好看”等。方言读入心纽。其原因也是“照系二等归精系”。引证中的反切上字“是、时、市”虽属禅纽,但中古“禅、床”不分,唐宋以前更应如此。见李新魁《中古音·声母系统·船⑦ 禅相混》。

淳西又说垂为“亸”。

亸或作“軃”,都有“垂、下垂”之义。清蒲松龄《聊斋志异》卷二《莲香》:“生意其莲香,逆⑧ 与语。觌面⑨ 殊非,年仅十五六,軃袖⑩ 垂髫,风流秀曼,行步之间,若还若往。”明刘侗《帝京景物略·吏部古藤》:“其引蔓也,无亸委⑪ 之意,纵送千尺,折旋一区,⑫ 方严好古,⑬ 如植者之所为人。”宋钱易《南部新书·庚·王蜀刑部侍郎李仁表》:“有戴胜自檐飞入,立于案几之上,驯狎⑭ 良久,伸颈亸翼⑮ 而舞,向人若将语。”宋周密《癸辛杂识续集上·驼峰》:“若驼之老者两峰偏軃,其味淡韧,如嚼败絮。”故淳西话说衣袖断裂悬挂为“衫袖 dǒu 下来”,小孩拖鼻涕未擦为“鼻

① 畴(chóu)若予工:畴,谁。若:李民注为善。予,替我担任。工,管理百工的官长。
② 佥(qiān):都,全体一致。
③ 垂:传说为尧时巧匠,又作“倕”。
④ 菙(chuí):《王力字典》:“木名。荆菙,古人占卜时用以灼龟。”
⑤ 扑菙:扑打捶击。
⑥ 縈(ruǐ):花蕊。
⑦ 船:船纽,即床纽。
⑧ 逆:迎接。
⑨ 觌(dí)面:觌,相见。觌面,见面。
⑩ 軃(duǒ)袖:衣袖垂垂的样子。
⑪ 亸委:盘曲下垂的样子。
⑫ 折旋一区:在一小块范围内折转周旋。
⑬ 方严好古:谨遵规矩,端庄淳朴,抱残守缺不媚俗。
⑭ 驯狎:温顺可亲,供人抚赏。
⑮ 亸翼:垂翅。

涕 dǒu 得三寸长”等，应是这个“辫”。

垂又为何说为“辫”呢？

《说文·来》：“从土，𠂹[①]声。”又《𠂹》：“草木华叶𠂹，象形。”徐铉注音都为“是为切”，段注古音都在十七部。

《王力字典·绥 2tuǒ》：“通‘妥’。下垂。”《说文·绥》：“从系，妥声。”段注：“绥以妥会意，即以妥形声。古音在十七部。”由此“垂、𠂹、妥”古音同部。

古读是如弟（罗翙云《客方言·释虫鱼·鲶》[②]：“古读是，入舌头，亦与弟声相近，故陶[③]注《本草别录》又云：鳀即鲲也。”），则垂的“是为切”上古声母为“d”。《尔雅·释诂》：“妥，止也。”《释文》：“孙[④]他果反，郭他回反又他罪反。刘昌宗音《仪礼》同。《字林》亦同。”可见，魏晋或以前“妥”有 tuí、tuǒ 等音。

《王力字典·妥·［备考］》：“堕。唐杜甫《重过何氏》诗：‘花妥莺捎蝶，溪喧獭趁鱼。’”这里“妥”音义都同“堕”。

《通萃·例释 2080》：“《周礼·春官·小祝》：‘赞隋。’注：‘隋，[⑤]尸[⑥]之祭也。’《仪礼·士虞礼》：‘不绥祭。’[⑦]注：‘绥，祭名。’《礼记·曾子问》：‘不绥祭。’注：‘绥，《周礼》作堕。’……《特牲馈食礼》：佐食授挼祭，《士虞礼》作‘佐食堕祭’。按‘隋’（堕）、‘绥’（挼或作妥）音义同，作为祭名，可通用，不必分正借。”

古读隋、堕如 duǒ（huī 音是另一义）。《尔雅·释诂》：“齯[⑧]齿，寿也。”胡奇光引郭注：“（齯齿）齿堕更生细[⑨]者。”《释文》：“（隋）徒火反，又作堕，同。”古读徒如都，徒火反得音 duǒ。《论语·雍也》：“宰我问曰：‘仁者，虽告之曰井有仁焉，其从之也？’”刘宝楠引注：“宰我以仁者必济人于患难，故问有仁人堕井。将自投下从而出之不乎？欲极观仁者忧乐之所至。”《释文》：“（隋）待果反。”

---

① 𠂹：同“垂”。

② 鲶(niǎn)：鱼名，按罗说即鲇鱼。

③ 陶：陶弘景。

④ 孙、郭：孙指孙炎，郭指郭璞。

⑤ 隋(tuó)：祭名，或作绥。绥：《集韵》吐火切，音 tuǒ，通“妥”。

⑥ 尸：代表死者受祭的活人。

⑦ 绥祭：《大字典·绥》：“《礼记·曾子问》：‘摄主不厌祭，不旅不假，不绥祭。’郑玄注：‘绥，《周礼》作堕。’孔颖达《疏》：‘欲食之时，先减黍稷牢肉，而祭之于豆间，故曰绥祭。’”

⑧ 齯(ní)：老人再生的小齿。

⑨ 细：小。徽语仍有大量的语词表“小”用“细”。例如，细哥(小哥)，细姨(小姨)，分䲦(tuō)细(分大小，䲦读去声)，倪(ní)细出身(自幼小出身)等(威坪)。

既然妥与隋（堕）音义同，堕有duǒ音，则妥也曾音duǒ。垂与妥古音同部，妥、堕、髡都有下垂之义，故可认为垂亦曾音为duǒ。

(十四)说瑞如"虽"、如"岁"

《尚书·舜典》："辑五瑞。"[①]《释文》："（瑞）垂伪反，信也。"

《诗·大雅·卷阿》："凰皇于飞。"《毛传》："凰皇，灵鸟，仁瑞也。"陆德明音："瑞，垂伪反。"

垂伪反中古音如suì（《广韵》"瑞、睡"同在去声寘韵，同音是伪切），与"垂"只有声调不同，故《周礼·春官·天府·垂之》《释文》："（垂）如字，刘[②]音瑞。"

徽语说瑞如"虽"当是承此而来（歙县）。

隋侯白《启颜录·瑞物》："侯白东家有一胡患痄饶睡，[③]家人每日常灸尾翠。[④]侯白即觅富人云：'我知有一瑞物，你与我几钱？'富人大喜，即与侯白廿贯钱，……即引富人至胡家，见胡睡卧，家人正灸。富人云："瑞物何在？"侯白指胡云：'此是九尾胡。'[⑤]富人大嗔云：'何得是瑞？'侯白云：'若不信瑞，任汝就胡眼看，今见未觉。'"董志翘注末句："如果你不信是瑞（谐'睡'），任凭你走近胡人的眼睛去看，现在还没有醒呢。侯白所云'瑞物'，实是'睡物'（睡着的人），《广韵》：'睡，是伪切。''瑞，是为切。'均为禅母寘韵。故隋唐时期，'瑞、睡'同音。今吴方言中犹同音。"

《论语·子罕》："子曰：'凤鸟不至，河不出图，吾已矣夫。'"刘宝楠引《注》："孔曰：'圣人受命，则凤鸟至，河出图。今天无此瑞，吾已矣夫者，伤不得见也。河图，[⑥]八卦是也。"《释文》："（瑞）时恚反。"

"时"亦属禅纽，"恚、瑞、睡"在《广韵》都属"寘"韵，因此"时恚反"得音如suì（[ziwe]。徽语说为"虽"（歙县）、sèi（威坪），也是古音之遗。

---

① 辑五瑞：李民注："辑，《史记》作揖，马融云：敛也。《释诂》：'辑，合也。'五瑞，五玉，是四方诸侯所执的作为信符的玉器，分五等。孙星衍疏引《周礼·典瑞》云：'公执桓圭，九寸；侯执信圭，七寸；伯执躬圭，五寸；子执谷璧，男执蒲璧，皆五寸。'"

② 刘：指刘昌宗。

③ 患痄饶睡：董志翘注："患痄病多睡。中医称食积、消化不良为痄病。"

④ 灸尾翠：董注："针灸尾椎处穴位。'翠'亦作'臎'。……尾翠（尾臎），本指鸟尾部之肉，引申之亦泛指尾部。"附注：臎(cuì)，鸟尾肉。

⑤ 九尾胡：董注："谐音'灸尾胡'（即指灸尾翠的胡人）。……古人认为九尾狐是吉祥的征兆，故当属于瑞物。"

⑥ 河图：《大词典》："儒家关于《周易》卦形来源的传说。"

主要引用、参考书目

梁启雄：《荀子简释》，古籍出版社，1956年。

[清]刘宝楠：《论语》正义，中华书局，1957年。

[梁]萧统编，[唐]李善注：《文选》，中华书局，1977年。

[宋]岳珂：《桯史》，中华书局，1981年。

[汉]王符著，[清]汪继培笺、彭铎校正：《潜夫论笺校正》，中华书局，1985年。

[梁]顾野王：《大广益会玉篇》，中华书局，1987年。

[清]段玉裁：《说文解字注》，上海古籍出版社，1988年。

[清]蒲松龄：《聊斋志异》，浙江古籍出版社，1989年。

李新魁：《中古音》，商务印书馆，1991年。

[清]桂馥：《札朴》，中华书局，1992年。

[西汉]刘安等著，许匡一译注：《淮南子全译》，贵州人民出版社，1993年。

[宋]陆游：《家世旧闻》，中华书局，1993年。

歙县地方志编纂委员会：《歙县志》，中华书局，1995年。

[后魏]郦道元：《水经注》，岳麓书社，1995年。

王力：《汉语音韵》，中华书局，1998年。

张㧑之：《中国历代人名大辞典》，上海古籍出版社，1999年。

[唐]欧阳询：《艺文类聚》，上海古籍出版社，1999年。

王力：《王力古汉语字典》，中华书局，2000年。

《墨子》，时代文艺出版社，2000年。

[汉]许慎：《说文解字》，喀什维吾尔文出版社，2002年。

陈戍国点校：《四书五经》，岳麓书社，2002年。

[宋]沈括：《梦溪笔谈》，团结出版社，2002年。

[北魏]贾思勰：《齐民要术》，团结出版社，2002年。

[宋]范成大：《范成大笔记六种》，中华书局，2002年。

《康熙字典》，喀什维吾尔文出版社，2002年。

胡奇光：《<尔雅>译注》，上海古籍出版社，2004年。

杨天宇：《<周礼>译注》，上海古籍出版社，2004年。

李民：《<尚书>译注》，上海古籍出版社，2004年。

杨天宇：《<礼记>译注》，上海古籍出版社，2004年。

徐日茂：《蜀阜志》，方志出版社，2005年。

孟庆惠：《徽州方言》，安徽人民出版社，2005年。

[春秋]左丘明：《国语》，齐鲁书社，2005年。

汉语大词典编辑委员会：《汉语大字典》，湖北辞书出版社、四川辞书出版社，2006年。

万丽华等译注：《孟子》，中华书局，2006年。

缪文远等译注：《战国策》，中华书局，2006年。

江声皖：《徽州方言探秘》，安徽人民出版社，2006年。

汉语大词典编辑委员会：《缩印汉语大词典》，上海辞书出版社，2007年。

蔡梦麒：《<说文解字>字音注释研究》，齐鲁书社，2007年。

景中译注：《列子》，中华书局，2007年。

[宋]陈彭年：《宋本广韵》，江苏教育出版社，2008年。

郑权中：《通借字萃编》，天津古籍出版社，2008年。

[明]陈弟：《毛诗古音考》，中华书局，2008年。

闻人军：《<考工记>译注》，上海古籍出版社，2008年。

严学窘：《<广韵>导读》，中国国际广播出版社，2008年。

[元]大司农司编，马宗申译注：《<农桑辑要>译注》，上海古籍出版社，2008年。

[元]王祯撰，缪启愉等译注：《<东鲁王氏农书>译注》，上海古籍出版社，2008年。

[明]宋应星著，潘吉星译注：《<天工开物>译注》，上海古籍出版社，2008年。

[清]顾禄：《清嘉录》，中华书局，2008年。

徐树林：《威坪》，浙江人民出版社，2008年。

陈修：《<客方言>点校》，华南理工大学出版社，2009年。

《庄子》，万卷出版公司，2009年。

[明]朗瑛：《七修类稿》，上海书店出版社，2009年。

[清]丁廷楗：《徽州府志》，黄山书社，2010年。
傅亚庶：《孔丛子校释》，中华书局，2011年。
张双棣等：《〈吕氏春秋〉译注》，北京大学出版社，2011年。
王国轩：《〈孔子家语〉译注》，中华书局，2011年。
[唐]陆羽：《茶经》，浙江古籍出版社，2011年。
黄淬伯：《诗经覈诂》，中华书局，2012年。
[唐]陆德明：《经典释文》，上海古籍出版社，2013年。
唐作藩：《上古音手册》，中华书局，2013年。
十三经注疏整理本编纂委员会：《毛诗注疏》，上海古籍出版社，2013年。
[清]翟灏著，陈志明编校：《通俗编》，东方出版社，2013年。
王力：《同源字典》，中华书局，2014年。
王利器：《〈颜氏家训〉集解》，中华书局，2014年。
[隋]侯白著，董志翘笺注：《〈启颜录〉笺注》，中华书局，2014年。
[南宋]孙奕：《履斋示儿编》，中华书局，2014年。
[宋]黄朝英：《靖康缃素杂记》，中华书局，2014年。
[宋]丁度：《宋刻集韵》，中华书局，2015年。